황하의 물결

황하의 물결

;
대림동
700-6번지
이야기

최황규
지음

홍성사.

차례

추천의 글

생사를 건 동행의 발자국

내게 최황규 목사는 함석헌 선생이 "그 사람을 가졌는가?"라고 물은 질문에 답할 수 있는 바로 그 사람이다. 만리 길 나서며 처자를 내맡기며 맘 놓고 갈 만한 사람이다. 온 세상 다 나를 버려 마음이 외로울 때도 '저 마음이야' 하고 믿어지는 사람이다. 탔던 배 꺼지는 시간에 구명대 양보하며 '너만은 제발 살아다오' 할 사람이다. 아직 해야 할 많은 일을 남긴 채 떠나려 할 때, '저 하나 있으니' 하며 빙긋이 웃으며 눈 감을 수 있는 바로 그 사람이다. 내게만 아니라 한국에서 차별과 부당한 대우를 받으면서도 질경이처럼 살아가는 이 땅의 중국인 난민들과 80만 조선족들, 그리고 30만 한족들에게 그런 사람이다.

최황규 목사의 신학도 시절을 기억하는 사람들 가운데는, 중국인을 위해 악전고투하는 현재의 그를 이해하지 못하는 이들이 대부분이다. 그와 함께 신학도 시절을 보낸 이들은 누구보다 치열하게 학문에 정진하던 그를 기억한다. 그는 자신의 모든 것을 던질 수 있는 진리를 찾기 위한 신학도였고, 자신의 신학적 실존을 해명하기 위한 치열한 구도자였다. 그에게는 누구도 따를 수 없는 학문적 에로스와 탁월한 재능이 있었다. 이것은 그가 장로회신학대학 신대원과 신학대학원을 수석으로 입학했다는 것이 입증해 준다. 신학도 시절 그를 아는 모든 이들은 그가 상아탑 속에 남아 후배들을 지도할 교수가 되리라는 것을 추호도 의심하지 않았다.

그러나 1999년 어느 날, 중국 민주화운동을 하다가 한국으로 피신한 중국인 쉬버와 만나게 되고, 오갈 데 없는 그 한 사람을 위해 자신의 모든 것을 건 국제적 구명운동을 하게 됨으로, 그의 삶은 개인적인 실존과 상아탑으로부터 역사의 그늘 진 사각지대를 살아가는 중국인들을 위한 투신의 삶으로 전격적으로 변화되었다. 그를 향한 하늘의 섭리였을까…. 쉬버와의 운명적 만남 이후, 한국으로 피신한 중국인 난민들, 같은 동포지만 부당한 대우를 당하고 있는 조선족, 그리고 한국인들에게만이 아니라 같은 중국인인 조선족들에게마저 차별의 대상이 되고 있는 한족들을 위한 그의 생사를 건 동행이 현재까지 이어지고 있다. 나는 그의 이런 동행을 어쩌면 가장 가까이서 지켜 본 증인이다.

“지상과 천상을 통틀어 절대적인 사실은 한 방향으로의 오랜 순종이 있어야 하며, 그때에만 인생은 살 만한 가치가 있게 해주는 결과가 있게 마련이다”라고 프리드리히 니체는 말했다. 이 책은 역사의 소외된 그늘 속에서 불행을 안고 살아가는, 그러나 그 운명에 저항하는 이들과 온 몸으로 동행한, 가난하고 어쩌면 무모해 보이는 어느 목사의 한 방향으로의 오랜 순종을 있는 그대로 소개하고 있다. 또한 그런 인고의 과정에서 얻게 된, 동북아 평화와 복음화를 위한 중국의 역사적·선교적 가치, 그리고 이 땅의 조선족과 한족이 통일 한국을 위해 가지는 의미에 대한 그의 예언자적 통찰을 보여 주고 있다. 이런 면에서 이 책은 목회의 길을 걷고자 하는 신학도들 뿐만 아니라, 동북아 평화와 선교 그리고 한반도 통일에 진지한 관심을 가진 모든 이들이 읽어야 할 이 시대의 필독서라 하겠다.

구약성경의 시편에는 '성전을 올라가는 노래'라고 불리는 순례의 시편이 있다. 윌리엄 포크너는 이 시편이 지닌 탁월성을 이렇게 말했다. "이 노래는 기념비가 아니라 발자국이다. 기념비에는 '나는 이만큼 해냈노라'고 적혀 있다. 그러나 발자국은 '다음 걸음을 뗄 때까지 잠시 여기 머물다 가노라'고 말한다." 나는 이 책이 기념비가 아니라 발자국임을 알고 있다. 그래서 그를 더욱 사랑하며, 그의 다음 발자국이 기대되는 것이다.

남양만 활빈교회
한양국 목사

들어가며

중국인의 친구로서

여름철 밤하늘에 셀 수 없이 많은 별들을 바라보곤 했습니다. 톡 건드리면 그 별들이 땅으로 우수수 쏟아져 내릴 것만 같았습니다. 은하수였습니다. 은하수에 속한 지구에서, 생명으로 살아가는 것 또한 신비스러웠습니다.

어릴 적부터 여리고 소심했던 탓에, 쉽게 상처받고 속으로 아파했습니다. 마을 어른들이 닭, 돼지, 소 잡는 모습을 보고서 고기를 못 먹기도 했습니다.

이 땅에서의 삶이 광야처럼 느껴졌습니다. 광야 길을 두려움과 떨림으로 걸어가는 것이 인생 같았습니다.

그런데 구름기둥 불기둥도 없이 걸어가는 중국인을 뜻하지 않게 만나게 되었습니다. 차마 외면하고 지나칠 수 없었습니다.

광야가 더욱 거칠게 느껴졌습니다. 때로 숨막히고 갑갑하고 무서웠습니다. 칠흑 같은 밤길을 걷다 넘어지고 엎어졌습니다. 그때마다 저를 비춰 준 촛불이 있었습니다. 그 촛불을 꼭 붙들며 다시 일어섰습니다. 그것은 '한 생명은 천하보다 귀하다'라는 진리였습니다.

하나님의 진리, 하나님의 사랑이라는 생명수를 벌컥벌컥 마실 수만 있다면 좋으련만, 늘 목마른 사슴처럼 작은 두 손으로 주님의 은총과 자비를 한 방울 한 방울 받아 마셨습니다. 이 광야 같은 삶에서 하나님의 사랑에 취해 환희의 춤, 생명의 춤을 추고 싶지만, "내 잔이 넘치나이다!"라고 고백하지 못했습니다.

이 책은 비록 춤은 아닐지라도, 중국인과 어깨동무 함께해 온 몸짓입니다. 목사라기보다는 친구로 함께했습니다. 때론 생사를 건 동행이었습니다.

저는 앞으로도 중국인의 친구로 살아갈 것입니다.

나아가 한국과 중국이 진정한 친구가 되었으면 합니다.

중국인과 동행할 수 있게 해주신 하나님께 모든 감사를 드립니다.

2015년 11월 23일

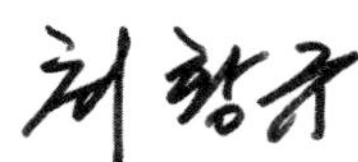

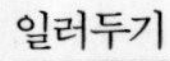

일러두기

본문에 나오는 중국인 가운데 몇몇 사람은 개인 사정에 따라 가명을 사용했습니다.

1부

중국 반체제 민주인사와의 만남

왼쪽부터 정평성, BBC 방송기자, 쉬버와 함께 유양리 집에서. 2000년 초.

검을 뽑다

쉬버는 작은 수첩에 그동안 한국에서 만난 화교들의 전화번호를 적어 놓고 가끔 전화를 하며 지냈다. 쉬버가 서울에 일이 있어 갔다 오겠다고 했다. 며칠이 지나 유양리로 돌아왔다. 표정이 많이 어두웠다. 격앙된 얼굴이었다.

신문에 싸인 물건을 들고 쉬버가 말했다.

"최 선생, 이게 뭔지 압니까?"

"…?"

신문지를 걷어내니 30센티미터가량의 칼이 나왔다.

"…? 이게 뭡니까, 쉬버 선생?"

보아하니 집에서 음식 만들 때 쓰는 칼이 아니었다.

"화교들을 만나고 왔는데, 법무부가 나에 대해 겉으로는 중국 민주운동가라고 하면서 실질적으로는 한국에 돈 벌러 온 사람이라고 한국 언론에 이야기했다고 합니다."

그러면서 주머니에서 신문을 꺼내 보여 주었다. 읽어 보니 상상할 수 없는 내용이 들어 있었다. 한마디로 쉬버 말이 맞았다. 2000년 2월 1일 기자회견 후 쉬버 문제가 부각되자, 법무부가 왜곡된 보도자료를 언론사에 뿌려 쉬버에게 왜곡된 이미지를 덧씌워 버린 것이다.

'어떻게 정부 기관이 이런 짓을 할 수 있나…' 상상이 가질 않았다.

"이젠 더 이상 인내에 한계를 느꼈습니다. 한국 정부가 어떻게 이렇게 비열할 수 있습니까? 용납할 수 없습니다. 김대중 대통령이 있는 청와대 앞에서 이 칼로 할복하겠습니다. 그래서 한국으로 피신한 외국인 난민들이 얼마나 억압당하고 고통을 겪고 있는지 만천하에 알리겠습니다."

'쿵' 하고 마음이 무너져 내리는 듯한 충격을 받았다. 잠시 둘 사이에 침묵이 흘렀다.

'침착하자, 이런 때일수록 침착하자.'

마음을 다잡고 쉬버에게 조용하고 침착하게 말했다.

"쉬버 선생, 정말 할복을 하겠다는 뜻입니까?"

"그렇습니다. 내 한 목숨 바쳐 한국 정부가 얼마나 비인도적인지 알리겠습니다. 그래야 한국 정부가 움직일 것 같습니다. 앞으로 한국으로 피신해 올 외국인 난민들을 위해서라도…. 대한민국이 이렇게 하면 안 됩니다. 이건 한국 정부가 너무도 비열한 행동을 한 것입니다."

'뭐라 말해야 하나….'

난감하기 짝이 없었다. 무슨 말로 쉬버의 마음을 바꾼단 말인가. 만일 그가 행동에 옮긴다면, 한국 정부는 엄청난 소용돌이에 휩싸일 것이고 감당할 수 없는 후유증을 남길 것이다. 그러나 이것은 본질적인 문제가 아니었다. 본질은 쉬버라는 한 생명이 이국 타향인 한국에서 이렇게 죽어야 하느냐는 것이었다.

"쉬버 선생, 지금 당장 나로서는 뭐라 할 말이 없습니다. 잠시 진정하고 바람 좀 쐬러 나갑시다."

쉬버의 손을 잡고 집 밖으로 나왔다. 마을길 아래를 내려와 버스 정류장으로 걸어갔다.

"어디를 가려는 겁니까?"

"아, 가보면 압니다."

버스를 타고 20여 분 가다 내렸다. 처연한 심정으로 길을 걸었다. 발걸음이 무거웠다. 서로 말이 없었다.

"어, 여긴 검도하는 곳 아닙니까?"

"맞습니다, 검도장입니다. 칼, 그러니까 검의 정신을 묵상하고 사색하는 공간입니다. 몸과 마음으로."

도장에 함성이 메아리쳤다.

"정좌—, 묵상!"

무릎 끓고 정좌한 채 침묵이 흘렀다.

'꼭 할복해야 하나? 할복이 아니라 일어나 싸워야 하는 것 아닌가? 할복은 도피인가? 힘없는 사람의 마지막 저항인가? 쉬버의 할복, 그건 너무 의미 없는 극단적 행동이다. 할복을 말리자. 그리고 모든 걸 걸고… 쉬버를 위해 싸우자.'

정좌 묵상이 끝난 뒤 대련이 시작된다. 상호 공방이 전광석화처럼 순식간에 이루어진다. 기합 소리가 도장 안을 진동시킨다. 정중동靜中動의 움직임. 죽도를 거두고 상호 예를 표한다. 다시 정좌 묵상에 들어간다.

'검을 뽑자. 쉬버를 위해 인도주의의 검을 뽑아 들자. 무슨 일이 있어도 쉬버를 지켜 주자.'

묵상을 끝내고 일어섰다. 도장 전면에 걸려 있는 대형 태극기를 응시했다.

"관장님, 가겠습니다. 안녕히 계세요."

"그런데 저분은 누군가요?"

"아, 잠시 저의 집에 머무르는 중국인 친구입니다."

쉬버와 관장이 서로 눈인사를 했다. 집으로 돌아오는 길에 쉬버와 대화를 나눴다.

"내가 생각하는 검의 정신은 대의를 위해 끝까지 포기하지 않고 싸우는 것입니다. 난 쉬버 선생의 할복에 반대합니다. 그건 의미 없는 죽음입니다. 오히려 난 선생을 위해 끝까지 싸우고 싶습니다. 내 마음이 그렇게 결심했습니다. 쉬버 선생, 여기서 생을 마쳐서는 안 됩니다."

"…. 알겠습니다. 함께 싸우겠습니다."

"잘 결정했습니다. 같이 갑시다."

집에 도착해 쉬버로부터 칼을 건네받았다. 나는 흰 종이에 '生死同行'(생사동행)이라 써서 보여 주었다. 쉬버도 그 밑에 '生死同行'이라 썼다.

"이 칼은 이제 내가 알아서 처리하겠습니다."

"알겠습니다."

칼을 들고 창고로 갔다. 톱, 곡괭이, 삽, 망치, 호미 등 농기구들이 가득한 창고 깊숙한 곳에 칼을 던져 넣었다. 그리고 문을 잠갔다.

폭풍이 지나간 듯했다. '난민의 지위에 관한 협약' 조문을 주머니에 넣고 산에 올랐다. 유엔이 정한 난민보호법의 근본 정신에 대해 묵상하고 묵상했다.

수면 위로 올라온 난민 문제

산에서 내려오는 길에 핸드폰이 울렸다.

"KBS 일요스페셜 작가입니다. 최황규 선생님 맞습니까?"

"네, 맞습니다."

"한국의 난민 문제가 심각하다는 기사를 보고 연락드렸습니다. 현재 중국 민주인사 쉬버 씨를 보호하고 있다면서요? 한국의 난민 문제에 대해 상세히 다뤄보려 해요. 최 선생님 집에 가서 상황을 보고 싶습니다. 혹시 오늘 시간 되시나요?"

"예, 좋습니다."

KBS 차량이 도착했다. PD와 작가가 내렸다. 집으로 안내했다.

"쉬버 씨 외에 다른 외국인 난민도 있나요?"

"30여 명의 버마 민주화운동가들이 부천에 있고 그 외 20여 명은 여기저기 흩어져 지내고 있는 것으로 압니다."

"이 문제를 정면으로 다루려 하는데, 그분들이 촬영에 응해 줄지 모르겠네요. 신변 보호를 해주어야 하는 것은 아닌지요?"

"종교적인 이유로 피신해 온 사람들 외엔 얼굴이 나가도 괜찮을 겁니다. 이미 쉬버 선생은 난민들의 대변자처럼 되었습니다."

"종교적인 이유로 피신한 사람들은 왜 얼굴이 나가면 안 되나요?"

"이슬람에서 기독교로 개종한 사람들의 경우, TV에 얼굴이 나가면 배교자로 낙인 찍혀 한국에 있는 이슬람 신자들에게 보복당할 수 있고 본국의 가족들도 피해를 볼 수 있기 때문입니다."

"쉬버 선생과 관련된 자료 좀 볼 수 있을까요?"

쉬버가 자신의 원고를 가져왔다.

"이 원고가 쉬버 선생의 인생을 송두리째 바꿔 놓았습니다. 원고 보관을 위해 복사본도 준비해 놓았습니다."

"이 자료를 빌려 줄 수 있나요? 중국어 전공자를 통해 검토해 보려고요. 그리고 버마 사람들 전화번호를 알고 싶습니다."

쉬버의 자료와 전화번호를 KBS 작가에게 전해 주었다. 다음 날부터 촬영이 시작되었다. 나는 하루 이틀이면 끝날 줄 알았는데 그렇지 않았다. 집주인 아저씨가 눈이 휘둥그래져 나를 찾았다. 뭔가 심상치 않은 일이 돌아가고 있음을 알아채고 나를 불러냈다.

"당신, 대체 뭐하는 사람인가? 정체가 뭐야? 저런 사람을 어떻게 집으로 데려와 살아? 나중에 무슨 일 나면 어쩌려고. 저 중국인, 위험한 사람인 것 같은데, 나한테는 잠시 있다 갈 중국인이라 그랬잖나."

"저 그렇게 위험한 사람 아녜요. 그냥 평범한 시민이에요. 자초지종이 너무 깁니다. 저 중국인은 한국에서 고립됐어요. 중국 공산당을 부정하는 책을 쓰다가 발각돼 한국으로 탈출했습니다. 그러니까 우리와 사상적으로 같아요. 자유민주주의를 원하니까요. 그런데 사상적으로 같은 나라에 왔는데 고립당한 겁니다."

눈을 껌뻑이며 내 말을 듣던 아저씨가 혀를 끌끌 차며 말했다.

"그래도 감당할 만한 사람을 데려와야지, 저 사람을 글쎄…. 하긴 공산당 때려 부수겠다는 건 좋은 일이야. 우리나라도 6·25전쟁 때 중공군만 개입 안 했으면 통일되었을 거 아닌가. 중공군은 우리의 원수였지. 아, 지금 내 머리가 혼란스럽네. 어쨌든 자네에게 문제가 안 생기길 바라네. 자넨 참 알다가도 모를 인물이여…."

〈코리아 헤럴드〉 기자로부터 전화가 왔다.

"장 기자입니다. 한국으로 피신한 난민 문제를 상세히 다루려

하거든요. 만날 수 있는 난민을 서울에서 만났으면 합니다."

"알겠습니다. 연락해 보고 시간을 정해 연락드리겠습니다."

쉬버와 한국의 난민 문제를 세상에 알리는 일이 점점 순조롭게 진행되고 있음이 느껴져 안도의 한숨이 흘러나왔다. 버마 민족민주동맹 한국지부 부의장 르윈에게 전화를 걸어 시간과 날짜를 정했다. 성공회 성당 건물 옆에 있는 쎄실 레스토랑에서 만나기로 했다. 쉬버와 르윈 그리고 나, 이렇게 세 사람과 장 기자의 인터뷰가 시작되었다.

이틀 후 〈코리아 헤럴드〉는 특집으로 한 면 전체를 한국의 난민들 실상에 관해 보도했다. 2000년 3월 13일자다. 제목과 부제가 눈이 번쩍 뜨일 정도로 강렬했다.

> Korea Slammimg Door on Asylum Seekers (망명객들에게 대문을 '쾅' 닫아 버리는 한국)
>
> _Members of Burmese democratic movement lives in constant fear of being caught, deported (버마 민주화운동가들은 끊임없는 체포와 추방의 두려움 속에서 살고 있다)

지금까지 한국의 난민 실상을 가장 상세하고 크게 다룬 영자신문 기사였다. 법무부 난민 당국은 버마 민주화운동가들의 경우 입국 후 60일 이내에 난민 신청을 하지 않았기 때문에 신청 대상이 되지 않는다고 〈코리아 헤럴드〉 인터뷰에서 잘라 말했다. 〈코리아 헤럴드〉에 대서특필된 기사를 보면서 '이제 되었다. 이 기사면 유엔난민고등판무관UNHCR에서도 한국의 난민 상황을 제대로 파악하게 될 것'이라는 생각이 들었다.

〈코리아 헤럴드〉 기사는 기사의 완성도를 위해 난민 당사자와 법무부, 난민 전문가의 의견을 객관적이고 종합적으로 담았다. 그러므로 UNHCR 본부에서도 객관적으로 판단할 수 있는 자료를 볼 수 있게 된 것이다. 나는 UNHCR 본부로 〈코리아 헤럴드〉 보도 전문을 팩스로 보냈다.

며칠 후, 경향신문사에서 발행하는 주간지 〈뉴스메이커〉 기자가 〈코리아 헤럴드〉 기사를 보고 취재차 유양리에 도착했다. 이젠 집주인 아저씨도 취재 차량이 들락날락해도 개의치 않는 눈치였다. 같은 달 〈뉴스메이커〉가 난민 특집을 보도했다. 제목은 '긴급 진단: 한국은 망명자의 지옥인가', 6면에 걸쳐 3부로 상세히 소개한 기사였다.

1부 어느 중국 반체제 젊은이의 절망

2부 버마 민주 투사들의 힘겨운 투쟁

3부 인권 후진국 불명예 해결책 있나

이제 쉬버와 난민 문제는 수면 위로 떠오르기 시작했다. 언론과 여론과 정부의 벽을 뚫고 나오기 시작했다. 얼음장과 눈을 뚫고 나온 봄의 새싹처럼. 한국에서 숨죽이며 있던 난민의 생명과 인권이 봄의 새싹처럼 동토를 뚫고 나왔다. 그것을 이제 누구도 수면 아래로 누를 수 있는 상황이 못 되었다. 이후 지방지와 대학교 신문사도 잇따라 난민 상황을 보도하기 시작했다.

애타게 기다리던 UNHCR로부터 드디어 이메일이 왔다. 한국의 난민 상황이 심각하다는 것을 인식했으며 버마 민주화운동가 30여 명에 대한 법무부의 비인도적 태도에 대해 한국 정부와 법무부 난민당국에 유엔의 이름으로 강력히 항의했다는 내용이었다. 그리고 결국 버마 민주화운동가들이 난민 신청을 할 수 있게 되었다는 것이다.

'휴, 드디어 그들도 보호받을 수 있게 되었구나.'

승리였다. 인도주의의 승리.

쉬버 선생에게 그 내용을 전했더니 그 또한 대단히 기뻐했다. 르윈에게도 전화해서 UNHCR이 보내 준 내용을 알렸다.

"우리는 크게 기대하지 않았는데… 그게 사실입니까?"

"이제 두려워 말고 난민 신청 하세요."

"너무 잘되었습니다! 감사합니다."

그 후 버마인들은 모두 난민 신청을 했다. UNHCR 본부는 쉬버에 대해서도 정확한 사실을 인지하게 되었다. 난민 문제와 관련해 이제는 더 이상 과거로 돌아갈 수 없는 상황이 펼쳐졌다. 한국으로 피신한 난민들이 숨 쉬며 살 수 있는 공간이 만들어져 갔다. 법무부 난민 당국은 무조건 추방시키려는 입장을 견지할 수 없게 되었다. 쉬버 자신도 전과 다르게 마음의 여유를 가지고 살게 되었다. 숨 막히던 시간이 지났다.

우연한 만남

1999년 12월 3일, 이화여자대학교 교정의 큰길을 내려가고 있는 나를 누군가 불렀다.

"저… 저… 잠깐만요… 여기가 이화여자대학교 맞습니까?"

"네."

"그럼 혹시… 여기서 북한… 인권… 난민 국제회의 한다는데… 알고… 있습니까?"

"예, 마침 저도 참석했기 때문에 압니다. 그런데 무슨 일이신가요?"

"우리가… 여기… 왔습니다…. 이유… 있습니다. 여기… 사람… 도와주려고 해서요."

애써 기억의 사전에서 한국말을 하나하나 뽑아내듯 더듬거리며, 무엇인가 하고 싶은 말을 다하지 못해 답답해하는 20대 초반 건장한 체격의 한 남자. 그 옆으로 안경을 낀 20대 중후반의 청년, 30대 중반으로 보이는 미남형 남자. 초조하고 다급한 표정들, 안타까운 눈빛으로 묻고 또 묻는다. 안경 낀 청년이 말을 이어갔다.

"우리는 중국인입니다. 저는 대만에서 온 유학생입니다. 이 두 분은 중국 대륙에서 왔고요."

"그런데 뭘 찾으시나요? 뭘 도와줬으면 하시나요?"

"사실 우리가 이화여자대학교에 온 목적은 북한인권난민국제회의에 참석한 국제 인권운동가들을 만나 도움을 요청하기 위해서입니다."

"아니… 아, 좀 늦었네요. 좀더 일찍 오셨어야 하는데…. 이 회의는 30분 전에 끝났습니다. 참석자들은 이미 다 떠났습니다."

"아! 정말인가요?"

낙담하고 실망한 얼굴로 옆의 두 중국인에게 통역을 해준다. 두 중국인 모두 "아…!" 하고 장탄식을 한다.

"쩐머 빤 하오…!"(어쩌면 좋으냐!)

중국인이 대만 유학생을 통해 내게 물었다.

"그런데 선생님은 무슨 일을 하십니까? 이 회의에 참석했다면 북한 인권을 돕는 인권운동가이신가요?"

"아닙니다. 전 일반 시민입니다. 평범한 시민이에요. 다만 같은 동포인 탈북자들이 겪는 고통이 심하다는 뉴스를 듣고, 실상을 들어보기 위해 참석했습니다."

"그러신가요? 선생님, 혹시 난민에 대해 아시나요?"

"난민이라면 피난민을 말하는 거 아닌가요? 영어로 refugee…."

안경 낀 대만 유학생이 옆의 중국인을 한번 쳐다보고선 말을 잇는다.

"예, 맞습니다. 이분이 난민입니다, 중국인 난민. 저는 이분을 대만 화교 모임에서 만났습니다."

나는 유학생과 중국인을 번갈아 보면서 유학생에게 물었다.

"그런데 두 분은 어떻게 화교 모임에서 만난 겁니까?"

"아, 이분이 한국에 화교가 있다는 이야기를 듣고 물어물어 찾아왔다고 합니다. 대만은 공산당 통치가 아니라 민주주의가 정치이념이라는 것을 상식적으로 알고 있기 때문이죠. 이분이 한국말을 할 줄 몰라 유학생인 저에게 필요할 때마다 통역을 부탁해서 오늘도 이렇게 함께 온 것입니다."

"그런데 난민이라… 전 사실 난민에 대해 잘 모릅니다. 그럼 이 중국인은 어떤 이유로 한국에 왔답니까?"

"혹시 정치난민이란 말 들어 보셨나요?"

"정치난민이라면 정치적인 이유로 난민이 되었다는 뜻일 텐데, 중국에서 반정부 활동이라도 했다는 것입니까?"

대만 유학생이 옆의 중국인에게 중국어로 통역을 해 전한다. 중국인이 알아듣고는 '쏼라 쏼라' 한다. 그간 하고 싶은 말을 참았다는 듯 쉬지 않고 말을 이어갔다.

한국에서 고립되다

그 중국인은 행동거지와 태도, 모습이 가볍지 않고 진중했다.

"나는 중국 귀주성 출신입니다. 1998년 한국으로 탈출했습니다. 탈출한 이유가 있습니다. 나는 중국 공산당이 21세기 중국을 이끌어 간다면, 중국은 미래와 희망이 없다고 생각합니다. 중국의 인민과 미래를 위해서는 중국 대륙에 민주 정부가 들어서야 합니다. 이러한 내용의 원고를 썼다가 공안에 발각되었습니다. 이 원고를 감수하던 쉬원리 선생이 내용이 너무 반동적이니 피하라고 해서 급히 한국으로 탈출했습니다. 한국은 민주화 투쟁을 통해 민주화를 이루고 아시아에서 민주화운동의 상징적 인물인 김대중 대통령이 있어, 한국에 오면 자유롭게 활동할 수 있을 거라 판단했기 때문입니다.

그런데 이런 내 생각과 한국의 현실은 전혀 달랐습니다. 지금 나는 숨이 막혀 살 수가 없습니다. 그래서 전 세계에서 온 인권운동가들에게 나를 다른 나라로 갈 수 있게 도와달라고 이렇게 부탁하러 온 것입니다. 좀더 일찍 왔어야 하는데… 정보를 늦게 얻는 바람에 뒤늦게 오게 되었습니다. 참으로 여한이 됩니다."

옆에 있던 산동성 출신의 20대 초반 중국인이 한국말로 더듬거리며 이야기를 이어간다.

"선생님… 인권운동… 민주화운동… 이런 활동… 해보시지 않았습니까?"

"아니요, 전혀 해보지 않았습니다."

"제가 듣기로는… 한국인들은… 다… 민주화… 이 운동에 참여했다고… 하던데요. 안 그런가요?"

"물론 내가 80년대에 대학 다닐 때 수많은 대학생들이 민주화운동을 주도하고 투쟁하고 희생한 것은 맞아요. 그것은 당시의 시대정신이었습니다. 나는 민주화시위 대열에 가담한 적은 있으나 주도한 적은 없습니다."

세 명의 중국인이 이 말을 듣고는 적이 실망한 표정들이었다. 자신들의 기대와 맞지 않는다는 눈치였다. 유학생이 중국인을 대신해 묻는다.

"선생님, 참 죄송하지만… 그럼 어떻게 북한인권난민국제회의에 참석했습니까? 인권운동이나 민주화운동에 관여한 사람들만 오는 것 아닙니까?"

"그거야 북한 동포, 특히 탈북자들이 겪는 어려움에 관심이 있어서죠. 탈북자들의 고통이, 그들의 신음이 그치질 않네요. 동북 3성에서 들짐승처럼 숨어 다니며 방황하는 그들의 참상을 외면하기 어려웠습니다. 너무 아프게 느껴졌습니다. 이 회의에는, 모진 어려움을 뚫고 탈출한 탈북자들의 생생한 증언을 직접 들을 수 있다고 해서 온 것이지요."

"그렇습니까? 그러면 어떻게 해서라도 이 중국인을 도와줄 수 없을까요? 이 중국인은 한국에서 너무도 외롭고 힘들게 살아가고 있습니다. 고립, 완전 고립됐어요. 중국으로 다시 돌아갈 수도 없고…. 제가 도와주는 건 단지 통역뿐입니다."

어느새 오후의 태양은 대학 교정을 붉게 물들이고, 길에서 이야기 나누는 네 명의 그림자를 길게 드리운다. 해가 지고 있다. 서쪽 하늘이 붉게 물든다. 어둠이 말없이 먼 산부터 덮어 내리며 네 사람에게까지도 빠른 걸음으로 찾아왔다.

"그나저나, 이야기하다 보니 저녁이 됐네요. 식사도 못 하셨을 텐데 근처 식당으로 가서 이야기를 계속 나눕시다. 여러분 모두 한국에선 객인데 제가 밥을 사죠. 비싼 것은 그렇고 자장면 집으로 갑시다. 한국에선 중화요리라고 해요. 들어봤습니까?"

"들어본 게 아니라 가봤습니다. 중국요리집을 말하는 거잖아요? 그런데 본토 음식, 대만 음식과 달라요, 맛이…. 한국인 입맛에 맞게 한 것 같습니다."

우리는 학교 정문을 나와 제일 먼저 눈에 띄는 중화요리집에 들어섰다.

"그나저나 서로 이름도 모르고 이야기를 나누었네요. 나는 최황규라고 합니다. 경기도 의정부가 고향이고, 하는 일은 책을 읽고 번역을 하는 것입니다."

"나는 쉬버라고 합니다. 중국 귀주성 출신입니다."

"저는 정펑성이라 합니다. 중국 산동성 출신입니다. 나이는 23세입니다. 한국에 연수생으로 와서 돈 벌고 있습니다."

"저는 류성셴이라 합니다. 대만에서 한국으로 유학 와 연세대에서 공부하고 있습니다. 나이는 25세입니다."

자장면이 나왔다. 우리는 계속 대화를 이어갔다. 문제의 귀주성 출신 쉬버. 1961년생. 한국에 온 지 1년이 되어 간다. 귀주성이면 중국의 남방 지역으로 따뜻한 곳이다.

"쉬버 선생, 21세기 중국 공산당은 중국을 이끌어서는 안 된다고 글을 썼는데, 좀더 구체적으로 어떤 내용인가요?"

"중국은 일당이 독재합니다. 일당이 지배하다 보니 견제가 되질 않습니다. 언론은 공산당의 나팔수에 불과합니다. 중국 사회에서는 자정 기능이 작동하지 않습니다. 민주사회에서 언론은 감시와 견제, 자정 기능을 촉진하고 만들어 갑니다. 불행히도 중국은 언론의 자유가 없습니다. 중국 인민들은 자신의 사상과 목소리를 표현하지 못하고 짓눌려 있습니다. 공산당을 향해 비판하거나 고개를 들면, 맞아야 하고 감옥에 가야 합니다. 힘없는 인민들은 소리를 죽이고 살아야 합니다. 이건 노예의 삶 아닙니까?"

막힘이 없다. 가슴에서 분출하는 격랑이다.

"중국의 부패는 척결할 길이 없습니다. 중국 사회에 만연한 부패는 사회 구조라는 근본을 바꾸어야 하는데, 이는 중국이 민주사회로 가야만 가능합니다. 한국인들은 중국 사회를 겪어 보지 못해 피부로 실감하지 못할 것입니다. 작은 일부터 큰일까지 모든 것이 뇌물을 통해 이루어집니다. 그 뇌물의 정점이 공산당입니다. 공산당이 공산당을 개혁한다? 공산당이 중국 사회를 개혁한다? 이건 근본적으로 불가능합니다. 다른 대안 세력이 있어야 합니다. 즉 민주주의를 대륙에 받아들여 새로운 중국으로 변화시켜야 중국의 근본 문제를 고칠 수 있습니다."

"그래서 책을 쓰게 된 것인가요?"

"맞습니다. 저 개인적으로도 겪은 일이 많고 분노한 일들도 많습니다. 그래서 '붉은 전제주의'(紅色法西斯, Red Fascism)라는 제목으로 책 한 권 분량의 원고를 썼습니다. 이 책의 부제는 '21세기 중국 공산당은 대륙을 이끌 수 없다'입니다. 이 원고를 출판하기 전에 북경에 있는 쉬원리 선생에게 원고 복사본을 보내 감수를 해달라고 부탁했습니다. 우편으로요. 그리고 전화해서 확인해 보니, 잘 받았다고 하더군요."

"쉬원리 선생은 누군가요?"

"쉬 선생은 중국에서 최초로 야당을 만든 사람입니다. 중국민주정의당을 창당하고 중국 정부에 민주주의를 요구한 인사입니다. 공안에서 가만 놔두질 않고 가택 수색을 했는데 거기서 내가 쓴 원고가 발각되었습니다. 가택 수색 후 쉬 선생이 나에게 급히 전화했습니다. 원고 내용이 너무 혁명적이니 빨리 외국으로 탈출하라고.

다급한 목소리로 말했습니다."

"그래서 한국으로 온 건가요?"

"쉬 선생의 말을 듣고 어떻게 해야 할지 고민했습니다. 대륙에서 이리저리 도피생활을 해야 하나? 국외로 탈출하나? 붙들려 감옥에 가면, 중국 공산당을 정면으로 부정했기 때문에 혹독한 대가를 치러야 합니다."

"공산당을 부정하면, 그 내용을 책으로 내려 하면 어떤 대가를 치러야 하나요?"

"나는 쉬원리 선생으로부터 감수를 받은 뒤 홍콩에 있는 출판사와 연계해 홍콩에서 책을 내려 했습니다. 홍콩은 이런 내용의 책을 낼 수 있는 곳이니까요. 그런데 일이 수포로 돌아갔습니다. 이 정도 내용이면 보통 종신형 아니면 사형입니다. 총살형이죠. 반체제적 글이니까요. 결국 국외로 탈출하기로 했습니다."

한국으로 탈출한 이유

"쉬버 선생, 그런데 왜 하필 한국으로 왔나요? 한국은 사실 역사적으로 중국에게 늘 휘둘린 나라 아닙니까? 그러니 미국이나 유럽 쪽으로 탈출했어야 하는 것 아닙니까?"

"처음에는 미국으로 가려 했습니다. 그런데 중국은 자유롭게 외국 여행을 할 수 있는 나라가 아닙니다. 미국으로 가려면 언제 갈 수 있을지 알기 어렵습니다. 그 사이에 잡히면 끝나는 거죠. 중국은 개인 여행도 안 됩니다. 단체 여행만 가능하죠. 그때 한국으로 단체 여행단이 간다는 정보를 얻었습니다. 중국의 한의사들이 한국 한의사들과 회의를 하러 간다는 정보였습니다. 그래서 이들 중국 한의사 팀의 한 사람으로 해서 한국으로 탈출한 것입니다. 탈출한 후 이틀 만에 중국 공안이 우리 집에 들이닥쳤다고 합니다."

"큰일 날 뻔했네요."

"'구사일생'이 참으로 맞는 표현이라는 생각이 들었습니다. 그 생각만 하면 지금도 식은땀이 납니다."

"어쩔 수 없는 한국행이었겠군요."

"중국에 있을 때 나는 한강의 기적, 민주화 성취, 민주화를 향한 대학생과 국민들의 위대한 투쟁에 대해 알고 있었습니다. 한국의 산업화 기적과 민주화 성취는 아시아적 사건이라 생각합니다. 작은 나라, 그것도 남북으로 분단된 상황에서 이룬 대단한 업적이라 봅니다."

"막상 와 보니 어떻든가요?"

"후— 어땠을 것 같습니까? 내가 생각하고 기대한 한국과는 완전히 달랐습니다. 이것이 오늘 현실입니다. 결론적으로 말하면, 한국에서 오히려 고립되었습니다. 말할 수 있는 공간, 내 생각을 펼 수 있는 공간, 숨 쉴 수 있는 공간도 없다는 것을 깨닫게 되었습니다. 오죽하면 오늘 이렇게 이곳까지 왔겠습니까? 고립무원의 신세가 되었습니다."

나는 잘 이해되지 않았다. 그래도 한국 사회의 한편에서는 쉬버를 이해하고 지지해 줄 사람들이 있지 않을까 싶었다. 소위 한국에서 민주화운동을 했던 사람들은 최소한 그의 사정을 이해는 할 수 있지 않을까?

"최 선생, 한국의 민주화운동, 민주화투쟁은 한국만을 위한 것 같습니다. 한국을 넘어 아시아, 전 세계를 향한 민주적 관심과 운동은 아닌 것 같습니다. 특히 중국 민주화에 대해 다들 '불가능하다', '이루어질 수 없는 몽상이다', '환상이다'라고 보더군요. 처음에는 나를 한두 번 만났던 사람들도 그 후로는 피하더군요. 부담스러워 그런 것 아니겠습니까?"

고립무원! 1년 여를 그렇게 한국에서 보낸 것이다. 일종의 망명 아닌가? 망명객을 품지 못하는 나라, 한국이었다. 삼일천하를 했던 김옥균도 일본이라는 망명처가 있었다. 김구 선생도 중국이라는 망명처가 있었다. 그래도 그들에게는 음으로 양으로 지원하고 돕는 세력이 있었다.

"그럼 그동안 생활은 어떻게 해왔습니까?"

"고려대 근처 안암동에 조그만 방을 하나 얻어 살고 있습니다. 그나마 여기 유학생이나 정평성 씨처럼 나를 이해해 주는 중국인들이 있어 위안이 됩니다."

어릴 적 어른들로부터 늘 들은 이야기가 떠오른다. '쫓기는 짐승을 품는 게 인간이다.' 하물며 쫓기는 사람을 품고 보호하는 것이 인간의 기본적 도리 아닌가? 고조선에도 소도蘇塗라는 지역이 있어 다급한 사정에 처한 사람들의 피난처가 되어 주었다. 머릿속에서 이런저런 생각들이 스쳐지나갔다.

나는 쉬버에게 제안했다.

"나는 양주군에 있는 유양리라는 마을에서 살고 있습니다. 선생이 친구도 없이 힘들게 있는데, 우리 집에서 함께하며 조금이나마 심리적 안정을 느끼며 지내는 것이 어떻겠습니까? 선생이 머무를 방도 있습니다. 우리 가족과 함께 지내시죠."

그가 눈을 크게 뜨고 정색을 하면서 물었다.

"너무 폐가 안 될까요…?"

"폐는요. 식사할 때 함께하고 시간 나면 같이 산도 오르면서 지친 마음을 쉬게 하십시오."

"말이야 고맙지만 너무 부담을 드리는 것 같습니다."

"아닙니다. 그런 것은 신경 쓰지 마세요. 함께 지내다 언제든지 편할 때 가시면 됩니다."

"그럼… 한번 생각해 보겠습니다."

밤이 깊어갔다. 연락처를 주고받았다. 식당을 나와 우리는 헤어졌다. 집으로 가는 버스 안에서 많은 상념들이 오갔다.

이튿날 가족들에게 말했다.

"한국으로 피신한 중국인이 고립되어 인간적으로 힘들게 살고 있네요. 우리 집에서 같이 지내자고 했습니다. 이해해 줄 수 있겠나요?"

가족들은 마음 한편 어려움이 있었으나 고맙게도 동의해 주었다.

북한인권난민국제회의

1999년 11월 7일, 일곱 명의 탈북자가 러시아 국경을 넘다 러시아 측 국경 수비대에 체포되었다. 죄목은 '불법 월경죄越境罪'였다. 그들은 중국으로 탈북했다가 상황이 여의치 않자 러시아 연해주 쪽으로 들어서다 붙잡힌 것이다. 탈북자들은 "비록 러시아의 감옥에서 평생을 살아야 하더라도 북한으로 돌아가고 싶지 않다"고 했다. 이 말은 듣는 사람들의 가슴을 내리쳤다. 한국 정부와 가슴 아파하는 많은 국민들은 그들을 보호하라고 촉구했고, UNHCR은 그들을 난민으로 인정했으나 러시아는 다시 중국으로 추방해 버렸다. 이리저리 버려지는 귀찮은 존재, 성가신 존재로 취급당했다. 그들은 짐승이 아니라 사람, 인간이다. 한국 정부와 전 세계 자유진영은 충격을 받았고, 인간에 대한 양심과 인도주의정신에 입각해 그들을 난민으로 보호하라고 중국 정부에 촉구했다.

이와 관련 1999년 12월 1일부터 3일까지 이화여자대학교에서 '제1회 북한인권난민국제회의'가 북한인권시민연합의 주도로 개최되었다. 이 회의에는 미국, 캐나다, 프랑스, 일본, 러시아 등 여러 나라의 인권운동가들이 참여했다. 북한 동포, 탈북자들의 비인간적 삶과 고통의 소리를 나도 국민의 한 사람으로서 외면하기 어려워 이 국제회의에 참석해 실상을 들어 보았다.

역사 이래로 황하의 물결은 한반도로 흘러들고 한강의 물결은 대륙으로 흘렀다. 당나라 때 황소격문檄黃巢書으로 문명文名을 날린 최치원은 대륙으로 흐른 한강의 물방울이 아니었나? 한반도와 중국은 상호작용, 상호교류하며 역사의 씨줄과 날줄을 엮어 왔다. 나에게 흘러온 최초의 황하의 물결은 쉬버라는 중국 반체제 민주인사였다. 중국의 미래 역사를 고민하고 새 길을 찾는 사람이다.

그날 이후 나는 다시 일상으로 돌아왔다. 아침에 일어나면 산 언덕을 지나 큰 저수지를 바라보며 산책하고, 사색하고, 명상에 잠긴다. 아침 물안개가 피어오르는 저수지는 신비하고 황홀하기까지 하다. 이 저수지를 바라보며 위아래 산등성이를 따라 오르내리는 시간은 나에게 더없는 정신적 평온, 평화를 안겨 주는 때다. 도시의 소음이 끊긴 유양리 마을의 삶은 자연 그 자체다. 사색과 묵상이 깊어지고 충만해진다. 내 내면의 소리를 더 세미하게 느끼고 들을 수 있다.

"거 도대체 무슨 일 하는 사람이오?"

유양리로 이사 오자 마을 사람들이 물었다.

"그냥 번역 일을 합니다. 번역은 출퇴근하면서 하는 일이 아니라서, 집에서 일하고 있습니다."

"그래요? 사람이 워낙 말이 없고 조용히 지내서… 궁금하더군, 음."

"어르신들, 잘 부탁드립니다. 이곳에 오니 참 좋네요. 마음도, 정신도 편하고 사시사철 자연 속에 살아가니 더욱 좋고요…."

"거 모르는 말 하지 마소! 농사짓는 사람들 얼마나 고단한지 아는가? 우리는 여기서 수백 년 토박이로 내려왔어. 개발도 안 되고 미래도 없고…. 다른 마을은 아파트도 들어서고 단지도 들어서고 땅값도 오르고 그러는데 젠장, 여기는 그런 게 안 돼 희망이 없어. 그냥 땅 파먹고 살다 가는 거지… 에이!"

"…."

내가 이 마을에 이사 온 것은 무슨 귀농을 한다, 유기농을 한다 해서가 아니다. 자연의 품속에서 정신적 안식과 평온을 누리며 살고 싶어서였다. 이유가 단순했다. 하지만 마을 사람들의 이야기를 듣다 보니 말에 신중해야겠다는 생각이 들었다. 모르는 소리 하지 말라는 일침이 귓속에, 생각 속에 맴돌았다.

'말을 조심하자. 수백 년 내려온 토박이들의 저 소리는 현대화에 소외된 사람들의 절규일 수 있다. 말없이, 조용히 지내자. 논쟁도 시비도 할 필요 없고…. 인사 정도나 가볍게 하고 지내자. 먹을거리가 있으면 나누고, 그렇게 정을 나누는 정도로. 불가근불가원不可近不可遠… 그래, 이게 좋을 것 같다.'

5일 후인 1999년 12월 8일 정평성에게서 전화가 왔다.

"반갑습니다. 쉬버 선생이 어떻게 결정했나요?"

단도직입적으로 물었다. 전화가 왔다면, 그 내용일 것이기 때문이다.

"네, 선생님이 함께 살자고 했을 때… 그가 속으로 많이 놀랐는데, 좀 폐가 되겠지만 선생님 집에 기거하고 싶다고 합니다."

"그래요, 잘 결정했습니다. 내가 내일 안암동 쉬버 선생에게로 가서 짐을 옮기겠다고 전해 주세요."

다음 날 그에게 갔다. 3층의 작은 방이다. 조그만 책상 하나와 몸을 운신하기도 힘든 부엌. 부르스타 하나와 밥그릇 하나, 수저 하나, 젓가락 하나, 조그만 솥, 냉장고도 없고, 책상 앞 벽에는 자신의 의지와 결의를 밝힌 중국어로 쓴 글이 붙어 있었다. 옷 몇 가지와 노트북 하나. 그리고 그가 가장 소중히 여기는 책 한 권 분량의 원고. 그의 짐은 단출하고 간단했다. 정평성도 와 있었다. 쉬버 선생과 인사를 나누고 10분 만에 짐을 차에 다 옮긴 뒤 시동을 걸었다.

"그런데 내가 알기로 중국인들은 주로 밀을 먹는데 한국에서 먹는 쌀밥 괜찮았나요?"

"좀 불편했지요. 익숙지 않고…. 우린 밀가루로 국수나 만두를 만들어 먹는데 한국은 거의 밥을 먹데요. 적응해야지요."

"김치는 먹을 만해요?"

"아직도 김치가 힘듭니다. 너무 매워요. 그저 조금씩 먹습니다. 중국에서는 김치를 본 적도, 먹어 본 적도 없어요. 한국 사람들 저렇게 빨간 김치, 매운 김치 먹고 견디는 것 보면 참 신기하기도 하고요…. 이게 다 민족과 문화 차이 아니겠어요?"

정평성이 끼어든다.

"제가 한국… 온 거… 3년 넘었습니다. 제 고향 산동성도 밀가루 먹어요. 중국인들은 만두를 잘 먹습니다. 한국 만두는 속에 뭐가 들어 있는데 중국에는 속에 아무것도 없는 만두도 많아요. 한국 와서 먹는 음식… 아주 힘들었습니다. 산동성에서 매일 밀가루만 먹다 한국 와서 밥에 김치에 국만 먹으니 고향 생각이 무척 나더군요. 김치를 처음 먹을 때 입에 넣었다가 너무 매워서 뱉어냈습니다. 아이고! 혀에서 불이 나는 줄 알았습니다."

"하하하, 저런. 그럼 밀가루로 만두를 만들어 먹으면 되잖아요."

"그럴 상황이 못 됐습니다. 일이 바쁘기도 하고 기숙사에서 함께 생활하다 보니 혼자 해먹기도 그렇고…."

"한 3년 지났는데 지금은 어때요?"

"한국인 다 됐습니다. 김치, 김치찌개 잘 먹어요. 그거… 아, 청양고추도 먹습니다. 밥도 비빔밥, 볶음밥 뭐 이런 거 다 잘 먹어요. 하하."

"그래요? 고생 많았습니다. 중국인은 쌀은 먹지 않나요?"

"아닙니다. 동북 3성에는 쌀을 먹는 중국인도 많아요. 산동성은 주로 밀가루, 옛날 중원이라 불리던 지역도 주로 밀가루, 에… 그리고 베트남, 버마 접경지대, 그러니까 중국 남방 사람들은 쌀을 먹어요."

"두 분이 밀을 주식으로 하니, 가다가 슈퍼에 들러 밀가루 한 포대 사야겠습니다. 오늘 저녁은 밀가루로 중국 음식을 만들어 먹읍시다."

"팅하오, 최 선생님. 우리 중국 만두 만들어 함께 먹죠. 우리 중국인들은 어릴 때부터 만두를 집에서 만들어 먹기 때문에 눈 감고도 만듭니다."

슈퍼에 들러 밀가루 한 포대를 샀다. 정평성이 "부추도 사야 합니다. 만두 속에 부추를 넣어야 돼요. 밀가루로만 만두 만들면 한국인들은 잘 못 먹어요. 최 선생님은 한국인이기 때문에 부추를 넣어야 해요." 하고 배려한다.

"부추 한 단 주세요. 더 필요한 건 없나요?"

"식초도 필요해요, 빙초산."

"아니, 빙초산을 먹어요? 그거 엄청 신데. 몸에도 좋지 않을 텐데요."

"만두 먹을 때 우리 중국인은 간장에 빙초산을 섞어 찍어 먹습니다."

"그럼 그냥 일반 식초를 사죠. 아줌마, 식초 하나 주세요."

"그나저나 쉬버 선생, 중국에 있는 가족 생각 많이 나죠?"

"전화 연락은 됩니다. 보고 싶죠. 가족 생각하면 늘 미안한 마음입니다. 아내에게도 참 죄 지은 것 같고…."

'괜히 가족 이야기를 꺼냈나 보다. 얼마나 속으로 괴로울까? 앞으로 본인이 말하기 전에 가족 이야기를 묻지 말자.'

쉬버가 차창으로 밖을 내다보며 상념에 잠긴다. 회한에 잠긴 표정이다.

내가 사는 집은 1층이고, 2층에는 집주인이 살고 있다. 집주인은 낚시와 사냥을 좋아해 철만 되면 밖으로 다녔다. 집 마당엔 사냥개도 여러 마리 있다. 이 집으로 이사 오고 나서 개들과 친해지기 위해 애썼다. 처음에는 얼마나 짖어대던지…. 개들과 친해지는 방법은 먹을 것을 주는 것이다. 이것저것 사냥개들한테 먹을 것을 던져 주었다. 일주일 정도 지나니 사냥개들이 꼬리를 흔들며 반겼다. 난 개들과 함께 산으로 들로 다닐 정도가 되었다. 집에 올 때면 멀리서도 내 발자국 소리를 듣고 "컹, 컹" 짖어 댄다.

"여기가 내가 사는 곳입니다."

"와! 진짜 조용하네요."

"어? 이 사람들 누군가?"

"미처 말씀 못 드렸습니다. 이 두 분은 중국인인데 잠시 우리 집에서 머물다 갈 겁니다. 이해 좀 해주세요."

"이 중국 사람들, 뭐하는 사람들인가?"

"정평성 씨는 한국에 돈 벌러 연수생으로 왔고요. 여기 쉬버라는 분은 한국에서 글 쓰는 일을 하고 있답니다."

집주인이 예상치 못한 일에 자못 황당해했다.

"압록강까지 갔다가 중공군 때문에 밀려 통일을 못 했는데…. 격세지감일세."

"주인아저씨, 조용히 지낼 테니 너무 신경 쓰지 마세요. 두 사람 다 점잖은 분들입니다."

"음, 이왕 왔으니 잘들 지내시오."

사냥개들이 낯선 두 사람을 보고 마구 짖어 댔다. 가족들에게 정평성과 쉬버를 소개했다. 짐을 풀었다. 정평성은 연수 기간 3년이 지났고, 중국으로 돌아가지 않아 불법체류자였다. 잠시 일을 쉬며 쉬버를 도와주고 있었다. 두 사람이 한 방을 썼다.

'샹차이' 맛

"이야, 만두를 정말 기가 막히게 빨리 만드네요. 능수능란하네요!"

"우리 중국인들은 다 이렇게 해요."

"난 어렸을 때 집에서 송편도 만들고 김치만두도 만들어 봤는데, 이렇게 빨리 만드는 것은 처음 봅니다."

"아, 내가 오늘 먹다 남은 샹차이를 가져 왔는데 함께 먹죠."

쉬버가 비닐에 싸인 '샹차이'를 가져왔다.

"최 선생도 이거 한번 먹어 보세요. 우리 중국인들은 다 샹차이를 먹습니다. 이거 먹으면 입맛이 돌아요."

부추를 넣은 중국 만두를 초간장에 찍어 먹었다. 난 엄지손가락을 치켜세운 후 "정평성 씨, 쉬버 선생, 팅 하오, 팅 하오!" 했다.

샹차이는 미나리 같아 보였는데 처음 본 채소였다. 샹차이 잎을 고추장에 찍어 한 입 넣고 씹었다.

"억!"

난 그만 뱉어 내고 말았다.

'뭐라고 해야 하나? 참 난감하네. 먹을 수 없어 뱉어 냈다고 하면 저들이 불편해할 텐데. 그래도 사실대로 말해야지 방법이 있나.'

"처음 먹어 보는데 향이 어찌나 '톡' 쏘는지 엉겁결에 뱉었습니다. 아, 미안하네요."

"하하하… 한국 사람들 백이면 백, 샹차이 처음 먹을 때 거의 다 그래요. 최 선생, 진짜 한국인입니다. 하하하."

'아니, 어떻게 이런 걸 중국인들은 즐겨 먹는담? 이렇게 톡 쏘는 듯 진한 향이 나는 채소를…. 하긴 중국인들은 한국에 와서 김치를 먹고 혀에 불난다고 하니….'

다음 날 나는 쉬버, 정평성과 함께 쉬버가 쓴 '붉은 전제주의'에 대해 의논했다. 원고를 보니 만년필로 쓴 것이었다. A4용지로 약 650쪽에 이른다. 이 원고로 인해 쉬버의 운명이 바뀌었다.

"쉬버 선생, 책 제목이 너무 과격한 것 아닙니까?"

"중국은 5천 년 역사를 가진 나라입니다. 역사적으로 대국의 길을 걸어왔습니다. 중국에 민주주의가 이루어지면 대혼란이 일어날 거라는 생각은 공산당의 선전·선동이고 세뇌교육입니다. 중국인은 자유와 민주를 누릴 천부적 권리가 있습니다."

정색을 한 쉬버는 단호한 어조로 말했다.

"난 사실 중국 현실에 대해 잘 모릅니다. 중국에 가본 적도, 살아본 적도 없으니 뭐라 할 말은 없습니다. 그런데 쉬버 선생처럼 생각하는 중국인들이 어느 정도 됩니까?"

"중국 인민들은 관료의 만연한 부패를 피부로 느끼고 있습니다. 말을 못하고 있을 뿐이지요. 말을 하면 때리고 감옥에 집어넣으니까. 그러니 공산 독재, 전제라 하는 것입니다."

정평성이 짧은 한국어로 열심히 통역을 한다. 모르는 말이 나오면 중·한사전을 찾아가며 나와 쉬버 사이를 이어 주지만 대화는 속이 탁 뚫릴 정도로 시원하게 소통되지 않았다.

기름을 좋아하는 중국인

"벌써 점심시간이 되었네요. 두 분, 라면 좋아하세요? 라면도 밀가루로 만든 거라 잘 드실 것 같기도 한데…."

두 사람 다 즐겨 먹는다고 했다. 라면을 끓여 조리를 하는데 쉬버가 기름이 있는지 물었다.

"식용유가 있습니다. 콩으로 만들었는데 괜찮나요?"

"네."

식용유를 쉬버에게 건네주었다. 그런데 그가 라면 끓이는 냄비에 식용유를 콸콸 붓는 것이 아닌가. 한두 방울도 아니고 물 붓듯이. 같이 먹으려 끓였는데 나는 몇 젓가락 먹는 둥 마는 둥 시늉만 했다. 기름이 너무 많아 영 먹기가 힘들었다.

"원래 중국인들은 그렇게 기름을 좋아합니까?"

"중국 요리는 거의 기름으로 볶고 지지며 요리를 합니다."

정평성이 말을 받는다.

"한국인들 무슨 축구경기 같은 것 할 때 '파이팅, 파이팅' 하잖아요. 그런데 그게 중국어로는 '자요우加油'입니다. 이 말은 '기름을 부으라'는 의미입니다."

라면으로 점심을 때우고 우리는 계속 대화를 이어갔다. 쉬버가 가방에서 녹차 비슷하게 생긴 중국차를 꺼냈다. 차를 끓여 마셨는데 무척 쓴 맛이었다.

"내가 판단하기에 이 원고가 들키지 않았다면 쉬버 선생이 한국에 올 필요가 없었고, 와서 이렇게 고생할 이유도 없었을 것입니다. 이 원고를 잘 보관하는 것이 앞으로 쉬버 선생을 보호하는 데 결정적 자료가 될 거라 여겨져요. 이 원고를 복사해 놓은 건 없습니까?"

"이것밖에 없습니다. 이게 원본입니다."

"그럼 이걸 빨리 여러 개 복사해서 나누어 보관하는 것이 필요합니다. 오늘 함께 의정부로 나가 복사를 합시다."

우리는 다섯 권 복사를 맡겼다. 그리고 의정부 시내를 둘러보며 바람을 쐬었다.

"여기 의정부를 전방 지역이라고 부릅니다."

"전방 지역이 무슨 뜻입니까?"

"말 뜻 그대로 전방, 그러니까 앞 지역이죠. 그런데 한국에서는 보통 전방 하면 3·8선 근처를 말합니다. 3·8선이라는 말 들어봤나요?"

"조선반도가 3·8선으로 분단되어 있다는 건 중국인들이 다 알죠. 중국은 항미원조전쟁이라 부릅니다."

"조선반도요? 우린 한반도라 부릅니다."

"그래요? 우린 조선반도라 말해요. 북조선, 남조선."

"그런데 항미원조가 무슨 뜻인가요?"

"항미원조抗美援朝는 미국에 대항해 조선을 도운 전쟁이라는 의미입니다."

중국의 시각이 담긴 용어로, 미국을 주적主敵으로 보는 것이다.

"6·25전쟁 때 북한군이 세 갈래 길로 남한으로 쳐들어 왔는데, 그 한 갈래 길이 의정부였습니다. 내가 어릴 때 시골 산이나 논밭에 가면 삐라가 가득 떨어져 있었어요. 하늘에서 삐라가 새까맣게 내려오는 것도 수시로 봤습니다. 그래서 의정부에 군대들이 많아요. 미군부대도 많고. 삐라 내용은 간단해요. 북은 '지상낙원', '지상천국'이다. 남조선은 악마들이 지배하는 곳이다. 그러니 빨리 북조선 천국으로 오라. 뭐 거의가 이런 내용입니다. 김일성 사진첩도, 책자도 떨어지고."

"최 선생, 북조선이 스스로 지상낙원이라 합니까? 거기가 생지옥인데요. 북조선은 중국보다 더 독재하는 나라입니다. 아니, 그 사실은 천하세상이 다 아는데. 거긴 공산주의, 사회주의 국가도 아닙니다. 김일성 왕조예요. 봉건 독재 왕국. 북한 인민만 모르고 사는 겁니다. 우물 안 개구리처럼. 중국 대륙이 이 사실을 다 알고 있습니다. 중국 공산당은 그래도 인민들 먹여 살리려고 개혁·개방을 하지 않았습니까? 문화대혁명이라는 광풍으로 피폐해진 중국 인민들, 굶주린 인민들을 보고 등소평이 결단하지 않았습니까? 그 유명한 중국식 사회주의라고. 흑묘백묘 있잖아요, 쥐만 잘 잡으면 되지 고양이 색깔이 뭐다 하고 논쟁할 필요 없다. 간단히 말해 중국식 자본주의의 길을 걸어가지 않았습니까? 중국 공산당은 최소한의 애민정신은 있습니다."

동물의 자유, 인간의 자유

"아니 쉬버 선생. 그런데 왜 공산주의를 그토록 정면으로 거부하는 건가요?"

"중국식 사회주의가 인민의 의식주는 어느 정도 해결해 줄 수 있지만, 인간이 의식주만으로 사는 존재가 아니잖아요. 인간은 정신세계가 있습니다. 사상과 영혼의 자유를 향수할 수 있어야 그게 진정한 인간의 행복이요 건강한 삶이라 생각합니다. 중국에는 불행하게도 먹고 자고 옷 입는 '동물'의 자유는 있지만, 진정한 인간의 자유는 없습니다. 돼지우리의 자유만 있을 뿐입니다.

인간은 인간으로서의 가치라는 것이 있는데 절반의 자유밖에 없는 곳이 중국입니다. 그렇기 때문에 중국 공산당은 역사의 박물관으로 들어가야 합니다. 중국의 찬란한 5천 년 역사 가운데 공산당 역사는 물방울 하나에 불과합니다. 이제 공산당은 시대의 과제를 해결해 낼 수 없습니다. 중국 공산당은 중국의 귀한 전통문화와 사상, 가치를 철저히 파괴한 죄를 지었습니다…. 최 선생, 남북통일의 지름길이 뭐라 생각하세요?"

"한국에서는 여러 입장이 있습니다. 연방제로 하자, 남북연합으로 하자, 북한 붕괴론, 포용론 등."

"남북통일이 가장 빠르게, 근본적으로 이루어지는 길은 중국 민주화입니다. 중국이 민주화가 되면, 북한은 저절로 붕괴됩니다. 왜? 후견인이 사라지니까 그렇습니다. 북조선의 가장 든든한 후견인이 중국입니다. 저 봉건왕조 김일성 왕국의 목숨 줄을 유지시켜 주는 게 중국입니다. 이게 본질입니다. 한국인들이 이 사실을 분명하게 인식했으면 합니다. 현재의 중국만 보지 말고 중국의 변화된 미래를 내다보는 장원長遠한 시각이 필요합니다."

"북의 배후인 중국의 민주화가 한반도 통일의 지름길이라는 말은 황장엽 선생도 이야기한 것으로 압니다. 황장엽 선생 아십니까?"

"예, 들어서 알고 있습니다. 북조선 최고의 망명객이라 알고 있습니다. 북조선의 주체사상을 만든 철학자라는 것도요."

의정부에 있는 지인들 몇 명에게 전화해서 찻집에서 만나기로 했다. 복사집에 들러 원본과 복사본 다섯 권을 찾은 뒤 쉬버, 정평성과 나눠 들고 찻집으로 갔다. 지인들에게 쉬버 선생을 소개했다. 이 원고의 중요성을 설명하고 나누어서 보관해 달라고 부탁했다. 이제 이 원고가 분실되더라도 복사본 다섯 권이 나누어 보관되니 안심되었다. 버스를 타고 돌아오며 상념에 잠겼다.

'자, 어떻게 문제를 풀어간다? 이미 한국에서는 부담스런 존재라 고립된 것이 현실이다. 나는 인권운동이나 무슨 운동을 해본 적이 없다. 난 쉬버와 함께 지낼 순 있지만 어떻게 구명하고 살려 낼지는 모른다. 객관적으로 이 문제를 풀 역량도 경험도 없다. 그럼 넋을 놓고 있을 것인가?'

쉬버도 오른손으로 턱을 괴고 차창 밖을 바라보며 말없이 스쳐지나가는 풍경들을 바라보고 있었다. 12월의 겨울은 춥고 눈도 많이 내렸다. '북풍설한'이라는 말이 쉬버의 마음 아닐까? 버스에서 내려 세 사람은 말없이 좁은 고갯길에 들어서 집으로 향했다. 멀리 떨어졌는데도 집 마당에 있는 사냥개들이 컹, 컹 짖었다.

뇌물과 부패의 나라, 중국

쉬버는 한국으로 탈출한 후 한국 정부에 망명 신청, 즉 난민 신청을 했다. 쉬버가 법무부에 난민 신청을 한 때는 1998년 2월, 한국에 온 날은 1월 13일. 서울출입국관리사무소에 가서 난민 당국자와 만났다. 중국어 통역자가 없어 며칠 후에 오라고 하였다. 통역자는 한국에 사는 화교 주 모 씨였다. 난민 당국자와의 인터뷰에서 쉬버는 자신의 이야기를 상세하게 전했다. 그리고 원고도 보여 주었다. 하지만 법무부가 그 원고를 읽어 보았는지는 알 수 없다고 한다. 중국어가 가능한 법무부 직원이 없었기 때문이다.

"최 선생, 난 어릴 때부터 책벌레라는 소리를 들었습니다. 집안도 잘살고요. 형은 의사입니다. 난 전문대학에서 경영학을 공부했습니다. 졸업 후에는 장사가 잘 안 되는 식당을 인수해 크게 성장시켰어요. 그걸 발판으로 자동차 수리 및 부품 판매하는 가게를 냈습니다. 중국도 곧 'My Car 시대'가 올 것이므로 전망이 좋았기 때문입니다. 이런저런 사업을 하면서 노점상 하나도 공무원에게 뇌물을 주지 않으면 허가가 안 나는 사회적 모순을 두 눈으로 적나라하게 보았습니다. 나는 시간만 나면 왜 이런 사회 모순이 생겼는지 관련 서적을 구해 읽었습니다. 물론 낮에는 사업을 하고요. 그러면서 그 근본에는 공산당이라는 뿌리가 대륙 인민들의 삶 속에 깊이 뿌리내리고 있음을 깨닫게 되었습니다. 그래서 책을 쓰게 된 것입니다."

'보통 사람 같으면 그런 사회에 적응해서 좋은 게 좋은 거라고 현실을 수긍하며 살아갈 텐데, 쉬버란 사람은 그런 성향이 안 되는 것인가, 못 되는 것인가. 어느 것이 옳은 삶인가. 어느 것이 잘 사는 것인가. 잘 산다는 의미는 또 뭔가. 이 세상에서 생존하려면 간이고 쓸개고 다 빼내 주며 살아야 한다고 하는데 쉬버는 시쳇말로 '더러운 세상' 못 보겠다, 뒤집어 버리겠다는 것 아닌가. 힘 있는 사람 앞에선 손바닥이 닳을 정도로 비벼대고 고개고 허리고 굽실굽실하며 사는 게 우리네 인생 아닌가. 어른들이 하는 말로 아니꼽고 더러워도 먹고 살자니 눈 딱 감고 비벼야 하는 것 아닌가. 이런 사람을 반골이라 하는 건가. 아니지, 반체제지.'

쉬버의 말을 들으면서 오만 가지 생각들이 내 머릿속을 스쳐 달아난다.

나는 '허허' 웃으며 말했다.

"쉬버 선생은 반골기질입니까? 아니면 혁명성이 가슴속에서 불같이 끓는 사람입니까?"

그도 씩 웃었다.

"최 선생이 이 원고를 읽어 보면 내 생각과 뜻을 잘 이해할 것입니다. 나 혼자만의 문제라면 이런 글을 쓰지 않았습니다. 마르크스 사상은 이미 사회주의권에서도 철저하게 무너졌습니다. 그러나 중국은 아직 마르크스 사상과 모택동 사상의 모순 속에서 살고 있습니다. 나는 이러한 체제 속에서는 결코 중국 사회의 모순을 해결할 수 없다고 생각했고, 그러한 생각이 자연스럽게 행동으로 옮겨진 것입니다. '붉은 전제주의'도 이런 배경에서 저술되었습니다. 마르크스-레닌주의와 모택동 사상이 결코 중국 공산당이 주장하는 것과 같이 중국 인민들의 해방과 행복을 위한 것이 아님을 체계적으로 밝혔습니다.

중국 사회는 모순 덩어리입니다. 공산당 간부와의 유착 없이는 아무것도 할 수 없지요. 자본이 있어도 일할 수 없습니다. 공산당 간부와 부패 사슬이 연결되어야만 일이 성사됩니다. 중국 공산당에 의해 살해되었거나 정치적으로 핍박받는 사람들의 수가 이미

1억 3천만 명을 넘어섰습니다. 이처럼 공산주의 운동이 가져다 준 인명 피해와 경제적 손실은 일반 백성들의 생존권에 중대한 위협을 주고 있습니다. 더욱 주목해야 할 점은, 마르크스 이론과 공산주의의 전체주의적 성향은 인간성과 혈연, 진리, 전통문화와 사상을 파괴하고 있다는 것입니다. 나는 중국 공산당의 각성, 마르크스-레닌주의, 모택동 사상 등 이런 의식 형태에 대해 중국 인민들이 철저히 부정할 것을 촉구하는 것입니다. 그래서 중국 전통문화와 민주주의가 결합되어 민주적이고 자유로우며 부강한 중국, 세계에 평화를 전하는 중국을 건설할 것을 강력히 주장하는 것입니다. 이것이 이 원고의 핵심 내용입니다."

말을 하는 쉬버는 확신에 차 있었다. 눈빛이 빛났다. 확신에서 울려 나오는 소리, 신념에 찬 메시지였다. 쉬버는 중국이 잠들어 있다고 보았다. 잠든 중국 대륙을 깨우는 새벽닭의 울음소리. 아니면 파수군의 새벽나팔 소리인가. 중국어를 능숙하게 구사할 수 있다면 원고를 읽어 볼 텐데. 그럼 쉬버를 구명하고 보호하는 데 더 효과적일 텐데, 언어 장벽의 한계가 내 앞에 벽처럼 떡하니 버티고 있었다. 하루아침에 극복할 수 없는 장벽이었다. 그렇다고 쉬버에게 한국어를 배우라고 할 수도 없는 노릇이었다.

"쉬버 선생, 입에서 나오는 말이 마치 강물처럼 막힘이 없네요. 한국에서도 마음껏 그 주장을 펼칠 수 있어야 하는데, 참 아쉽고 안타까운 현실입니다. '뜻이 있는 곳에 길이 있다'는 말처럼, 힘들더라도 뜻을 굽히지 마십시오."

"최 선생 집에서 지내면서 요즘 숨통이 트이는 것 같습니다. 내 말을 진지하게 들어주고 또 도와주니, 오랜 친구를 만난 듯한 느낌입니다. 한국에서 귀인을 만난 것 같습니다."

"별말씀을요. 나 또한 쉬버 선생을 통해 중국의 미래를 다시 생각해 보게 되네요. 결국 쉬버 선생의 길은 중국 민주화운동의 길이군요. 일생 사명이요 꿈이기도 하겠습니다."

"맞습니다. 민주화된 중국. 그것이 내 일생의, 내 일생을 바쳐 이룰 신념이자 사명입니다. 민주화된 중국은 세계적인 대사변입니다. 중국 민주화는 전 지구상의 독재 국가를 변화시키는 원동력입니다. 오늘날 독재 국가, 예컨대 쿠바, 버마, 북한, 아프리카 독재 국가들은 중국이 변하면 계속 버티기 힘들어질 것입니다. 그야말로 세계 평화로 큰 걸음 가까이 가게 될 것입니다."

"중국 민주화운동 하면 보통 1989년 북경 천안문광장에서 있었던 민주화운동이 기억나는데, 6·4운동이라고도 하죠. 중국 전역에서 들불처럼 일어났던 그 당시 한국 뉴스를 통해 감동적인 장면을 보았습니다. 한 청년이 탱크를 온 몸으로 막던 장면. 중국 민주화운동의 상징적 사진 같습니다."

"그때 나도 귀주성의 귀양, 이곳이 성시인데 여기에 수만 명의 대학생, 청년, 시민들이 모인 앞에서 마이크를 잡고 중국 민주화의 필요성에 대해 연설한 적이 있습니다. 천안문사건은 정치적 모순으로 인한 필연적 사건이었습니다. 중국 사회는 이미 오래 전부터 모순이 누적되어 왔기 때문에 천안문사건은 결코 우연이 아니었습니다. 인민해방군이 탱크와 총칼로 대학생들을 학살한 것은 중국 역사의 치욕이요 수치입니다."

"대학생들을 정말 죽였습니까?"

옆에 있던 정평성이 놀란 토끼 모양으로 묻는다.

"당시 철저하게 언론 통제를 해서 중국 내부에서는 모릅니다. 피해자와 참여자 정도만 알죠. 중국 언론에서는 6·4운동을 '폭란', 즉 폭도들의 난이라 매도했습니다."

정평성이 못 믿어 하는 표정이었다. 그러나 쉬버의 진지한 태도를 보니 안 믿기도 어려운 표정이다.

"마침 내가 당시의 비디오테이프를 가져왔습니다. 당시 외국 기자들이 찍은 비디오입니다. 같이 보시죠."

비디오테이프를 돌렸다. 대학생들의 함성, 단식 농성, 자유여신상, 이마에 두른 천에 쓰인 큰 글씨 '민주, 자유'. 그리고 마침내 총소리, 탱크의 굉음, 비명, 피 흘리면서 쓰러진 주검들, 병원으로 실려

가는 모습…. 아비규환이었다. 비디오를 함께 본 시간은 저녁 7시경. 정평성의 두 눈에서 굵은 눈물이 뚝뚝 흘러 내렸다. 실상을 본 것이다. 역사의 실상, 역사의 진실. 그러더니 엉엉 통곡을 하기 시작한다. 중국의 진실에 눈뜬 23세 중국인, 평범한 연수생 노동자의 뜨거운 눈물이다. 괴로운 마음을 추스르고 싶은지 혼자 밖에 나갔다 오겠다고 한다. 유양리 농촌의 밤은 캄캄하다. 염려가 좀 되었지만 특별히 위험할 것도 없어 잘 다녀오라고 했다. 중국에 언론 통제가 없다면 정평성 같은 사람들이 대륙 전체에서 진실에 눈떠 일어서리라. 사실을 아는 것과 모르는 것의 차이란 이렇게 심대한 것이다. 대한민국 역사에서도 광주의 진실이 얼마나 왜곡되었었나. 폭도들의 난이라 하지 않았나.

정평성이 밤늦게 집에 돌아왔다. 다음날 아침 까치들이 '까악, 까악' 울어 댔다. 아침 식사를 간단히 한 뒤 나는 쉬버와 계속 이야기를 나누었다. 그에 대해 정확히 이해해야 앞으로 구명운동을 할 수 있기 때문이었다.

출입국 난민 당국의 농간

"난민 신청을 하고 나서 어떤 결과가 나왔나요?"

"통역을 도와주는 주 모 씨로부터 연락이 왔습니다. 5월에 출입국관리사무소 난민과로 오라 하더군요."

쉬버는 난민과에 갔다. 난민 인정이 될 거라는 기대감이 어느 정도 있었다. 법무부 출입국관리사무소 난민 당국자가 말했다.

"쉬버 씨, 한국 법무부에 신청한 난민 신청을 철회하면 다른 나라로 갈 수 있도록 도와주겠습니다. 어떻게 하겠습니까?"

이 제안을 받은 쉬버는 가뜩이나 미국이나 유럽으로 가려 했는데 잘되었다 싶어, 난민 당국자의 말을 믿고 난민 신청을 철회했다. 내가 결과를 묻자 쉬버가 가방 안에 있는 여러 가지 서류 가운데 한 장을 꺼내 보여 주었다. 한국어로 되어 있는 한 장짜리 문서였다. 문서 제목은 비교적 큰 글씨로 '출국 권고서'라고 되어 있었다. 9월까지 출국하라고 기한까지 못박았다.

"이걸 주더군요. 그러면 나더러 어디로 가라는 겁니까? 다른 나라로 갈 수 있도록 법무부가 도와주겠다고 해서 난민 신청을 철회했는데 무작정 출국하라니, 도대체 어디로 가라는 겁니까? 중국으로 돌아가는 수밖에 없습니다. 내 손에는 다른 나라로 갈 수 있는 비자도 없고 중국 여권 하나뿐이니. 중국을 탈출한 내가 중국으로 간다? 법무부한테 뒤통수를 맞은 것입니다."

이 말을 들은 나는 내면 깊은 곳에서 어떤 알 수 없는 분노를 느꼈다.

'이건 법무부의 이중 플레이다. 사안이 뜨겁다고 판단한 법무부가 난민 신청을 철회하게 하는 꼼수를 부린 뒤 쉬버를 불법 체류자로 만들어, 어느 한순간에 불법 체류자라는 혐의로 체포하고 쥐도 새도 모르게 중국행 비행기에 태워 보내면, 대한민국에서 그 누가 이 사실을 알겠는가. 그렇다고 중국 정부가 강제 추방된 쉬버를 체포했다고, 한국 정부가 송환했다고 떠들어 대겠는가? 이건 한국 정부가 인간의 생명을 중시하기보다 외교적으로 뜨거운 감자를 아무도 모르게 처리해 버리려는 태도다. 쉬버라는 존재는 지금 세상에 알려져 있지 않다. 쉬버를 보호하는 길은 우선 이 세상에 알리는 것이다. 이것이 쉬버를 보호하는 첫걸음이다.'

"쉬버 선생, 출국 권고서를 받고서 어떻게 했나요?"

그는 법무부의 부당한 처사에 분노를 표하면서 법무부 공무원의 행태에 머리를 설레설레 흔들었다.

"유일한 방법은 다시 난민 신청을 하는 것이었습니다. 그래서 다시 신청했습니다. 지금도 조사 중, 조사 중 그럽니다. 이 말만 되풀이하고 있습니다. 중국과의 외교적 마찰을 꺼려 그런 것 같습니다."

우리나라의 독특한 특징이 있다. 최고 최대의 맹방盟邦인 미국에게는 반미 데모가 시도 때도 없이 있다. 우리 옆의 일본에 대해서도 그 반감의 입김이 겨울날 소의 코에서 뿜어져 나오는 콧김 같다. 그런데 중국에 대해서는 알아서 기는 모습이다. 옛날부터 중국에 대한 사대事大 DNA가 작동해서 그런 것인가. 유엔 난민협약에 근거해 당당하게 인권과 인도주의정신에 따라 난민 인정을 하면 될 일이다. 이런 당당한 대한민국의 태도가 오히려 아시아인과 세계인으로부터 박수 받는 길이다. 한국은 산업화와 민주화라는 기적과도 같은 세계사적 업적을 이룬 나라다. 이런 나라이기 때문에 아시아의 인도주의 등불을 더욱 높이 들어야 하지 않겠는가.

우리의 자화상

고개를 들어 천장을 잠시 응시하던 그가 땅이 꺼져라 한숨을 토했다. 생각에 잠겨 호흡을 가다듬고 나직한 음성으로 말을 이어갔다.

"중국 대륙에서도 김대중 대통령, 김영삼 대통령은 민주화 투사로 알려져 있습니다. 중국에선 이런 분들을 보통 '영웅'이라 칭합니다. 한 시대를 모진 고난을 겪으며 뚫고나갔음을 인정하기 때문입니다. 한강의 기적을 이룬 박정희 대통령도 등소평이 대단한 인물로 평가한 바 있습니다. 전쟁 후 잿더미에 주저앉은 한국을 '상무정신'으로 무장시키고 '할 수 있다'는 정신을 국민들에게 불어 넣었습니다. 그는 세계 최빈국인 한국에 기적을 일으킨 근현대사의 위대한 인물로 중국인들은 평가합니다. 물론 집권 말 한국의 민주화 요구가 분출할 때 철권으로 억압하기도 했습니다만, 한국사의 맥락에서 보면 역사의 한 임무를 사심 없이 감당한 위인이라 봅니다. 그가 필리핀의 마르코스처럼 부패하지 않고 자신을 바쳐 '민족중흥'의 기치를 내걸고 농업국가에서 무역수출국가로 국가의 방향을 전환한 것은 대단한 혜안이자 통찰입니다. 만일 한국이 그 방향으로 가지 않았다면 지금도 국민들은 배고픔에서 벗어나지 못하고 있을 것입니다.

당시 민주화를 요구한 김대중, 김영삼 등 야당 정치인들은 박 대통령이 경부고속도로를 건설하려 할 때 앞장서 반대한 것으로 압니다. '차도 없는 한국에 무슨 고속도로인가. 소 달구지를 위해 고속도로를 만드는가' 하는 반대 목소리가 야당과 언론에서 천지 진동하듯 한국 사회를 뒤흔들고 선동할 때, 박정희 대통령은 태산처럼 요동치 않고 시대를 꿰뚫고 추진했습니다. 이것이 국가 지도자입니다. 지도자란 백성들이 절망에 빠져 있을 때 희망의 빛을 비추고 시대의 어둠에 개척의 등불, 새로운 세상에 대한 꿈을 불어넣는 사람입니다. 박정희 전 대통령에 대한 책은 중국어로 많이 나와 있습니다. 새마을운동은 중국에서도 배우고 있습니다.

이승만 대통령은 어떻고요. 그는 세계사의 흐름을 읽어 낼 줄 아는 아시아의 거인이었습니다. 세계의 조류는 자유민주주의의 길로 가야 국가가 흥하고 국민이 행복할 수 있음을 온 몸과 영혼으로 통찰한 지도자입니다. 그리고 그 제도를 과감하게 한국에 도입했습니다. 한국 중흥의 터를 단단히 쌓은 것이지요. 우리는 이렇게 역사를 큰 맥락 속에서 바라보고 평가할 수 있어야 합니다. 중국도 당시 이승만 같은 지도자가 필요했습니다. 그의 사상은 기독교에 뿌리를 두고 있습니다. 그에 비해 장개석이 세상을 보는 시각은 넓고 깊지 못했습니다. 그럼 모택동은 어떤가요? 그는 한 눈만 뜬 지도자였습니다. 외세를 몰아내고 중국을 통일시킨 것 하나로 중국 대륙에서 모택동은 신처럼 떠받들어지지만, 그로 인한 왜곡과 후유증은 여러 분야에서 지금도 지속되고 있습니다. 역사에 대한 하나의 가정이지만, 두 눈이 온전히 열린 지도자가 중국에 있었다면 지금과는 완전히 다른 중국이 되었을 것입니다. 아울러 한반도는 통일된 국가로 출발했을 것입니다."

"쉬버 선생, 김대중 대통령에 대한 기대감을 가지고 이 땅에 왔는데, 기대와는 정반대 상황을 대하며 일종의 실망감 내지 배신감을 느끼지는 않나요?"

"김대중 대통령이 '양광정책'(햇볕정책)을 펼치면서 중국과의 관계를 중시하다 보니, 아무래도 외교적으로 중국에 신경을 쓸 수밖에 없다는 점은 이해됩니다. 중국과의 무역 관계도 있고 한국이 IMF를 극복할 때 중국 시장이 큰 도움이 되기도 했죠. 세계가 중국의 인권 문제를 너무 압박하면 중국 대륙이 민족주의의 열기에 휩싸일 수 있어 신중해야 한다고 김대중 대통령이 말한 적이 있습니다. 한 국가의 대통령이다 보니 생각하고 고려해야 할 일이 많겠지요. 그럼에도 민주와 인권을 현실 정치에 종속시킨다면 아시아의 민주화를 견인해야 할 한국이 자신의 역사적 사명을 망각하는 것이 아니겠습니까?

나는 한국의 민주화 세력이 북한 민주화와 중국 민주화를 향한 비전을 바라보지 않고 친북·종북으로 편향되어 있는 상황을 안타깝게 생각합니다. 한국은 아시아에 새마을운동뿐만 아니라 자유와 민주를 전파하는 그런 나라가 될 수 있다고 보는데, 한국 안에서만 국한되고 있는 현실이 참으로 유감입니다. 내 문제는 한국 정부가 외교적 부담을 느낄 이유가 없다고 봅니다. 난민에 대한 유엔 협약에 따라 인도주의 그대로 처리하면 될 것입니다. 그런데도 한국 정부가 중국 눈치를 너무 보는 것 같습니다. 중국은 확신과 신념에서 나오는 행동을 존중하는 특성이 있습니다. 한국 스스로가 자신을 너무 약소국가로 평가하는 것 아닌지 모르겠습니다. 한국은 예전과 다른 나라입니다. 세계가 모두 높이 평가하는 나라인데 자신감을 가질 필요가 있지 않나 생각합니다."

민주화 투사이자 인권의 화신이었던 김대중 대통령, 인동초忍冬草로 불릴 정도로 숱한 고난을 겪어온 그다. 쉬버는 그런 그에 대해 경외감을 가지고 있었고 한국을 차선책으로 택해 탈출한 것도 김대중 대통령이 있었기 때문이다. 그러나 그에 대한 기대는 지금 쉬버에게 남아 있지 않았다.

한국 정부는 쉬버의 이야기, 쉬버 자체가 한국 사회에 알려지는 것을 바라지 않았다. 하지만 쉬버는 고립되었다. 쉬버라는 한 개인의 생명이 국가 간의 이해관계에 종속되었다. 생명은 가치이지, 수단일 수 없는데 말이다.

"선생의 존재를 일단 한국 사회에 알리는 것이 필요하다고 생각합니다. 그리고 난민 문제가 한국 사회에서는 아직 생소한 단계입니다. '난민' 하면 사람들은 보통 유럽이나 아프리카를 떠올립니다. 한국에까지 난민이 와서 보호를 요청했다는 사실에 한국 사회는 익숙하지 않습니다.

다른 한편으로는 한국의 인권 단체나 민주화 인사들을 찾아 구명을 부탁하는 겁니다. 난 사실 언론사 기자들을 알지도 못하고 인권보호운동이나 민주화운동을 하질 않아 역량도 없습니다. 그러나 모든 노력을 기울여 보겠습니다."

내 안에 있는 그대로 말했다. 과장도 필요 없다. 어떤 결과가 나올지 전혀 알 수 없는 상황이다. 아무리 중국 반체제 인사라 할지라도 우리나라가 이렇게 내버려 두면 안 된다는 생각이었다. 하지만 문제를 풀어가는 과정에서 이 문제가 그리 간단하지 않다는 것을 더욱 깨닫게 되었다.

한 생명은 천하보다 귀하다

나는 당시 인권운동 혹은 민주화운동으로 우리나라에서 이름난 인사들을 찾아다니며 "중국인을 구해 달라"고 호소했으나 다 거절당했다. 이 인사들은 민주화운동을 하면서 서너 차례 감옥에 갔다왔기 때문에, 나는 그들이 중국 반체제 민주인사를 충분히 이해해 줄 거라 생각했다. 그러나 기대와는 달랐다. 거절의 이유는 단 하나, 중국 정부를 의식하지 않을 수 없기 때문이었다.

"아, 내 전공이 아닙니다. 난 중국을 통해 북한에 들어가야 하기 때문에 곤란합니다."

"지금이 어느 땐데 중국 민주화 인사를 돕는가? 돕는 순간 반

중국 인사로 낙인찍힐 텐데. 현실적으로 도울 수 없습니다."

"우리나라는 중국과 무역 거래를 해야 하는데 중국은 공산당이 지배하는 나라 아닙니까? 그런데 공산당을 정면 부정하는 사람을 도와달라고요? 우리나라의 현실을 보세요. 중국이 얼마나 강한 태도로 자국 문제를 간섭하는 걸 싫어하는데요. 중국 공산당의 심장을 향해 칼을 겨냥한 사람을 돕는다는 것은 중국과 관계하길 그만하라는 말과 같습니다."

모두가 이런 답을 했다.

'아니, 민주화운동, 인권운동을 한 분들이 이런 생각이라면, 다른 사람들을 만난다 한들 무슨 소용 있겠나.'

나는 낙심이 되어 온 몸에 기운이 빠졌다. 쉬버에게 이런 사실을 말해 주려 하다가 그만두었다. 가뜩이나 지친 그가 더욱 낙망에 빠질까 봐 염려돼서다. 사람이 캄캄한 절망의 밤 가운데 있을수록 한 줄기 빛에 얼마나 목말라 하나. 칠흑 같은 밤을 희망도 없이 걷는다는 것, 그 고통과 무거운 마음을 이해한다면 이 상황을 상세히 설명해 주어선 안 될 것이다. 쉬버를 위한 구명 활동에 희망이 있을까? 곰곰이 생각했다. 유양리에 있는 불암산에 홀로 올랐다.

'민주화운동을 하다 혹독한 고문을 당한 강철 같은 인사들도 부정적으로 보는데, 나같이 백면서생 같은 사람이 이 일을 감당할 수 있을까. 인도주의는 현실에 무력하게 무릎을 꿇는 것인가. 인간 세상에 다른 사상과 주의, 생각의 자유는 공존할 수 없는 일인가. 우리나라는 자유민주주의의 길을 걷기 위해 수없는 희생을 치른 나라 아닌가. 공산주의를 거부하고 자유 수호를 위해 투쟁한 나라가 아닌가. 쉬버가 북한의 공산 정권으로 망명한 것도 아니고 자유와 민주를 기본으로 하는 나라인 한국으로 망명한 것 아닌가. 장개석은 김구를 품어 주지 않았나. 그렇다면 한국도 쉬버를 품고 보호해 주어야 하지 않나. 이런 중국인을 부담스럽다고 내친다면 대한민국의 국격은 어떻게 되는 것인가. 생명과 인권이란 포기할 수 없는 가치가 아닌가. 이 가치를 포기한다면 세상은 약육강식의 비정

한 정글일 뿐이지 않는가.'

한걸음 한걸음 무거운 화두를 짊어지고 불암산 오솔길을 걸으며 사색하고 또 사색했다. '한 생명은 천하보다 귀하다'라는 말이 떠올랐다.

'이 가치가 무너진다면 난민들은 세상 어느 곳에서도 보호받을 수 없다. 나의 입장을 세우자! 내가 한 생명이 천하보다 귀하다는 확고한 철학 위에 설 때, 쉬버를 도울 수 있다. 만일 이것이 흔들린다면, 쉬버를 구명하는 활동을 당장 그만두는 게 현명하다. 그리고 쉬버에게 함께 지내는 것 외에는, 함께 밥 먹고 지내는 것 외에는 다른 것은 못 한다고 솔직하게 말해야 한다.'

되뇌고 되뇌었다.

'한 생명은 천하보다 귀하다. 가보자. 끝이 어딘지 몰라도, 가보자.'

천주교, 불교, 기독교의 대표적인 인권 단체와 접촉했다.

"돕긴 도와야 하는데 아직 시기상조 같습니다. 미안합니다. 도울 수 없어서."

"우리는 중국 선교를 해야 하기 때문에 그런 문제를 건드리기가 부담스럽습니다. 중국 현지에 우리 선교사들이 많이 가 있으니, 이해해 주세요."

"참 안타까운 일입니다. 도와주긴 도와주어야 하는데 중국이라는 현실을 외면할 수도 없고…. 중국인이 한국에서 난민으로 인정되기는 어려울 겁니다. 미국이나 유럽이면 몰라도. 그 일에 너무 깊이 개입하지 말고 현실을 받아들이세요. 헛수고일 뿐입니다."

다시 한 번 눈앞이 캄캄해지는 느낌이었다. 주변에 알고 지내던 지인들도 나를 위험한 인물로 보고 슬슬 피했다. "자기 앞가림이나 하지 괜히 쓸데없는 일 하네"라는 뒷말도 들렸다. 만나는 사람마다 "미친 짓, 헛고생하지 말고 빨리 손 떼!"라고 대놓고 말했다.

돌파구

'현실이 이렇다면, 받아들이고 새로운 길을 찾아보자. 쉬버를 세상에 알리려면 먼저 어떻게 하는 게 좋을까?'

대학교 다닐 때 알고 지내던 의종 형에게 전화했다. 의종 형은 학교 때 운동권이었기 때문에 그래도 말이 통하지 않을까 해서였다.

"의종 형, 오랜만이야. 사정이 이런데 어떻게 해야 좋을지 모르겠어."

"네 앞길이 훤히 보인다. 고생길이."

가슴 따뜻한 의종 형이 무소 차를 끌고 구로동에서 유양리로 건너왔다. 형은 그때 서울조선족교회 부목사로 섬기고 있었다.

"어쩐다냐…. 그래, 언론. 언론사에 알려. 그래야 제일 빠르게 알려지지. 기자들을 모른다 해도 일단 각 언론사에 접촉해 봐. 어려운 일 있으면 연락하고!"

의종 형이 쉬버에게 '힘내시라' 인사하고 자리를 떴다.

버스를 타고 의정부 시내로 나갔다. 버스터미널에 있는 신문 가판대에서 국내 일간지를 모두 샀다. 신문을 가방에 가득 담아 집으로 돌아왔다. 신문사별로 전화번호가 있는 부분을 오려서 보관했다. 신문사 제보전화로 전화를 걸었다. 전화 받는 기자들에게 쉬버에 대해 설명했다. 기자들이 "그거 참 민감한 내용입니다. 편집국 데스크에 보고해 볼게요. 쉬버에 대한 간략한 소개 문장을 팩스로 보내 주세요"라고 했다.

유양리 농촌에는 팩스를 쓰는 사람이 없어 의정부 시내에서 전화와 팩스가 동시에 되는 전화기를 사왔다. 쉬버에 대해 소개하는 글을 컴퓨터로 작성해 프린트했다. 그리고 언론사 사회부 팩스로 다 보냈다.

얼마가 지나 드디어 모 신문사 기자에게서 연락이 왔다.

"데스크에서 검토를 했는데 사안이 사안인 만큼 민감해 보도하기가 좀 난처하다고 합니다. 아시잖아요. 중국 정부에 대해 부정적인 기사를 쓰면 기자들 중국행 비자도 나오지 않는 거요. 미안하게 됐습니다."

"그렇습니까? 전혀 가능성이 없습니까?"

"일단 데스크가 그렇게 결정했습니다."

몇 군데 언론사로부터 전화가 왔는데 대체로 비슷한 반응이었다.

"모 언론사 기자입니다. 중국 정부의 집권당인 공산당을 정면 부정하는 사람을 보도하기가 좀 그렇습니다."

"기자님, 좋습니다. 그럼 한국에서 고립무원인 쉬버를 세상에 알릴 방법은 없는 겁니까?"

"저 개인적인 생각입니다만, 국내 언론보다는 외신을 접촉해 보세요. 광화문 프레스센터에 가면 수십 개 외신사가 있습니다. 미국, 독일, 영국, 프랑스, 일본 등에서 온 특파원들이 있어요. 거기로 연락하는 게 더 효과적일 것 같습니다."

"예, 고맙습니다."

의종 형에게 전화해, 광화문 프레스센터에 들러 외신사 전화번호를 모아 달라고 부탁했다. 그동안 나는 한국 언론에 보낸 팩스 내용을 영어로 번역했다. 의종 형을 통해 입수한 외신사 전화번호로 전화를 걸어 간단히 자초지종을 설명했다. 한국인 여직원이 친절하게 조언해 주었다.

"한국에 외신 언론사가 80여 개 있습니다. 그런 내용이라면 주로 서방 언론, 선진국 언론에 알리는 것이 좋을 것 같습니다. 그리고 여기 오시면 각국 외신 기자들 전화번호와 사진 등이 실린 소책자가 있는데, 한 권 구입하시면 도움이 될 겁니다. 그리고 국내 영자 신문도 접촉해 보세요. 아무래도 한국에 있는 외국인을 위한 신문이라, 그런 중국인 이야기를 국내 언론보단 비교적 쉽게 다룰 수 있을 겁니다."

내 이야기를 듣고 열린 마음으로 성심껏 조언해 주어 큰 위로가 되었다. 〈코리아 타임즈〉에 먼저 전화를 걸었다. 이 신문은 한국에 있는 외국인뿐만 아니라 내국인도 보기 때문이었다. 기자는 놀란 듯한 반응을 보였다. 나는 정리된 자료를 팩스로 보내주었다. 얼마 뒤 유양리로 취재 차량이 왔다. 사진기자 한 명, 취재기자 한 명.

"서울서 오려니 시간이 좀 걸렸네요. 쉬버 씨는 어디 있나요?"

방으로 안내했다. 서로 인사를 나눈 뒤 본격적으로 취재에 들어갔다. 오랜 시간이 지나 기자들이 돌아갔다. 얼마 뒤 기자와 전화통화를 했다.

"이틀 후에 보도 예정입니다. 주말판으로."

"네, 감사합니다. 그런데 조언 좀 부탁드립니다. 쉬버 선생을 세상에 알릴 수 있는 좋은 방법이 없을까요?"

"아무래도 한국에 있는 외신 언론사를 상대로 기자 회견을 하는 게 좋겠네요. 어떤 이유, 어떤 목적으로 기자 회견을 하겠다고 밝히고 그 내용으로 보도자료를 만들어 일시를 밝히고 연락처와 함께 보내세요. 그럼 언론사 기자들이 알아서 판단할 겁니다. 쉬버 씨 같은 경우는 많이 알리면 알릴수록 보호가 될 겁니다. 당연히 알려야죠."

〈코리아 타임즈〉를 사러 의정부 시내로 나갔다. 주말 특집으로 한 면 전체에 걸쳐 쉬버에 대한 기사가 떴다. 1999년 12월 17일 금요일자. 보관용으로 한 부를 더 사서 가방에 넣고 유양리로 가는 버스 안에서 기사를 읽었다. 쉬버에 대해 비교적 핵심적인 내용이 상세하게 쓰였다. 이 정도면 앞으로 쉬버를 소개할 때 이 기사를 복사해 주면 될 것 같았다. 기자는 사안의 공정한 보도를 위해 법무부 난민 당국자의 인터뷰도 소개했다. 기사에 소개된 법무부 당국자는 "이 사건은 상당히 민감해서 한국 정부는 중국 정부의 태도를 고려하지 않을 수 없다. 만일 우리가 쉬버에게 난민 지위를 부여한다면 이것이 중국 정부에 무엇을 의미하는지 신경 써야 한다"고 답변했다.

버스 안에서 기사를 다 읽고 생각을 정리해 보았다.

'쉬버가 공산당을 부정하는 원고를 써서 한국으로 탈출했고, 한국 정부에 난민 신청을 했다. 한국 정부는 중국과의 외교 관계 때문에, 쉬버에 대해 난민 지위를 부여하기가 껄끄러운 입장이다.'

이것이 핵심, 문제의 본질이다.

"쉬버 선생, 한국 영자신문에 크게 보도되었습니다. 한번 보세요. 선생의 상황과 입장을 상세히 다루었습니다."

신문을 받아 든 그는 얼굴에 환한 웃음을 지으며 기사를 보았다.

"쉬버 선생, 기사 제목이 문제의 핵심을 뽑았다 생각됩니다. 제목이 'One Revolutionary Book Changes Man's Life'(혁명적인 책 때문에 한 사람의 인생이 바뀌다)입니다."

"맞습니다. 책 원고가 내 인생을 송두리째 뒤바꾸었습니다."

옆에 있던 정평성도 함께 기뻐했다. 같이 식사하며 이야기를 나누던 중 정평성이 갑자기 말했다.

"최 선생님, 함께 지내다 보니 '형님'이라고 부르고 싶네요."

"형님은 무슨 형님입니까? 정평성 씨같이 의리 있는 중국인도 없는 것 같네요. 말 못하는 쉬버 선생을 도와주며 늘 옆에 있어 주니."

"같은 중국인으로 당연히 도와야죠. 최 선생님을 꼭 형님으로 부르고 싶습니다."

"그럼… 그렇게 해요. 나도 중국 아우 한 명 생기니 좋으네요."

그때부터 우리는 형님, 아우로 지냈다. 식사를 마친 후 함께 산 언덕을 넘어 넓은 저수지가 있는 곳으로 갔다. 아우는 중국 산동성에 살면서 우슈와 태극권을 배웠다고 한다. 태극권 동작을 호흡에 맞추어 천천히 일으키더니 갑자기 솟구쳐 한 바퀴 공중제비를 돌아 사뿐히 착지했다.

"어? 아우, 몸이 참 부드럽네. 어떻게 한 바퀴 공중제비를 도나?"

"형님, 중국에서는 남녀노소가 공원 같은 데서 매일 태극권 수련을 해요. 부드럽게, 천천히. 이게 건강에 무척 좋다고 합니다. 한국의 태권도는 너무 강한 면이 있고 끊어 치는 타격 위주인데, 중국의 태극권은 부드러움 속에 강함을 담고 호흡과 동작을 연결시켜 나갑니다."

"태극권 동작을 보니 '부드러움이 강함을 이긴다'는 말이 떠오르는군."

"그 말을 어디서 들었습니까? 그게 태극권 수련, 아니 모든 무술 수련의 기본입니다."

"나도 검도를 좀 해봐서 알지. 모든 무술은 부드러움, '유柔'에서 출발해야 한다고. 몸의 유연함은 마음의 유연함에서 시작하고, 몸이 굳고 긴장하면 마지막 타격 순간에 힘이 안 들어가지. 춘풍 아는가? 봄바람처럼 부드러운 것, 그것이 무술의 기본이야."

"형님, '인도人道는 천도天道다' 하는 말이 있죠. 전 이 말이 쉬버 선생에게 해당된다고 봅니다. 쉬버 선생이 가는 길은 인도고 그것이 곧 천도라 봅니다. 중국 인민들은 인간으로서의 기본 권리를 누리고 살아야 하는데 지금의 현실은 그렇지 못합니다. 쉬버 선생은 그 길을 책으로 쓰려 한 것이고, 그런 면에서 전 쉬버 선생을 높이 평가합니다."

"그러게, 그런데 그 길이 한국에서 쉽지 않으니 답답하네. 이해해 주는 사람도 별로 없고. 우리 세 사람만 이해한다면 무슨 의미가 있겠는가. 어찌되었든 최대한 노력해 보겠네."

저 앞에 한국 전통 소나무인 한솔들이 서 있다. 한솔들은 잎에, 가지에 눈을 이고 버티고 있었다. 한겨울에도 솔잎은 그 푸르른 색을 머금고 소나무는 세월의 풍파를 견디며 두꺼운 껍질을 하고 육중하게 대지에 뿌리박고 있다.

휘이잉, 휘이잉— 겨울바람이 스쳐 지나간다. 이름 모를 새들이 내려앉았다 다시 먼 산을 향해 날아간다. 까치가 겨울바람에 응대하듯 "깍, 깍, 깍" 하고 운다.

"우리 한국 땅에는 전통 소나무들이 있는데 보면 볼수록 영감을 느낍니다. 그 외 소나무는 리기다 소나무라고 하는데, 그다지 볼품이 없습니다. 소나무는 우리 민족에게 생의 동반자 같은 존재입니다. 리기다 소나무는 박정희 전 대통령 때 산이 너무 헐벗어서 성장이 빠른 일본 소나무 씨를 비행기로 전국에 있는 산에 뿌려 지금처럼 자랐다고 합니다. 저기 있는 소나무들이 바로 한국 전통 소나무인데, 붉게 생긴 소나무라고 해서 적송이라고도 합니다. 한국에서는 예부터 소나무가 기상, 기개, 절개를 의미했습니다. 그래서 뜻 있는 인사들이 고난을 겪을 때 소나무를 보며 마음을 달래곤 했습니다."

쉬버와 아우가 앞에 서 있는 소나무를 위에서 아래로 천천히 훑어보았다. 철갑처럼 생긴 껍질을 만져 보았다. 눈을 수북이 이고 선 소나무들.

"중국에선 청송이라 하기도 합니다. 늘 푸르른 소나무라는 의미죠. 중국의 지식인들, 지사들은 사군자를 사랑했습니다. 매섭도록 추운 겨울눈을 뚫고 피는 매화, 깊은 산 속에서 홀로 고고하게 피어나는 난, 늦가을 추위를 이기고 피는 국화, 봄 여름 가을 겨울 늘 푸른 잎을 하고 있는 대나무. 중국에는 그래서 매, 난, 국, 죽 그림이 많습니다."

"한국 전통 문화에서도 사군자는 유명합니다. 중국과 한국은 서로 공감할 수 있는 부분이 많습니다. 하긴 조선시대에 지식인들이 중국에 가면 한자로 필담을 나누었다고 하지요."

탈북자들을 강제 송환한 중국 정부

"중국 정부는 사죄하라. 북한 난민 일곱 명 강제 송환, 사죄하라!"

시민 단체, 인권 단체들이 연일 명동에 있는 중국대사관 앞에서 항의 시위 중이다. 전 세계 자유 진영의 국가들도 중국 정부에 강력히 항의하면서 행동에 나서고 있다. 2000년 1월 12일 중국 정부는 전 세계의 호소에도 불구하고 일곱 명의 탈북자를 강제 송환했다. 그때부터 국내 및 세계 여론이 들끓기 시작했다. 심지어 홍콩과 대만에서도 중국 당국을 향해 항의 시위가 이어졌다. 이 일곱 명의 인권 문제는 세계적인 인권 이슈가 되었다. 강제 송환된 탈북자들에게 기다리고 있는 것은 가혹한 죽음뿐이다.

이것을 알면서도 중국 정부는 한반도 평화와 동북아 안정 등을 고려해 법에 따라 송환했다고 전했다. 중국은 세계 속에서 혼자 살아가는 나라인가? 인권의 기초가 없는 중국 대륙의 속살을 그대로 보여 준 사건이었다. 쉬버도 이런 상황을 인터넷을 통해 지켜보았다.

"최 선생, 저것이 바로 공산당이 이끄는 중국입니다. 인도를 저버린 공산당. 공산당이 있는 한 이런 일은 끊임없이 일어날 것입니다. 한국인과 세계인들은 이 근본적인 문제를 인식해야 합니다. 중국의 변화 없이 동북아의 인권, 평화와 안정은 없습니다. 중국 정부는 한반도 평화와 안정, 동북아의 안정을 고려해 법에 따라 북한 난민 일곱 명을 송환했다고 하는데, 그게 무슨 인권이고 안정입니까? 한 번 세계적 여론에 밀리면 탈북자들의 인권 문제가 계속 제기될 경우 수세에 밀리고, 북한을 전략적으로 버릴 수도 없어 저러는 겁니다. 탈북자 인권 문제가 중국으로 불똥이 튀면 중국인들의 자유와 인권에 대한 요구도 분출될까 봐 두렵기 때문이기도 합니다. 이번 사건은 중국의 얼굴을 세계적으로 먹칠한 일입니다. 중국인의 아름다운 전통과 문화를 짓밟는 짓입니다. 진정한 중국은 저렇지 않습니다."

기구한 운명에 처한 탈북자들은 스위스 제네바에 본부를 둔 유엔난민고등판무관으로부터 난민 인정을 받은 상태였다. 그럼에도 중국 당국은 이 결정을 티끌만치도 거들떠보지 않고 사지死地인 북한으로 보내 버렸다.

일곱 명의 탈북자 문제로 세계와 한국 사회가 분노의 파도에 휩싸여 있을 때, 한국에 체류 중인 50여 명의 외국인 난민 신청자들은 법의 보호를 받지 못하고 어둠 속에 묻혀 있었다. 등잔 밑이 어둡다 했는데 한국이 바로 그랬다. 법무부 난민 당국은 국내 난민 문제에 대해서는 모르쇠로 일관했다. 실상 문제의 본질은 같은 것인데 말이다. 국제사회가 협약으로 제정하고 참여하는 난민보호법이 무시되고, 상황에 따라서는 주권이라는 이름으로 짓밟히고 있었다.

국제사회는 1951년 7월 28일 '난민의 지위에 관한 협약Covention relating to the status of refugees'을 제네바에서 작성하고 유엔을 통해 1954년 4월 22일부터 발효되도록 했다. 우리나라는 1992년 11월 11일 이 국제법을 국회에서 통과시켰고, 1992년 12월 3일 가입서를 유엔에 기탁하고 1993년 3월 3일 발효시켰다. 중국도 이 국제법에 가입한 나라다.

그런데 이 국제난민보호법이 한국에서나 중국에서 무용지물, 휴지통에 버려진 휴지조각 신세였다. 법무부 난민 당국은 난민 신청자들에게 3개월마다 '출국권고서'를 받아가게 했다. 이건 한마디로, '나가라'는 말이다. 어디로? 본국으로. 돌아가 감옥을 가든지, 총을 맞든지, 행방불명되든지 고문을 당하든지, 그건 스스로 알아서 하라는 것이었다.

서재필, 안창호, 안중근 같은 역사의 대의를 품은 이들도 망명생활을 했고, 중국의 국부로 불리는 손문 선생도 이 나라 저 나라로 도망 다니며 혁명가의 길을 걸었다. 들판에 자라나는 풀처럼 바람 불면 고개 숙이는 무지렁이 민초들도 이러 저러한 원인으로 시대와 상황의 격랑에 휩싸여 난민들이 된다. 2015년 9월 2일 터키 남부 해안에서 주검으로 발견된 시리아의 세 살배기 아일란 쿠르디는 세계 난민의 참상을 보여 준다. 이 같은 상황에 처한 사람들을 국제법으로 보호하려는 것이 유엔의 '난민의 지위에 관한 협약'이다. 협약에 따르면 '난민이란 인종, 종교, 국적, 정치적 견해, 특정 사회단체 참여 등의 이유로 인한 박해의 공포에서 벗어나기 위해 본국을 떠난 후 귀환할 수 없거나 귀환하지 않으려는 사람'이라고 정의되어 있다. 이 협약의 본질은 최소한의 인류 양심, 인류애의 발현에 있다.

난민들도 생명이다. 대지로부터 뿌리가 뽑힌 생명들이다.

"최 선생, 난 중국인으로서 중국이 강제 송환한 탈북자 문제를 지나칠 수 없습니다. 중국 정부에 강력히 항의하고자 합니다. 명동의 중국대사관을 찾아가 규탄하고자 합니다."

쉬버가 나서서 항의한다면 한국에 있는 중국인으로서는 최초의 행동이었다.

"쉬버 선생, 지금 한국 정부와 언론은 1월 18일 중국 국방부장 츠하오티엔遲浩田이 한국을 방문할 예정이어서 대대적인 환영 분위기를 전하고 있어요. 아직 일주일 정도 남았는데, 어떻게 생각해요?"

쉬버가 눈을 반짝이면서 오른손으로 무릎을 '탁' 내리쳤다.

"그럼 더욱 좋습니다. 국방부장 츠하오티엔이 한국을 방문하는 당일, 명동에 있는 중국대사관 앞에서 항의 시위를 하면 좋겠습니다. 최 선생, 내가 한국말을 모르니 항의시위에 필요한 것을 도와주었으면 합니다."

"좋습니다. 쉬버 선생은 탈북자 7인의 문제를, 나는 국내에 있는 외국인 난민 문제를 중심으로 역할을 나눕시다."

의종 형에게 전화를 걸어 항의시위 준비를 도와달라고 부탁했다.

18일 아침, 의종 형이 차량을 끌고와 함께 이동했다. 낮 12시부터 우리는 항의시위를 벌였다. 쉬버가 결의에 찬 목소리로 항의성명서를 발표했다.

> 중국 당국이 1998년 국제인권공약과 국제난민보호공약에 서명한 후, 아직도 구태의연한 공산정권정책 관례에 따라 인권정책을 펴고 있다. 여러 종류의 국제적인 압력도 무시하고 국내의 민주적 인사들과 화

평, 정의, 합법적인 조직 행동과 종교 조직인 파룬궁을 전면적으로 억압하고 있다.

새로운 세기에 들어서 중국 당국은 또 한 번 세계 여론의 비난을 무시하고 한국 정부와 한국 국민들의 민족 자존심과 민족 감정을 상하게 함을 고려하지 않고, 굶주림에 시달리다 못해 탈북해 중국으로 도망해 온 일곱 명의 북한 난민을 대중들이 눈뜨고 보는 앞에서 강제로 되돌려 보냈다. 인도주의 의식이 없는 이런 부끄러운 행동은 한국 정부와 국민들 그리고 세계 여론의 강력한 항의를 야기시켰다. 중국 당국에 묻는다. 국제 인도주의 정신과 인권 존중을 구비하지 않고서 중국 정부가 남북한의 긴장 상태를 풀어갈 수 있다고 어떻게 한국 정부와 국민들이 믿을 수 있겠는가? 어찌하여 인권을 유린하고, 북한 공산 독재국가의 폭력적 정책을 지지하고, 악을 선택하고 선을 버릴 수 있는가? 어찌 인간을 풀잎처럼 가볍게 여기면서 한반도의 평화를 바랄 수 있는가? 어찌하여 인간의 도리를 저버리고, 국제사회의 지탄을 받으며 중화민족의 전통적인 미덕을 손상시킬 수 있는지 한탄스럽기 그지없다!

나는 한 사람의 중국인이자 인간적 양심과 지식을 지닌 자로서 중국 당국이 국제 인도주의를 상실하고 이렇게 부끄러움 없이 행동한 데 분개하여 중국 당국에 강력히 항의한다. 한편으로는 민주를 사랑하고 자유와 인권이 있는 세계 만방의 각종 단체와 개인 모두에게 용감히 나서서 중국 당국을 규탄하기를 호소한다. 중국 당국이 이미 서명한 국제 공약을 지키고 인권을 보호할 것을 촉구한다. 동시에 전 세계가 중국 대륙의 민주화운동을 지지하고, 중국의 민주화를 돕고, 12억 중국 인민들도 세계 민주화운동을 옹호하고 인류 문명에 공헌하기를 바란다.

2000년 1월 18일

중국 민주인사 쉬버

쉬버는 성명서 말미에 자신의 결의를 이렇게 밝혔다.

내 목이 잘리더라도 놀라지 말라.
참다운 진리만이 중국을 이끌리라.
나 쉬버가 죽는다 하더라도
반드시 나를 잇는 후대인들이 있으리라.

곧이어 나도 성명서를 읽어 나갔다.

동포 여러분, 세계 시민 여러분, 우리는 진정 무엇을 위해 살아가는 존재이며, 우리는 진정 어떠한 존재인지 고뇌해야 하지 않는가? 어둠에서 가까스로 일어나 지도국가로 발돋움하려 분투하는 중국 정부에 의해 굶주림의 공포를 벗어나고자 목숨을 걸고 국경을 넘은 저 7인의 탈북 난민이, 죽음의 공포가 드리워져 있는 곳으로 강제 송환조치를 당한 현 사태를 우리는 어떻게 규정해야 하는가? 우리는 무엇을 우선시해야 하는가? 우리의 가치와 우리의 주의와 우리의 주장은 무엇인가?
생명, 곧 천부로부터 주어진 신성한 생명은 절대가치임을 우리는 선언한다. 생명은 무엇과도 바꿀 수 없는 절대가치임을 선언한다. 쫓겨 피신한 이들이 도움을 호소하면 품고 돌보는 것이 인간이거늘, 인류 역사에 인간 본성의 따스함이 아직도 면면히 이어져 오는 현실에서, 저 7인의 탈북 난민은 그 소중하고 신성한 인권이 무참히 유린당했다.
인류는 그 본성이 수성獸性임을 웅변하려는 것인가? 그렇다면 지금까지 인류가 몸부림치며 싸우며 높이 치켜든 자유, 인권, 평등, 박애, 민주의 가치는 꺾어져야 하는가? 우리는 생명과 인권이 상위개념이요, 정치·외교·통상은 하위개념임을 선언한다. 어떠한 사상, 철학, 이념과 경제적 이득, 종교와 체제도 생명에의 경외에 기초하지 않는 한, 인류 문명의 정신적 발전을 추동推動할 수 없다.
현재 하위개념에 의해 상위개념이 전복당한 사태는 전 세계의 양심이 나서서 제자리로 돌려야 한다. 다시 한 번 인류의 전진 목표가 무엇인지 진지하게 묻고 결단해야 한다. 어떠한 일이 있어도 포기해서는 안 되는 인류 보편의 절대가치는 역사 진전의 대열에서 높이 드높여진 선봉의 깃발이 되어야 한다. 그 깃발을 올리려 인류가 얼마나 힘겹게 싸우며 피 흘려 왔는가? 그런데 다시 퇴보의 역류가 중국 당국에 의해 기류로 형성되고 있는 사태를 전 세계 시민은 손에 손을 잡고 전면적으로 막아서야 한다.

그러나 우리가 그러한 주장을 할 자격이 있는가? 과연 우리가 인류 보편의 주장을 할 수 있는 정당성을 지니고 있는가? 부끄럽게도 우리는 대한민국에 정치적·종교적 박해를 피해 찾아온 이방의 손님들을 냉혹하게 대하고 있다. 우리나라는 유엔난민보호협약에 가입했으면서도 50명이 넘는 망명자 또는 피난자들에게 망명을 허용하거나 난민 지위를 준 사례가 한 번도 없었다. 그러면서 도대체 우리 정부가 어떻게 중국 정부에게 탈북 난민의 강제 송환을 항의할 수 있단 말인가? 우리가 두려워하는 것이 무엇인가? 국제 정치의 냉혹한 현실이라는 논리로 원칙을 포기하는 굴종적 수모를 당해야 하는가?

1919년 3·1독립만세운동은 중국의 5·4운동과 인도의 독립운동에 영감과 감동을 주었고, 광주민주화운동은 1989년 중국의 천안문 민주화운동의 모티브가 되었다. 보라! 우리는 저 숭고한 자유·민주·인권을 선도적으로 이끌어 나갈 국가가 아시아에서는 대한민국임을 자랑스럽게 주장할 수 있다.

이제 우리는 아시아의 민주적 가치의 지도국임을, 분노하는 우리 국민들에게, 자부심과 자긍심을 갖자고 호소하는 바이다. 중국 당국은 국제 형제들의 합의된 공약을 무참히 짓밟았으나, 한국 정부는 진정한 용기를 가지고 이 땅을 찾은 이방 난민들에게 난민 지위를 허용하라! 중국의 반체제 인사인 쉬버 선생에게 난민 지위를 부여할 것을 한국 정부에 강력히 촉구하는 바이다. 아시아에 민주와 자유의 가치를 강물처럼 흘러넘치게 하고, 인권에 대한 따스한 사랑이 들꽃처럼 만발하게 하자!

2000년 1월 18일

최황규

AP, AFP를 비롯한 외신사 및 국내 언론 등 15명의 기자들이 우리의 항의 시위를 사진과 글에 담았다. 우리는 쉬버가 쓴 항의 성명서를 중국대사관에 전달하기 위해 이동했다.

"움직일 수 없습니다. 이곳은 치외법권이라 들어갈 수 없습니다."

경찰들이 에워싸며 막아섰다.

"아니, 항의 성명서 전달도 못합니까?"

"선생님, 아시잖아요, 중국대사관은 다른 나라 대사관과 다른 것. 꿈쩍 안 해요."

"대사관이면 대사관일 뿐이지, 길 터요, 빨리."

"이러시면 곤란해집니다. 그러니 그만 돌아가세요. 헛수고하지 마시고요."

종로서 경찰 수십 명이 스크럼을 짜고 막고 서서 포위하는데, 힘으로는 도무지 뚫고 나갈 수 없어 잠시 대치 상태가 되었다. 그때 정보과 형사가 조용히 말을 건넸다.

"우리도 분한 것 다 압니다. 이렇게 하면 어때요? 우리 경찰이 좀 뒤로 물러서 줄 테니 성명서를 전달하는 시늉만 하고 돌아가는 게. 우리 입장도 곤란하니 그 정도 선에서 끝내는 게 좋겠습니다. 가뜩이나 중국 반체제 민주인사가 전달한다고 하니 중국대사관으로서는 더 강경할 겁니다. 한국에선 이런 일이 처음이니까요. 우리가 그간 쭉 지켜보니, 중국대사관은 항의 서한을 전달한다고 해도 문을 열어주지 않고 사람도 나오지 않아요."

어차피 대사관에서 받지도 않는다고 하니 더 이상 밀치고 말고 할 게 없었다. 경찰이 포위를 풀었다. 우리도 흐트러진 옷매무새를 가다듬고 현장을 떠났다. 허기가 져 광화문 근처의 골목길에 있는 오래된 음식점에 들어섰다. 서울에 먹자골목이 있다더니 그런 곳 같았다.

옆에 앉은 지인들이 쉬버에게 물었다.

"중국 언론은 탈북자 송환에 대해 보도하지 않나요?"

쉬버가 듣기 민망하다는 듯 숟가락을 식탁에 내려놓고 손으로 두 눈을 가렸다.

"중국 대륙의 중국인들은 두 눈이 있어도 못 보는 장님과 같습니다. 두 귀가 있어도 못 듣는 것과 같죠. 중국에서는 언론이 공산당에 의해 철저히 통제됩니다. 중국 정부나 공산당의 지침을 위반하고 거기에 반하는 기사를 쓴다? 그것은 감옥에 가게 되거나 언론사 폐쇄를 뜻합니다. 중국에서는 이번 탈북자 사태와 관련해 한 줄도 소개가 안 됩니다. 중국 언론은 공산당의 언론이지 자유언론이 아닙니다. 중국 인민의 불행입니다."

말없이 모두 밥을 먹었다. 손님들이 줄지어 들어왔다. 숟가락으로 밥을 떠 입에 넣으려는데 쉬버가 밥을 삼키며 말했다.

"한국과 중국은 비행기로 한 시간 거리입니다. 그런데 한국은 언론의 자유를 누리는데 반해, 중국은 입에 재갈이 물려 있습니다. 한국인은 자유언론에 깊이 감사하며 살 필요가 있습니다. 한국 발전의 원동력 가운데 하나는 자유언론이라 생각합니다. 오늘 같은 시위도 중국에서는 당국이 불허하면 누구도 하지 못해요. 몽둥이로 두들겨 맞거나 잡혀갑니다."

함께 밥 먹던 사람들이 묵묵히 고개만 끄덕이며 듣는다. 거대한 중국의 횡포 앞에 무력한 세계와 한국의 현실이 답답해 말을 하지 않고 있을 뿐이다. 이런 한국으로 탈출해 고립무원에 빠진 쉬버의 신세가 안타까워서 침묵할 뿐이다. 쉬버와 함께한 이들이 이방 난민들을 보호하고 도울 수 있는 힘이 미약하다 보니 일종의 무력감으로 입이 떨어지지 않았다.

식사가 끝났다. 유양리로 가는 사람들은 따로 모이고 다른 방향으로 갈 사람들과 인사를 나눴다.

"오늘 수고 많으셨습니다."

의종 형이 모는 차에 올라타 유양리로 향했다.

"황규야, 너 조선족 알지?"

"그럼, 알고 있지. 고국인 한국에 와서 고생하는 것도 알고."

"조선족 돕는 일, 같이 하면 어떨까? 일이 너무 많고 힘들어. 함께 할 사람도 없고. 요즘 그야말로 맨땅에 헤딩하는 느낌이다. 한도 끝도 없어. 조선족은 지금 다 불법체류자야. 잡히면 무조건 추방당하고. 참 괴롭다."

"형, 고생 많네. 같은 핏줄, 같은 민족을 불법체류자란 이유로 추방한다는 게 있을 수 있는 일인가? 고국이 품어 줘야지. 참… 우리나라 대한민국이 왜 이런 건지…."

"난 니가 합류해 줬으면 좋겠어. 조선족을 도우려면 밑바닥에서 뒹굴어야 해."

"형, 난 지금 쉬버가 우리 집에 온 후로 내 일을 하나도 못하고 있어. 그런데 중국인 쉬버 이야기만 하면 다들 한목소리로 '한국에선 불가능하다'고 하니, 나도 어떻게 해야 할지 모르겠어. 괜히 미친 짓 한다는 소리나 듣고. 형, 내가 미친 것 같애? 허허."

차를 몰던 의종 형이 옆에 앉은 나를 쳐다보며 같이 웃는다.

"그럼, 미쳤지. 니가 정상이냐? 알지도 못하는 중국인, 그것도 중국 공산당 무너져야 한다고 책 쓴 사람 데려와 사는데, 그게 미친 거지 정상이야? 하하하. 어떤 사람이 이런 중국인을 집에 들이냐?"

"그럼 나 정신병원 좀 가야 하나. 정밀진단 받으러? 하하하."

"넌 너무 순진해서 그래. 그냥 지나가면 될 걸, 집까지 데려와서는."

나는 쉬버 문제를 푸는 것이 마치 계란으로 바위를 깨려 하는 것과 같다는 걸 절감했다. 현실은 바위고, 국제법은 계란이었다.

쉬버 문제만 풀리면, 나는 이 문제에서 완전히 손을 떼고 내가 하던 일을 다시 할 생각이었다.

어느덧 유양리가 보였다. 불암산이 반기는 듯했다. 유양리는 조선시대에 양주현감이 살면서 목민관을 하던 관청이 있던 자리다. 유양리 초등학교 옆에 가면 양주현감의 공덕을 기리는 공덕비들이 줄지어 서 있다. 그 옆에는 조선시대와 함께한 적송들이 우뚝 서서 굽어보듯 서 있다. 오후의 태양빛이 공덕비와 소나무에 은은한 금색을 입혀 주었다.

"형, 잠시 여기 내려서 양주현감 공덕비 구경 좀 해. 여기가 역사가 깊은 곳이야. 양주 별산대 놀이도 여기서 유래했고. 저기 봐, 저 산. 산 정상이 무슨 평지 같잖아. 저기가 옛날 임꺽정이 활동하던 무대라고 해."

"뭐, 임꺽정? 그 유명한 의적 임꺽정?! 여기 유양리가 평범한 데가 아니네. 역사가 있는 공간이구먼."

임꺽정 이야기에 모두가 신기한 듯한 반응이다.

"나도 들은 이야기야. 마을 사람들이 그러더라고."

임꺽정은 조선시대 백성들이 양반과 고관들에게 이것저것 빼앗기고 탐관오리와 거부들에 의해 시도 때도 없이 갈취당하고 후려침 당할 때, 산에서 뛰쳐나온 맹렬한 호랑이처럼 포효하며 큰 몽둥이를 휘둘러 배부른 돼지들의 돈과 쌀을 빼앗아 배고픈 백성들에게 나누어 주었던 인물이다. 임꺽정은 눌린 민초들의 원망과 한이 불러낸 시대의 몽둥이, 심판의 매였다. 이 지역 사람들은 수백 년을 이곳에 살면서 임꺽정 이야기를 대를 이어 전하고 있다.

"이 공덕비들, 정말 백성들이 현감들에게 고마워서 세워 준 걸까? 아니면 동학혁명을 촉발시킨 저 고부 군수 조병갑처럼, 백성들을 후려쳐 먹고 토색질하면서 고을 백성들에게 강압적으로 공덕비를 세우게 한 건 아닐까? …그런데 황규야, 너 이제 시골에 살지 말고 세상으로 나와라. 나와서 조선족의 눈물과 한을 함께하자."

"형, 조선족을 도울 사람은 많을 거야. 같은 민족이라는 정서가 있잖아. 만주로 항일독립운동을 하러 간 우리 선조들의 후손이라는 공감대도 있고."

"그렇지 않아. 민족사의 비극을 품고 조선족을 제대로 이해하고 도우려는 사람은 드물어. 독립운동하는 심정이야…."

의종 형이 이렇게 이야기하니 '정말 그럴까?' 하는 의구심이 들었다.

"우리 민족은 왜 이럴까? 청나라에 항복한 후 포로로, 노예로,

성 노리개로 끌려갔던 이 땅의 딸들이 도망쳐 혹은 버림받아 돌아오니 '더러운 년, 환향년'이라고 내치고… 미군과 살거나 동거하는 여성들을 '양공주, 양색시'라 깎아 내리고…. 시대와 역사의 짐을 온몸으로 받아낸 우리 누이들이었는데. 약자와 민초는 짓밟혀도 의지할 데 없고 갈 곳도 없고. 왜 우리 민족의 역사가 이래야 할까…."

의종 형은 더 이상 말을 잇지 못했다. 잠시 침묵이 흘렀다. 무슨 말을 할 수 있을까? 이런 역사 앞에. 이것이 너의 역사, 남의 역사가 아니라 우리 역사인데.

합법이냐 불법이냐의 문제가 아닌 생명의 문제

오후 5시가 지나니 주위가 어둑해졌다. 유양리 초등학교 옆에 있는 작은 식당으로 갔다.

"쉬버 선생을 세상에 알리려면 기자회견을 하라 하더라고. 오늘이 18일이니 2월 1일쯤 하려는데, 형. 기자회견 때 난민 문제를 정면으로 제기하려 해. 장소는 우리나라 한복판 광화문에서. 내가 알기론 난민 문제가 아주 심각해. 쉬버가 그 대표적인 경우야."

"학과 후배 용태 알지? 그렇잖아도 최근에 용태를 만났는데, 부천에도 그런 사람들이 있다고 해. 버마 출신인데 30여 명이 된다고 해. 버마 민주화운동을 하다가 한국으로 피신해 왔는데, 지금 법무부에 잡힐까 봐 숨죽이고 지내고 있다고 하데."

"그래, 형? 자료를 봤는데, 현재 50여 명이 난민 신청했는데 한 사람에게도 난민 지위를 인정해 주지 않았더라고. 버마 친구들은 난민 신청을 하지 않은 것 같은데 왜 안 했을까?"

"글쎄, 자세한 상황은 몰라. 용태하고 한번 연락해 봐. 이번 기자회견에서 난민 문제를 정면으로 다루려면 좀더 상세히 아는 게 좋지 않을까?"

식사자리에서 용태와 통화를 했다. 용태에 의하면 아웅산 수지 여사가 이끄는 '민족민주동맹' 소속의 버마 민주화운동가들이 부천에 30여 명 있으며 한국에서도 버마 민주화운동을 계속하고 있다고 했다. 쉬버와 같은 처지의 사람들이다.

쉬버는 버마 민주화운동가란 소리에 눈을 번쩍 뜨며 몸을 앞당기며 말했다.

"정말 만나보고 싶습니다. 참 반가운 소식입니다. 버마도 중국과 길게 국경을 맞대고 있습니다. 버마 군부가 군사독재를 계속 유지하는 것도 중국이 뒤에서 군부를 지지하고 있기 때문입니다."

"좋습니다. 광화문 기자회견에서 발표할 내용을 미리 준비했으면 해요. 기자회견은 내외신을 상대로 하려 합니다. 그전에 버마 친구들을 만납시다."

다음 날 아침, 부천에 있는 민족민주동맹 한국지부로 전화했다. 르윈이라는 상근 책임자가 전화를 받았다. 그는 쉬버와 난민 문제 등에 대해 이야기 나눴고, 바로 약속 시간을 잡아 우리는 부천으로 향했다. 부천에서 내려 마을버스를 타고 석왕사 쪽으로 갔다. 르윈이 마중 나와 기다리고 있었다. 중간 정도의 키에 투박한 얼굴이었다. 르윈이 앞장서 길 안내를 했다. 우리는 허름한 사무실에 들어섰다. 버마어로 민족민주동맹이라는 간판이 붙어 있었다. 사무실 정면에는 공작새가 그려진 기가, 기 옆에는 아웅산 수지 여사의 대형 사진이 걸려 있었다. 사무실에는 버마인 여러 명이 있었는데, 동남아 특유의 구릿빛 얼굴이었다.

우리는 의자에 앉았다. 르윈이 버마차를 내왔다.

"우리는 미얀마라고 부르지 않습니다. 그것은 군부가 지은 이름이라 우리는 아직도 버마라고 부른답니다."

르윈이 아웅산 수지 여사의 사진을 가리키며 말을 이어갔다.

"우리 조직의 이름은 민족민주동맹입니다. 아웅산 수지 여사가 이끌고 있습니다. 그 아버지가 아웅산 장군입니다."

군모를 쓰고 군복을 입은 장교의 사진을 르윈이 손으로 가리켰다.

"저분이 버마의 독립운동을 이끈 아웅산 장군입니다. 아웅산 장군은 버마가 영국의 식민지였을 때 독립운동 투쟁을 이끌었습니다. 우리 버마인에게는 국부라고 할 수 있습니다."

아웅산 장군 사진을 유심히 바라보았다. 눈빛에 정기가 있었다. 조국과 땅을 위해 피와 땀과 눈물을 바쳐 산 일생이다.

아웅산 하면 버마 랑군에 있는 아웅산 국립묘지 테러사건이 떠오른다. 1983년 10월 9일 전두환 전 대통령이 버마 국립묘지를 방문하기 전 대기하던 수행원과 각료 등 한국인 17명이 죽은 충격적 테러사건이다. 이 사건은 북한 테러로 밝혀졌다. 버마의 국립묘지 이름도 청년 장군 아웅산의 이름을 따서 지었다. 그만큼 아웅산이라는 존재는 버마인의 삶 속에 깊이 녹아 있다.

"버마는 1962년 이후 군부통치를 받고 있습니다. 네윈 정권이 '버마식 사회주의'를 한다면서 쇄국정치를 시작했습니다. 1988년 8월 8일 민주화투쟁이 벌어졌습니다. 그러나 사퇴한 네윈의 조종을 받은 국가법질서위원회가 총칼로 시위를 진압했습니다. 당시 최소 2천 명에서 최대 1만 명이 사망한 것으로 추정됩니다. 1989년 이래 가택연금을 당하고 있던 아웅산 수지는 1년 전부터 지금까지 랑군에서만 활동하도록 규제받고 있습니다. 1996년 이후 지금까지 전국의 모든 대학은 폐쇄되어 있습니다. 대학생 서너 명만 모여도 경찰이 체포합니다. 모든 정치활동이 금지되어 있습니다. 수천 명의 버마 양심수들이 감옥에서 고초를 겪고 있습니다. 심지어 세 살 어린 아이까지 불법집회에 참여했다는 이유로 투옥되었습니다. 버마야말로 어둠의 땅, 비탄의 땅입니다. 현재 버마민주화 인사들은 국내와 해외에서 눈물겨운 분투를 하고 있습니다."

"1988년 8월 8일 버마민주항쟁은 1989년 중국의 6·4운동과 동일한 의미를 갖네요. 한국의 5·18 민주항쟁과도."

르윈이 토해 내는 말 속에서 조국에 대한 뜨거운 사랑이 절절히 전해졌다. 자신의 나라와 국민의 미래를 자신의 삶과 일체화시킨 애국의 마음이었다. 지금이야 아웅산 수지 여사가 가택연금에서 풀려나 자유롭게 활동할 수 있지만, 당시까지만 해도 버마는 엄혹한 땅이었다.

내가 물었다.

"르윈 씨, 난민 신청을 했습니까?"

"아니오. 어디에 가서 난민 신청을 해야 할지 모르겠습니다. 지금 나와 동지들은 4, 5년을 한국에서 불법체류자로 있습니다."

르윈은 버마에서 한국의 서울대학교라 할 수 있는 랑군대학을 다녔다. 버마의 민주화운동을 주도했고 버마로 돌아갈 경우 20년 이상을 감옥에서 살아야 했다. 버마에서는 민주화운동가들이 체포되면 가혹한 고문을 당한다고 했다. 르윈은 민족민주동맹 한국지부 부회장으로 있었다. 르윈 옆에 앉아 있는 키 큰 청년은 한국지부 총무인 윈민이었다. 르윈이 윈민에게 버마말로 이야기를 하자 윈민이 일어서서 웃옷을 벗어 등을 보여 주었다. 윈민의 등짝에는 깊이 패인 상처 자국이 여러 개 있었다.

"여기를 보세요. 윈민이 버마에서 민주화운동에 참여했다가 경찰에 잡혀가 지독한 고문을 당한 흔적들입니다. 버마는 이런 상황입니다. 지금 한국인들은 이해를 못 하겠지만, 우리 버마의 현실입니다."

쉬버가 처연한 심정으로 바라보았다.

"르윈 씨, 당신과 30여 명의 회원들은 국제 난민법에 따르면 정치 난민들이라 할 수 있습니다. 한국의 난민법을 보니 한국에 오자마자 60일 내에 난민 신청을 해야 합니다. 따라서 현재 상태로는 한국 정부에 난민 신청을 할 수 없습니다. 하지만 내가 법무부 난민 당국에 좀더 알아보겠습니다."

"불법체류자인데, 난민 신청이 가능할까요?"

"불법 합법을 떠나서, 본국으로 가면 저런 가혹한 고문이 기다리고 있는데, 이건 국제사회가 보호해 주어야 할 사안이라고 생각합니다. 법이라는 것이 인간 생명을 보호하기 위한 것이지, '기간이 지났다', '불법체류자다' 하면서 보호하지 못한다는 것은 인도주의 원칙에서 벗어난다고 생각됩니다. 한국으로 피신한 외국인 난민들이 어떠한 보호도 못 받고, 늘 추방과 강제 송환의 위기에 떨면서 지낸다는 건 있을 수 없는 일입니다. 만일 난민 신청이 가능하다면, 난민 신청을 할 의향이 있습니까?"

"그거야 당연하지요. 우리가 바라는 바입니다."

"나는 이 문제를 한국 사회에 정면으로 제기하기 위해 2월 1일 한국의 중심이라 할 수 있는 광화문에서 내외신 기자회견을 하려 합니다. 지금 그 준비를 하고 있습니다. 아무래도 전면에 서서 발언을 해야 할 사람은 쉬버 선생입니다. 현재 난민 신청을 해서 합법체류로 있으니까. 그런데 버마 민족민주동맹 회원들은 불법체류자이니 혹시 기자회견에 참여했다가 문제가 생기면 복잡해질 수 있을 것 같습니다."

윈민이 말했다.

"감옥에 가더라도 한국의 감옥에 가고 싶습니다. 한국의 감옥에서 버마 민주화를 위해 투쟁하고 싶습니다."

이 말은 일곱 명의 탈북자들이 "감옥에 가더라도 러시아의 감옥에 가고 싶다"고 외친 간절한 부르짖음과 같은 것이었다. 과연 한국은 어떤 길을 갈까? 중국의 길인가, 인권과 공의의 길인가? 야만의 길인가, 문명의 길인가? 따스함의 길인가, 잔혹함의 길인가? 기자회견은 문명의 길을 걸어야 한다는 외침이 있는 기자회견이어야 했다.

버마의 젊은이들은 경기도 부천시의 어느 가정집 반지하방에 NLD해방구(National League For Democracy: Liberated Area)라는 이름으로 뭉쳐 있었다. 김구 선생은 중국에서 상하이 임시정부를 이끌며 초라한 건물에서 먹을 것도 없이 풍찬노숙하며 독립운동을 이끌었다. 상하이 임시정부 사무실과 NLD사무실이 오버랩되었다. 지사들은 모두 가난하고 헐벗었다. 독립운동가들은 삼대가 거지가 된다는 말이 피부로 느껴졌다. 뜻, 사명 하나를 위해 모든 것을 버린, 그야말로 간난신고의 삶이었다.

그들과 인사를 나누고 유양리로 돌아와, 법무부 서울출입국관리사무소 난민과에 연락했다.

"버마 민주화운동가들 30여 명이 불법체류 상태로 있는데 난민 신청을 할 수 있습니까?"

"우리 법무부는 법대로 합니다. 불법체류자는 무조건 추방입니다. 난민 신청 기간은 한국 도착 후 60일 안에 이루어져야 합니다. 불가능합니다."

"60일 규정이 바뀔 순 없나요?"

"규정을 바꿔요? 말도 안 되는 소리 하지 마세요. 그 사람들 난민 신청, 받을 수 없습니다. 추방 대상입니다."

절벽이었다. 단단한 벽이 난민들 앞에 버티고 서서 웃음 짓고 있는 느낌이었다.

내외신 기자회견 준비를 하나하나 진행해 나갔다. 국내 언론사에 기자회견 일정을 팩스로 보냈다. 광화문 프레스센터에 있는 외신기자 클럽에서 고맙게도 80여 개의 외신사에 팩스를 보내 주었다.

"기자회견 취소하시지요"

2000년 2월 1일 화요일 아침, 의종 형이 왔다. 유양리 시골의 겨울 풍경은 고요하다. 적막감이 흘렀다.

"부르릉, 부르릉"

차량에 시동을 걸었다. 모두 차에 탔다. 난민 실상을 알리지 못한다면, 그들은 언제 쥐도 새도 모르게 추방당할지 몰랐다. 유양리를 빠져나와 서울행 국도를 탔다. 그때 핸드폰이 울렸다.

"최황규 선생님입니까? 오늘 기자회견하는 것 맞나요?"

"네, 맞습니다."

"저는 외교부 사무관입니다. 이런 말 하기 좀 그런데, 기자회견 취소하면 안 됩니까?"

"…?"

갑작스런 전화와 사무관의 말에 순간 말문이 막혔다. 도대체 무슨 소리인가? 기자회견 취소라니.

"지금 무슨 말을 하는 건가요?"

"최 선생님, 선생님은 한국인 아닙니까? 한국인이라면 응당 국가의 이미지, 국익을 고려해야 하지 않습니까?"

"사무관님, 기자회견과 국가 이미지, 국익과 무슨 상관이 있습니까?"

"오늘 기자회견을 통해 중국인 쉬버 문제가 거론되면, 우리 정부가 외교적 부담을 느낄 수밖에 없습니다. 제발 시끄럽게 하지 마세요. 국내 난민 문제가 전 세계에 타전되면, 우리 국가 이미지에 손상을 줄 것입니다."

사무관의 말투가 상사가 부하에게 지시하는 듯했다.

"사무관님, 외교부가 상당히 이중적이네요. 한국 정부는 탈북 난민 일곱 명을 중국이 강제 송환한 것에 대해 중국 정부에 강렬히 문제 제기를 했습니다. 그런데 탈북 난민 일곱 명과 똑같은 처지에 있는 국내 난민들은 어떻게 되어도 좋다는 말입니까? 어불성설입니다."

"바로 그겁니다. 세계 여론이 탈북 난민 문제로 쏠려 있는 이런 상황에서, 외신사들이 국내 난민 문제를 보도하면, 한국 정부는 치명적 타격을 입습니다. 우리 정부가 아주 이중적이라는 비난을 받게 됩니다. 그러니까 국가 이미지, 국익을 고려해 기자회견을 취소해 주십시오. 제발 부탁입니다."

"사무관님, 중국 정부는 악행을 한 것에 대해 욕을 먹어도 좋지만 한국 정부는 욕을 먹을 수 없다? 이런 태도가 말이 됩니까? 왜 정정당당하지 못합니까? 정부가!"

"나라의 이미지를 생각해 주세요."

"취소 못 합니다. 난 인도주의의 입장에 서서 기자회견을 합니다. 인류 보편의 인도주의 입장에서."

"참, 갑갑합니다."

"전화 끊습니다."

핸드폰이 다시 울렸다. 좀 전에 온 외교부 전화였다. 받지 않았다. 공무원들이 생각하는 국가 이익, 국가 이미지는 내가 보기에 자국 이기주의다. 인도주의가 필요할 땐 인도주의 시각에서 접근해야 한다.

광화문 프레스센터 기자회견장. 수십 명의 내외신 기자들이 왔다. 나는 한국에 있는 쉬버와 50여 명의 난민들에 대한 호소문을 읽어 내려갔다.

> 생명은 하늘이 부여한 절대가치입니다. 인간의 생명은 모든 것 위에 있는 상위개념입니다. 우리는 가치가 전도된 현실 속에 뿌리 내린 인간의 마성魔性적 본성을 봅니다. 그러나 인류 역사는 끝없이 저 마성의 손짓을 뿌리치기 위해 쓰러져도 쓰러져도 다시 일어나 전진해 왔습니다. 그러므로 저 아름다운 인간애로부터 모든 인도주의와 인권이 발출하는 것입니다.
>
> 자신의 대지로부터 뿌리가 뽑혀 타지로 피신한 사람들의 심리적·육체적 고통과 상처는 그저 뿌리 뽑힌 사람들만의 문제이므로 우리가 외면해도 되는 것입니까? 성경에서 상한 갈대를 꺾지 아니하고 꺼져가는 심지도 끄지 않는다고 했습니다. 아름다운 영혼, 청춘 시인 윤동주는 죽어가는 모든 것을 깊이 사랑해야 함을 떨리는 가슴으로 노래했습니다. 그러나 우리의 현실은 어떠합니까? 냉혹하고 비정합니다.
>
> 최근 중국 정부가 탈북 난민 일곱 명을 북한으로 강제 송환했습니다. 그들이 겪을 운명을 우리는 압니다. 그런데 탈북 난민과 같은 운명을 지닌 이방 난민 50여 명이 지금 한국에서 언제 추방당할지 모르는 상태에 놓여 있습니다. 우리는 한국 정부가 이들에게 난민 자격을 부여하기를 촉구합니다. 그리고 국제사회가 한국의 난민 현실에 관심을 가

져 주기를 호소합니다.

우리 한국은 자랑스러운 나라입니다. 강대국들에 시달려 오면서도 아시아에서 유일하게 자유·민주·박애를 향한 열정과 의지를 표출하고 이루었습니다. 이런 대한민국이 50여 명의 이방 손님들을 품고 보듬고 사랑으로 감싸 줄 것을 강력히 촉구합니다.

사진 기자들의 카메라 플래쉬가 계속 터졌다. 낯선 사람들도 기자회견장을 오갔다. 외교부, 법무부에서 나온 직원들이라는 귀띔이 있었다. 곧이어 쉬버가 성명서를 읽었다.

나는 중국 대륙에서 온 중국 민주인사입니다. 중국 당국의 체포를 피해 한국에 와서 난민 신청을 했습니다. 1년이 넘도록 한국 정부는 자국의 국가 이익을 고려해 난민 지위를 부여하지 않고 있습니다. 한국에서의 내 삶은 상가집 개같이 사처四處를 유랑하는 신세입니다. 내가 이해할 수 없는 것은 중국 민주인사가 무엇 때문에 한국에서 이런 불공정한 대우를 받아야 하느냐는 것입니다. 무엇을 두려워하기 때문입니까? 인권과 주권이라는 세계 조류 앞에서 무엇을 꺼리고 피하는 것입니까? 나는 중국 공산당에 감히 도전했다는 이유로 인권을 보호받지 못하고 있습니다. 그러나 이것은 나 개인만의 문제가 아니라, 한국에 사는 이방 난민 전체의 현실입니다. 전 세계를 향해 강렬히 호소합니다. 연합국에 호소합니다. 난민들에게 생존할 권리를 주십시오.

외신사들의 반응이 뜨거웠다. 기자회견은 성공적으로 끝났다. 외교부, 법무부 공무원들로 보이는 사람들이 눈과 입가에 냉소를 토해내고 있었다. 저 냉소의 얼굴은 무엇을 의미하는 걸까? 이제 한국 사회와 국제사회에 한국의 난민 문제가 본격적으로 제기되었다.

BBC 라디오 방송, RFA 방송에서는 유양리까지 찾아와 쉬버를 심층 인터뷰하며 여러 차례 보도했다. Radio Free Asia의 화교 출신의 리슈웨이 기자는 영어, 중국어, 한국어가 능통했다. 그가 말하길, 최근 홍콩에 갔는데 홍콩에서 발행하는 〈아주주간亞洲週刊〉에 쉬버가 탈북자 일곱 명을 강제 송환한 중국 당국에 항의하는 시위를 찍은 사진이 실려 있다고 했다.

국내 언론들도 서서히 난민에 관심을 나타내기 시작했다. 2월 1일 기자회견 당일 보도한 AP통신 기자가 자신의 보도문을 보내주었다.

> 한 중국 반체제 인사가 화요일 한국 정부에 자신을 정치 난민으로 인정하라고 촉구했다.
> '한국은 지금까지 국가 이익을 고려해 나에게 난민 지위를 부여하지 않고 있다. 그러나 인권은 인류 보편적 문제'라고 쉬버가 기자회견에서 말했다. …한국 정부 관리는 쉬버 사건을 언급하길 거부했다. 그리고 한국 정부가 전통적으로 외국인에게 난민 지위를 부여하지 않는다고 밝혔다. 단 탈북자는 예외라고 했다.

한국 정부는 쉬버가 알려지는 것을 극도로 싫어했다. 주변 지인들도 나를 떠나기 시작했다. 누군가로부터 이런 소리도 들었다. 뜨거운 감자인 쉬버를 쥐도 새도 모르게 없앨 수도 있다고. 내심 불안했다. 그래서 아내에게 친정집으로 가라고 했고, 쉬버를 지키기 위해 집에 목검을 두고 있었다.

국제사회를 향한 구명운동

이제 국제 인권단체에 연락해 난민들의 실상을 알리고 도와달라고 호소할 차례였다. 인터넷상에서 국제 인권단체 리스트를 뽑았다. 그리고 1999년 12월 탈북자인권국제회의에서 만났던 유럽, 미국, 캐나다 출신 인권운동가들로부터 받아 두었던 명함들을 추려 작업을 시작했다. 한국의 난민 상황을 영어로 작성해 국제 인권단체에 전화하고 팩스를 보냈다. 국제사면위원회의 접촉 결과 주로 각국의 정치범, 양심수 등을 다룬다고 했다.

북한인권국제회의에 참석했던 백발의 노신사인 캐나다의 인권 변호사 알렉산더 엡스타인Alexander Epstein에게서 회신이 왔다. 그가 보낸 이메일에는 한국의 난민 문제를 풀 수 있는 정확한 정보가 있었다.

> 중국인 쉬버와 그밖의 난민들에 관하여 회신 보냅니다. 이 문제를 제네바에 있는 UNHCR에서 일하는 캐시 워커Cathie Walker 씨와 토론했습니다. 보내 준 영문 자료도 캐시 워커 씨에게 팩스로 보냈습니다. 그녀에게 연락을 취하십시오. 그리고 자료를 보낼 때 그녀에게 영어로 된 자료를 보내시기 바랍니다.
>
> tel. 41-22-739-XXXX fax. 41-22-739-XXXX

제대로 된 길을 찾았다. 스위스에 있는 UNHCR 본부와 직접 연결하는 길을 찾은 것이다. UNHCR이야말로 국제 난민들을 돕는 본부다. 세상은 선한 의지를 가진 사람들도 많다. 엡스타인 같은 변호사가 그렇다. 문제의 핵심을 알아듣고 UNHCR로 연결해 준 것이다. 당시 한국에도 유엔개발기구UNDP 건물 안에 UNHCR 한국 연락사무소가 있었다. 이 연락사무소는 도쿄에서 관리한다. 한국은 난민이 많이 발생하는 나라가 아니었기 때문에 실질적으로 난민 보호활동을 하지 못하고 있었다.

한국에 있는 UNHCR 연락사무소 담당자도 여러 차례 접촉해 보았으나 마지막 결론은 '난민 인정 문제는 해당 국가의 주권 문제이기 때문에 뭐라고 이야기할 수 없다'는 입장이었다. 난민 보호를 위한 행동이 필요한데 '국가 주권 문제'라고 하면, 행동할 수 있는 철학적 기반이 무너져 버린다. '난민 보호기구인가 아니면 공무원인가?' 하는 생각이 여러 차례 스쳤기에 UNHCR 본부로 직접 접촉을 시도한 것이다.

스위스의 UNHCR 본부로 전화를 걸었다.

"Hello, This is Walker speaking. Who's calling please?"(여보세요, 저는 워커입니다. 누구십니까?)

캐시 워커와 연결되었다.

"한국에서 최황규가 전화합니다."

"아, 그래요. 캐나다의 엡스타인 씨로부터 이미 전화와 팩스 자료를 받았습니다."

"한국의 난민 상황을 아십니까?"

"네, 도쿄에 있는 UNHCR 사무관으로부터 늘 보고받고 있는데, 한국은 난민 관련해 특별한 사항이 없는 것으로 알고 있습니다."

"캐시 워커 씨, 보고와 현실이 너무 다릅니다. 한국으로 피신한 난민들은 다 추방 위기에 있습니다. 최근 탈북 난민 일곱 명이 중국 정부에 의해 북한으로 강제 송환된 사실 알고 계시죠?"

"그럼요, 알고 있고말고요. 그 일곱 명에게 난민 지위를 준 것도 UNHCR 본부인데요. 그걸 '위임난민mandate refugee'이라고 합니다. UN이 인정한 난민이라는 뜻입니다."

"지금 한국에 있는 난민들이 이 일곱 명의 탈북 난민과 같은 신세입니다. 국제법의 보호를 받지 못하고 있습니다. 30여 명의 버마 민주화운동가들은 한국의 법 규정을 몰라 난민 신청을 못하고 불법체류자가 되었습니다. 한국에서 법으로 정한 난민 신청 기간인 60일을 이미 지난 상태입니다. 언제 잡혀 추방당할지 모릅니다."

"아! 60일이요? 세계적으로 그렇게 짧은 기간을 둔 나라가 없는데, 있을 수 없는 일입니다. 김대중 대통령은 세계적으로도 민주를 상징하는 인물인데, 그런 한국에서 이런 일이 일어날 수 있다니. 우리 UNHCR 본부에서 정확한 진상을 파악해 보겠습니다. 한국의 난민과 관련된 모든 자료를 보내 주십시오."

나는 그녀에게 보낼 영문 자료를 작성했다. UNHCR 본부가 긴급 행동에 나서 한국으로 피신한 50여 명의 외국인 난민들의 고통에 찬 목소리를 듣고 행동해야 한다고 썼다. 영문으로 보도된 기사도 팩스로 보냈다.

자료와 이메일 편지를 잘 받아 보았다는 회신이 왔다. 그리고 약 한 달 뒤, 결국 UNHCR로부터 버마 민주화운동가들에게 난민 신청의 길이 열렸다는 소식을 받았던 것이다.

새로운 만남을 위하여

쉬버와 함께 두어 달간 우리 집에서 머무르던 산동성 정 아우가 중국으로 돌아가겠다고 했다.

"아니, 아우. 왜 갑자기 중국으로 가려고 하나?"

"형님, 제가 지금 연수생으로 왔다가 불법체류자로 일하면서 살려니, 하루하루 늘 불안하네요. 버스와 전철을 타고 내리면서 경찰만 봐도 가슴이 뛰어요. 이렇게 사는 게 정신적으로 힘듭니다. 그래서 고향으로 가기로 했어요. 부모님 뵌 지도 오래 됐고요."

"그래, 아우. 만나자마자 이별이라는 것이 이런 경우네. 그럼 오늘 우리 송별 만찬이라도 하세. 중국식으로 중국 만두를 만들어 먹는 게 어떤가?"

"좋지요!"

우리는 식사를 하면서 그간의 소회를 나누었다.

"아우 같은 중국인도 없어. 아우는 중국 무협지로 말하면 의협심 있는 무사야."

"형님, 그건 너무 지나친 과장입니다. 같은 중국인으로 당연히 도와야죠. 지금까지 일이 진행되는 걸 보니 쉬버 선생의 문제가 풀리겠다는 생각이 들어요."

"글쎄, 좀더 지켜봐야지. 아우, 후에라도 기회가 되면 다시 만나자고. 참 아쉽네. 중국 가면 부모님께 문안도 전해 주고."

마음 착한 아우가 눈물을 글썽였다. 쉬버도 아쉬운 석별의 정을 나눴다. 중국 아우는 그날 아침 수원으로 내려가 짐을 싸서 중국으로 간다며 떠났다.

"때르릉, 때르릉, 때르릉…."

정적을 깨듯 집 전화가 울렸다.

"황규야, 생각 좀 해봤어?"

의종 형이었다.

"아, 조선족 동포 돕는 일 함께 하자는 거? 형, 그 길은 내가 갈 길이 아닌 것 같아."

"황규야, 정말 함께할 사람이 필요해. 그런데 현실은 그렇지 않아. 난 조선족의 비명 소리를 매일 들으며 살아. 이들의 소리를 듣고 이들의 고통을 함께할 사람이 절실하게 필요하다고."

"형, 그러면 목사로 가야 되는 것 아냐? 난 이미 목사의 길을 가지 않기로 마음먹었는데 다시 그 길을 가라고?"

"난민 문제도 어느 정도 숨통이 트였으니 이젠 우리 민족인 조선족을 위해 헌신해 봐. 외국인 난민들을 위해 그렇게 몸을 던졌는데, 같은 핏줄, 그것도 한국에 와서 온갖 서러움을 안고 사는 조선족은 외면하려고 해?"

"형, 고생하는 거 아는데 다시 그 길로 가고 싶지는 않아. 난 신학을 하면서 죽을 만큼 방황해서 다시는 그 길에 들어서고 싶지 않아."

"그러니까 너같이 계산 없는 사람이 와야 돼. 계산 많은 사람은 못해."

"형, 그만하자. 전화 끊을게. 미안해."

나는 정신적 존재다. 이제 또 다른 격랑에 휩싸이고 싶지 않았다.

유양리의 봄은 온갖 꽃으로 생명의 기운을 뿜어내고 있었다. 생명의 아름다움을 본다. '꽃대궐'이란 표현이 딱 들어맞을 정도로, 유양리는 만발하는 꽃들로 봄 생명의 축제에 빠져 있었다. 봄은 취하는 시간이다. 꽃에 취하고, 꽃향기에 취하고, 새싹과 들풀과 새로 돋는 나뭇잎과 봄의 환희를 만끽하는 새들의 노랫소리가 어우러진, 봄 생명의 오케스트라에 취하는 시간이다. 봄은 대자연이 생명체임을 보여 준다. 생명 공동체임을 드러내는 계시의 때다.

쉬버는 시간이 있을 때마다 글을 썼다. 그에게 가장 큰 재산은 노트북일 것. 문장의 대부분이 '중국 민주'와 관련된 글이다. 유양리의 봄을 바라보던 나는 쉬버에게 봄 구경을 가자 했다. 멀리 차를 타고 갈 필요도 없었다. 마을 뒤편 산에 오르면 봄 정취를 마음껏 느낄 수 있기 때문이다. 쉬버도 좋다며 따라나섰다.

"쉬버 선생, 저기 꽃 좀 봐요. 흰색, 노란색, 분홍색… 꽃 천지입니다. 겨울이 지나 완연한 봄이 왔네요."

"그러게요. 유양리에서 겨울을 났네요. 벌써 봄이 되고. 내 고향 귀주성은 남방이라 꽃이 벌써 폈겠네요…."

산으로 오르는 길 좌우로 온갖 꽃들을 바라보며 걸었다. 봄은 겨울의 무거움을 털어내고 우리 마음에 부드럽고 안온한 심정을 불러일으켰다.

"봄 좋아해요? 난 봄이 오면 늘 이런 산과 들을 다니며 봄 경치를 바라보는 것이 즐겁습니다. 태어난 곳도 자란 곳도 시골이라 더욱 그렇네요."

"중국인들도 마찬가지입니다. 중국의 시선詩仙 이태백도 봄을 예찬했습니다. 중국에 《시경》이 있는데 그 속에도 봄을 노래하는 시가 있답니다."

저수지 주변을 거닐 때 쉬버가 한시漢詩 한 수를 유장하게 읊었다. 봄에 관한 시라 했다.

"쉬버 선생, 그동안 고생이 많았습니다. 이제 법무부가 예전처럼 쉽게 강제추방 운운하긴 어렵게 되었습니다. 긴 겨울이 지나간 듯합니다."

"긴 시간 고립감을 느꼈는데 최 선생을 만나면서부터 새로운 길을 찾았습니다. 그동안 많이 고마웠습니다."

마치 작별인사같이 느껴졌다.

“그렇지 않아도 이야기하려 했는데 오늘이 좋은 기회라 생각합니다. 그동안 폐를 끼쳤는데 이제 서울로 올라가 살면서 내가 해야 할 일을 하려고 합니다.”

“무슨 일을 하려고 합니까?”

“지금까지 난민 문제 해결에 골몰했지만 이젠 내가 해야 할 일, 즉 한국에 사는 중국인들에게 6·4천안문학살의 진실을 알리고 왜 중국이 민주화되어야 하는지 알리는 일에 매진하려 합니다. 이곳의 중국인들에게 민주의식을 심어 줘야 합니다.”

“알겠습니다. 상황이 되는 대로 언제든지 가세요.”

그러나 쉬버는 딱히 언제 떠날 거라고 말하지 않았다. 쉬버는 거의 매일 아침 서울에 갔다 저녁 때 돌아왔다. 서울에 거주하면서 활동을 준비하기 위해서였다.

2부

자유주의 신학과의 충돌

청년 시절 검도장에서

기독교 신앙에의 입문

아버지 최선용은 한학자였으며 경기도 여주에서 최 씨 문중의 어른 역할을 했다. 여주에서 상당히 큰 땅을 소유한 지주였다. 어릴 때 집에 한문서적이 사랑방을 가득 채운 모습이 기억난다. 어머니 육희순은 고 육영수 여사의 친척으로, 부모님은 동네에서 덕망 높은 분으로 알려져 있었다. 그런데 경성제국대학 법학과를 졸업한 큰 형님이 당시 시대 조류였던 공산주의를 통한 민족해방과 통일을 꿈꾸며 북한으로 올라가, 우리 집안은 졸지에 '빨갱이' 집안이 되었다. 6·25전쟁 발발 후 인민군에 의한 학살이 자행되자 사람들 사이에 인민군에 대한 증오심이 하늘을 찌를 듯했다. 아버지는 생명의 위협을 느끼고는 모든 것을 버리고 의정부 시골로 스며들었다.

결국 아버지는 시대의 고통에 힘들어하다가 내가 다섯 살 때 돌아가셨다. 의정부시 낙양동의 허름한 초가집에서 어머니는 누나와 형 그리고 막내인 나를 키우기 위해 집에서 두부를 만들어 10리 길을 걸어 의정부 시장에 가서 두부를 파셨다. 초등학교 졸업식이 가까이 왔다. 송양초등학교는 입구부터 운동장 진입할 때까지 양옆으로 소나무가 호위병처럼 도열해 있다. 당시 6학년 졸업생들은 졸업식을 하기 전에 추첨식으로 중학교가 배정되었다.

"의정부중학교, 경민중학교, 의정부여중, 경민여중…."

친구들은 제각기 학교가 배정되자 서로 학교 이름을 말하느라 바빴다. 나는 추첨에 참가하지 못했다. 집안이 어려워 어머니가 중학교를 보낼 수 없다고 하셨다.

'난 이제 뭘 해야 하지…. 농사? 공장? 장사?'

어린 나이에 무엇 하나 분명한 미래가 보이지 않았다. 초등학교 나와서 무엇을 할 수 있을까? 이 세상을 어떻게 살아갈 수 있을까? 불안과 두려움이 어린 가슴을 짓눌렀다. 밥도 먹기 싫었다.

"엄마, 나 중학교 보내 줘. 애들은 다 가는데 왜 나만 못가? 엄마, 나 학교 가고 싶어."

어머니는 말없이 듣고서 한숨만 쉬셨다. 나는 밥도 안 먹고 일 주일가량을 학교 가고 싶다고 졸랐다. 결국 어머니가 흐느껴 우셨다.

"황규야, 내가 널 학교 보내기 싫어서 그런 게 아닌 줄 알잖니. 우리 집 형편이 그래서 어쩔 수 없는 거야. 제발 밥 좀 먹어라. 이 에미 가슴이 찢어진다! 이 못난 에미를 용서해라. 그렇게 가고 싶어하는데…."

어머니의 흐느끼는 울음에 난 정신이 번쩍 들었다.

'그만하자…. 엄마를 다시는 울게 하지 말자.'

집 밖으로 나왔다. 들길로 논길로 홀로 걸었다. 2월의 찬바람이 쌩쌩 불었다. 저 멀리 버스가 흙먼지를 일으키며 달렸다. 하늘을 하염없이 바라보았다. 겨울 하늘은 건조하고 황량했다. 대지는 온통 잿빛이고 흙빛이었다. 들녘의 나무들은 다 옷을 벗고 오돌오돌 떨며 겨울 추위와 바람을 견뎌 내고 있었다.

며칠 후 누군가 대문을 두드리며 나를 찾았다.

"최황규 군 있나? 최 군 있나?"

대문이라야 싸릿문으로 만든 것이니 대문도 아니다. 문 밖에서 부르는 사람을 보았다.

"목사님이세요? 웬일로 오셨죠?"

낙양동 집에서 1.5킬로미터 떨어진 민락동 성결교회의 류근칠 목사님이었다. 백발이 성성한 노 목사님이 흰 고무신을 신고 오셨다. 초등학교 다닐 때 친구들이 성탄절에 교회 가면 사탕도 주고 연극도 한다고 해서 몇 번 간 적 있다. 그때 류 목사님을 알게 되었다. 의자도 없고 마루에 방석을 깔고 앉아 예배드리는 작은 농촌교회였다. 어머니도 인생의 괴로움과 시름을 잊고자 늘 교회를 다니셨다.

"최 군, 동무들에게 들었어. 중학교 못 가 많이 상심했다고. 어머니도 오셔서 우시더군. 아들이 중학교 가고 싶은데 형편이 안 돼 보내질 못해 괴롭다고. 그래서 찾아왔네."

따스하고 자비로운 얼굴로 나를 쳐다보며 말씀하셨다.

"어머닌 어디 가셨나?"

"의정부 시내에 두부 팔러 가셨어요."

"그럼 혼자 집에 있는 건가?"

"네."

"최 군, 정말 공부하고 싶은가?"

"그럼요. 공부 안 하면 앞으로 커서 뭐가 되겠어요? 목사님, 그나저나 들어오셔서 마루에 좀 앉으세요."

"그래, 마루에 앉아 이야기하자."

목사님이 말없이 한 손으로 내 손을 꼭 쥐셨다.

"내가 아는 중학교가 있는데, 이 학교는 집안 형편이 어려운 학생들이 가는 학교야. 내 생각엔 최 군이 이 중학교에 다니면서 공부를 계속 했으면 해. 정부에서 인가한 학교는 아니지만 그래도 공부는 할 수 있으니 괜찮지. 나중에 검정고시를 통해 고등학교에 들어갈 수도 있고. 이 학교는 교회들이 연합해 세운 곳이야. 이 학교 다니면서, 최 군의 인생을 인도해 달라고 하나님께 기도하면서 공부했으면 좋겠어."

"목사님, 정말 그런 학교가 있나요? 그럼 거기 다니겠습니다!"

"내일 교회에서 만나 그 학교에 같이 가봅세."

"예, 목사님."

백발에 흰 고무신을 신은 목사님이 자전거를 타고 신작로를 향해 갔다. 멀어져 가는 목사님을 바라보며 눈물이 흘렀다.

'나도 중학교에 갈 수 있다…. 나도…! 엄마, 나도 중학교에 갈 수 있대!'

"목사님, 저 왔습니다."

"그래 최 군, 어서 출발하자."

민락동에서 버스를 타고 의정부 버스터미널에서 내렸다. 덕정리, 동두천, 주내 방향의 버스들이 있었다. 주내 방향의 버스를 탔다. 유양리 검문소를 지나기 전에 우회전해서 달리다 마전리에서 내렸다. 앞을 보니 조그만 야산 밑에 학교 건물이 버스길 옆에 바로 붙어 있었다.

교문으로 들어서면서 보니 '주내농업기술학교'라는 간판이 보였다. 일반 중학교에 비하면 턱없이 작은 학교였다. 학교 건물은 두 채였다.

"김충묵 선생님, 안녕하십니까? 어제 전화로 말씀드린 최황규 군입니다."

"아, 그래요. 최 군, 어서 와요. 잘 왔어요."

"최 군을 잘 부탁드립니다."

입학 과정 및 방법 등에 대해 여러 안내를 받았다. 드디어 입학식 날, 교모를 쓰고 교복을 입고 운동장에 섰다.

"다음은 교장 선생님의 훈시가 있겠습니다."

"여러분, 오늘 여기서 함께 만나게 되어 반갑습니다. 여러분은 모두 농촌에서 가정 형편이 어려워 이 학교에 왔습니다. 그러나 좌절하거나 주눅 들지 말고 청운의 꿈을 꾸며 미래를 향해 나아가십시오. 우리 학교의 교훈은 '하나님을 사랑하자, 흙을 사랑하자, 이웃을 사랑하자'입니다. 한국은 6·25전쟁 후 폐허가 되었습니다. 국민들이 제대로 입지도 먹지도 못하고 있습니다. 여러분 모두 구국의 간성, 구국의 횃불이 되기를 바랍니다."

매일 예배드리고 공부하는 미션학교였다. 학교 건물 벽에는 붉은 글씨로 '경천애인敬天愛人'이라고 크게 쓰여 있었다. 의정부 낙양동에서 양주군 주내면까지의 통학거리는 10킬로미터가 넘었다. 차비가 없으면 그 거리를 걸어 다녔다. 냇가의 긴 황토 둑을 따라 걸었다. 논두렁 사이로 걸으며 많은 것을 생각하고 묵상했다. 성경을 암송하며 걷고 기도하며 걸었다. 들에 핀 꽃을 바라보며 시냇가 물소리를 들으며 걷고 또 걸었다.

초등학교 동창생들을 만나면 교복 색깔, 교모가 이상하다며 놀렸다.

"야, 재 똥통학교 다닌데. 가난한 애들만 다니는."

이런 소리를 들을 때면 속상하고 우울했지만, 공부할 수 있다는 사실을 떠올리면 행복감이 밀려왔다. 한여름이면 물 양동이로 물을 떠와 발을 담그고 공부했다. 한자를 가르쳐 준 선생님 말씀을 벽에다 써 붙였다.

소년이로학난성 少年易老學難成
일촌광음불가경 一寸光陰不可輕
미각지당춘초몽 未覺池塘春草夢
계전오엽이추성 階前梧葉已秋聲

소년은 늙기 쉽고 학문은 이루기 어려우니
한 마디 시간이라도 가볍게 여기지 말라
연못에 핀 봄풀의 꿈 깨지도 못했는데
돌계단 앞에 이미 가을 소리 들리네

중고등학교 시절

난 혼자였다. 학교가 다르고 방향이 다르니 3년을 홀로 길을 걸으며 자연을 벗 삼아 다녔다. 감수성이 예민한 중학 시절, 나는 고독한 영혼, 사색형 존재, 묵상적 혼이 몸에 배어 갔다.

경기도 교육청이 수원에 있어 수원에 가서 검정고시를 보았다. 합격이었다. 너무 기뻐 교회 예배당에 가서 감사의 기도를 드렸다.

"하나님, 감사합니다. 하나님께서 인도해 주셨습니다. 주님은 나의 목자이십니다…."

중학교에 다니면서 나는 날마다 성경을 읽고 기도했다. 먼 통학 길을 걸으며 나는 절대자를 더욱 절실하게 찾았다.

한강 이북에서 가장 명문이라고 하는 의정부고등학교에 입학

하려고 입학시험 날 시험을 치렀다. 합격자 명단 발표 날 함박눈이 내렸다. 처음엔 내 이름이 보이지 않았다. '철렁' 하고 가슴이 무너져 내렸다. 다시 한 번 천천히 보았다. 합격자 명단에 내 이름이 보였다. 눈이 펑펑 쏟아지는 의정부고등학교 교정을 걸으며, 눈 내리는 하늘을 하염없이 바라보았다.

"하나님, 감사합니다…!"

눈가에 이슬이 맺히더니 눈물이 주룩 흘렀다. 집에 와 소식을 전하니 온 가족이 기뻐했다. 인문계 고등학교인 의정부고등학교에 입학하고 나서도 생활은 중학교 때와 같았다. 매일 성경 읽고 교회에 가서 기도하고 남은 모든 시간에는 공부에 매진했다. 그래도 집안 형편은 마찬가지여서 기성회비가 밀리곤 했다.

어느 날 담임선생님이 교무실로 불렀다.

"야, 이 새끼야! 기성회비 왜 안 내? 너 영어 잘하지? 'give and take'도 몰라. 학교에서 공부를 하면 기성회비를 내야 할 거 아냐?"

다짜고짜 빰을 좌우로 사정없이 쳐댔다. 서러움에 복받쳐 나도 모르게 두 눈에서 굵은 눈물이 떨어졌다. 빰이 얼얼했다. 그날 밤 예배당에 가서 무릎 꿇고 기도했다. 전기 불을 아껴야 하기에 불을 켜지 않고 캄캄한 가운데 기도드렸다.

"하나님… 하나님…. 저 이제 학교 안 다니겠습니다. 저도 이젠 지치네요. 가난과 싸우는 것도 힘들고 고독과 싸우는 것도 힘듭니다. 살아갈 힘이 나지 않습니다. 인생의 광야길이 너무 거칠고 두렵습니다…."

서러운 마음에 눈물이 폭포수처럼 쏟아져 내렸다. 콧물도 범벅이 되어 흘렀다. 기도할 마음도, 공부할 마음도, 살아갈 마음도 사라져 버렸다. 한참을 통곡하며 울며 앉아 기도했다.

그런데 마음속에서 음성이 들렸다.

"황규야, 계속 공부해. 빰을 맞아도, 서러워도, 계속 가. 참아라, 포기하지 마라…."

기도를 마치고 눈물을 닦고 칠보산에 올랐다. 캄캄한 밤이었다. 산길을 걸어 너른 바위에 올라앉았다. 밤하늘을 바라보았다. 셀 수 없이 많은 별들이 반짝였다. 인생의 근원적 고독이 느껴졌다. 대우주 앞에서 하나님만을 부르는 나의 실존. 하염없이 걸었다. 산길을. 밤하늘의 별들만이 내 마음을 아는 것 같았다.

장로회신학대학 입학

내 대화 상대, 내 마음을 토로할 수 있는 유일한 대상은 절대자 하나님이었다. 그렇기에 내 인생은 하나님과 동행하는 삶을 살기로 자연스럽게 결심하게 되었다. 고등학교를 졸업할 무렵, 어느 대학을 가야 할지 결정해야 했다. 형과 누나와 가족들에게 신학대학을 가겠다고 했으나 다들 반대했다.

"황규야, 우리 집안이 이렇게 어려운데 왜 신학대학교를 가려고 해? 일반대학에 가서 어떻게든 돈을 벌어 집안을 일으켜야지. 한 사람이라도 더 힘을 보태야지."

그러나 나의 영혼은 절대자만이 인생의 전부라 느끼고 있었다. 고독한 내 인생을 품고 인도해 주시는 분은 하나님이라 믿었다. 여러 차례 반대했던 가족들도 결국 "뜻대로 하라"고 해주었다.

아차산 기슭 광나루에 있는 장로회 신학대학에 원서를 냈다. 면접 날, 내 앞에 앉아 계신 교수님이 질문하셨다.

"학력고사 성적을 보니 성적이 좋은데, 왜 굳이 신학교에 왔나요?"

"어릴 때부터 오고 싶었기 때문입니다."

"성경을 지금까지 몇 번 읽었나요?"

"26번 읽었습니다."

교수님이 말문이 막히는 듯 잠시 나를 천천히 바라보셨다.

"최 군, 진실을 이야기해요. 합격을 위해 과장하지 말고. 고등학교 졸업 때까지 성경을 26번 읽는다는 것은 그렇게 쉽지 않아요.

그런 학생도 없고."

"교수님, 사실입니다. 매일 성경을 먼저 읽고 공부했습니다."

"그래요… 아주 특별한 경우네요. 기도생활은 어땠죠?"

"중학교 때부터 지금까지 매일 예배당에 가서 기도했습니다."

"앞으로의 꿈은 뭡니까?"

"시골 교회 목사가 되는 것입니다. 아니면 공부를 열심히 해서 자격이 된다면 교수가 되고 싶기도 하고요."

"그래요…? 그럼 공부 열심히 하세요."

면접실을 나가려고 하는데 교수님이 불렀다.

"최 군, 이거 영영사전인데 이거 가지고 공부 열심히 하세요."

"감사합니다, 교수님."

받아들고 나와서 보니 《Oxford English Dictionary》였다.

집에서 합격통지서를 받아보았다. 게다가 장학생이 되어 수업료를 내지 않게 되었다. 나는 1982년 입학하게 되었다.

장로회신학대학은 평양신학교가 전신이다. 북한이 공산화되기 전 평양은 '동방의 예루살렘'이라 불렸다고 한다. 신학대학교 다닐 때 내 별명은 '도서관학과'였다. 항상 도서관에서 공부하고 시간만 나면 아차산에 올라 사색하고 묵상했다. 아차산에서 굽어보는 한강은 그림 같았다. 아차산과 한강은 내 영혼의 사색터였다.

신학의 시간이 시작되었다. 아차산의 봄은 화려하다. 쉐라톤 워커힐로 가는 도로 양 옆의 벚꽃들이 수놓는 축제는 눈부시다.

강의가 시작되었다. 구약개론 수업이었다.

"여러분, 신입생으로 이제 신학을 하게 되었는데, 그동안 알고 있던 지식 체계나 신앙 지식을 전부라고 생각하지 마세요. 이제부터 인식의 지평을 활짝 열어가기 바랍니다. 그러기 위해서는 각 분야에 걸쳐 다양한 독서를 해야 합니다."

고개가 끄덕여졌다.

"고대 바벨론 지역은 인류 역사상 가장 오래된 문명의 모체였습니다. 수메르, 앗수르, 바벨론 등 이 지역을 메소포타미아 문명지

대라고 합니다. 구약성경에 나오는 창조 이야기도 이 지역 고대문명의 점토판에 비슷한 내용으로 존재합니다. 성경의 창조 이야기도 이 지역 문명의 창조설화에 영향을 받았다고 할 수 있습니다. 노아의 홍수 이야기도 고대 중동문학에 영향을 받았다고 할 수 있습니다. 창세기 1-11장을 원역사라고 하는데, 단독으로 독자적으로 만들어졌다기보다는 비옥한 초승달 지대의 신화와 문학의 영향을 받은 것입니다."

'뭐라고? 창조 이야기가 고대 중동문학의 세례를 받았다고? 노아의 홍수 이야기도?'

나에게 성경은 신언(神言, Gotteswort)이었다. 신언이 다른 문명의 문학과 신화에 영향을 받은 일종의 문학이라는 말에 나는 정신적으로 강한 충격을 받고 혼돈스러웠다. 강의가 끝난 뒤 멍한 정신을 추스르려 산책을 갔다. 봄꽃이 반겼다. 자연의 품은 언제나 포근했다.

'저 꽃들은 창조주 하나님이 생명을 불어넣어 주셔서 생명의 꽃을 피운 것인데. 성경이 고대 중동문학의 세례를 받았다면, 그것이 어떻게 진리일 수 있을까? 진리가 아닌데 어떻게 믿을 수 있나?'

회의의 물방울이 마음속에서 끊임없이 솟아오르고 이어지더니 점점 시냇물처럼 내 마음에 강이 되어 흐르기 시작했다.

'원래 신학이란 이런 것인가?'

신약개론 수업을 들었다.

"예수님의 기적을 바라보는 관점은 신학적으로 여러 가지가 있습니다. 하나님의 기적으로 보는 고전적 관점, 하나의 신화로 보는 역사적 관점입니다."

나는 신약성경에 나오는 예수님의 기적은 100퍼센트 사실로 알고 믿고 있었다. 그런데 이것도 다르게 해석할 수 있다는 것이다. 일종의 신화로. 내가 지금까지 교회에서 배우고 믿은 것과는 반대되는 관점을 들을 때마다 더욱 혼란스러워져 갔다.

철학 강의를 들었다.

"여러분, 임마누엘 칸트는 기존의 서양사상과 종교를 비판적으로 검토하고 연구한 대철학자입니다. 서양사상과 철학 그리고 종교는 칸트 이전과 이후로 나눌 수 있습니다. 그가 쓴 3대 저서가 있는데《순수이성비판》,《실천이성비판》,《판단력비판》입니다. 여기서 공통점이 하나 있다면, '비판Kritik'입니다. 모든 것을 기존의 통념이나 전통적 종교 입장에서 바라보는 것이 아니라, 비판이라는 안경을 통해 새롭게 인식하고 바라보는 것입니다. 여러분도 이제 지금까지 통념으로 인식하던 것들을 비판적으로 검토하고 판단하는 지성의 훈련을 해야 합니다. 레포트 과제를 주겠습니다. 칸트가 쓴《이성의 한계 안에 있는 종교Die Religion innerhalb der Grenzen der blossen Vernunft》를 읽고 레포트를 제출하기 바랍니다."

칸트가 쓴 이 책 속의 개념과 단어가 생소해 이해하기가 어려웠다. 이 책에 따르면 죄란 신의 계명인 도덕법칙을 위반한 것이고, 예수 그리스도는 선한 원리를 인격화한 이념이다. 그리고 교회는 악의 방지와 선의 증진(촉진)을 목적으로 하는, 신적인 도덕법칙 성립을 목적으로 하는 윤리적 공동체다. 비판의 칼을 들이대는 칸트의 저서는 내 영혼을 사막처럼 건조하게 만들기 시작했다. 내 안에 잠재해 있던 이성과 회의가 싹텄다. 그럴수록 나는 고뇌와 회의에 사로잡혀 갔다.

이처럼 책 한권의 위력은 강하다. 아니, 나에게 있어서는 그랬다. 만일 학문적으로 논박하고 겨룰 수 있는 기량이 있었더라면 그렇게 난타당하진 않았을 텐데, 학문적 기초가 되어 있지 않은 상태에서 나는 전장에 무장 없이 나선 꼴이었다.

고뇌와 방황의 불길에 휩싸여

다시 철학 강의 시간이었다.

"《이성의 한계 안에 있는 종교》 다들 읽었죠? 철학을 전공하지 않으면 읽기에 쉽지 않은 책입니다. 읽느라 수고했습니다. 과제물 레포트 제출하고 다음 과제물은 포이에르바흐Ludwig Feuerbach가 쓴 《기독교의 본질Das Wesen des Christentum》을 읽고 레포트 제출하세요. 포이에르바흐는 공산주의사상을 만든 칼 마르크스에게도 막대한 영향을 끼쳤습니다."

이 책 또한 쉽게 써도 될 단어들을 어렵고 추상적인 개념으로 서술하고 있다. 이 책의 핵심은 간단하다. 인간의 사유 대상은 어디까지나 인간이다. 종교는 절대자에 대한 인간의 의식이다. 신은 인간 의식의 외적 투사投射일 뿐이다. 쉽게 말해 신은 환상이라는 것이다. 차라리 신은 없다고 말하지 투사는 뭐고 의식의 결과물은 무엇인가. 나의 세계관은 흔들리고 무너지고 있었다. 세계관이 무너지니 인생관, 가치관도 덩달아 흔들렸다.

신학과 동기생들에게 물어보았다.

"책 읽고 아무런 괴로움 없어? 난 너무 힘든데. 하나님에 대한 신앙을 배우러 왔는데 하나님에 대해 회의하게 되니…."

동기생들은 대부분 그저 무덤덤한 반응이었다.

'나 혼자만 예민하고 민감하게 느끼는 건가? 내가 문제인가?'

창세기 3장을 보면, 인류의 시조인 아담과 하와가 뱀의 유혹을 떨쳐내지 못하고 금단의 열매인 선악을 알게 하는 열매를 먹고 눈이 밝아졌다고 했는데, 마치 내 모습이 금단의 열매를 먹은 뒤 괴로워하는 아담과 같았다. 신학은 본래 고뇌하는 것인가? 방황하는 것인가? 독일 계통의 자유주의적 신학과 사상은 나를 일대 혼란 속으로 던져 넣었다. 미풍에 흔들리는 나뭇잎이 아니라 맹렬한 폭풍과 태풍에 마구 흔들리는 나뭇가지와 같았다. 내 존재의 뿌리, 내 삶의 뿌리, 내 신앙의 뿌리가 근본부터 흔들리고 뿌리가 뽑힐 지경이었다. 물론 보수적인 신학서적도 읽었다. 하지만 이미 뿌리가 흔들린 나에게 보수신학 서적은 맹목적 신앙의 고백에 지나지 않았다.

흔들리지 않으려 안간힘을 썼지만 그럴수록 더 요동쳤다. 마치

늪에 빠져 몸부림칠수록 더 깊이 빠져드는 것 같았다. 붕괴였다. 고층 건물을 철거할 때 밑기둥에 폭약이나 다이너마이트를 설치해 폭파시키면 한순간에 뿌연 먼지를 날리며 붕괴하듯, 나의 세계관, 신앙관은 그런 양상으로 붕괴, 해체되었다. 망치로 두드려 조금씩 건물을 부수는 방식이 아니었다. 내 영혼은 서구의 자유주의신학이라는 폭탄을 맞았다. 내 영혼의 내파內破는 폐허로 이어졌다. 내면의 폐허, 정신의 폐허, 마음의 폐허로.

마음과 정신은 육체와 깊은 상관관계가 있다. 마음이 무너져 내리니 몸도 동일한 반응이 나타났다. 머리가 어지럽고 몸은 말라가고 초췌해졌다. 퀭한 눈빛, 공허한 눈빛을 띠게 되었다. 걸을 때마다 온 몸의 뼈가 흔들리는 듯한 육체의 고통이 이어졌다.

'신학교에 잘못 온 것 아닌가? 내가 섣부르게 신학을 하려 한 것은 아닌가? 저 많은 신학교 동기생들은 아무 일 없이 일상을 살아가는데 왜 나 혼자만 이 고뇌의 소용돌이에 휩싸인 것인가?'

성서해석학 시간이었다.

"예수는 자신을 믿으라 하지 않고 하나님의 나라에 대해 가르쳤다. 예수를 그리스도로 만든 것은 사도 바울의 종교다."

"역사적 예수와 선포된 예수(케리그마 예수)는 서로 다르다."

"복음서에 기록된 내용은 역사적 사실들이 아니라 신앙고백들이다."

쓰나미처럼 밀려오는 이런 신학의 파도에 나의 전 존재가 휩쓸려가 버렸다. 계절의 여왕이라는 5월, 대학에서는 봄 축제가 열렸다. 유명 학자들의 강연과 특강이 이어졌다. 나는 감리교신학대학 모 교수의 강연 포스터를 보고 강연장을 찾았다.

"여러분, 우리가 산에 오를 때 한 가지 길만 있습니까? 여러 개의 길이 있지요. 그러나 정상에 오르면 다 함께 만납니다. 그렇지 않습니까? 예수 그리스도를 통해 구원받는다는 것도 산 정상을 오르는 하나의 길인 것입니다. 다른 종교에도 구원의 길이 있습니다. 왜 기독교에만 구원이 있다는 배타적 주장을 해야 합니까? 하나님은 온 천하 만물을 사랑하시는 분인데 과연 그렇게 옹졸하게 예수 믿는 사람만 구원하시겠습니까? 망상, 미망에서 깨어나야 합니다. 궁극적 실재는 하나입니다. 역사, 문화, 지리에 따라 이 실재에 대한 종교적 체험은 다양합니다. 하지만 결국은 동일한 실재에 대한 체험인 것입니다."

기독교는 세계 여러 종교 가운데 하나일 뿐이라는 것이다.

나는 더 이상 신학을 할 수 없다는 생각이 들었다. 그래서 신학교를 그만 다니기로 했다. 완전히 그만두려 했으나, 앞으로 어떤 삶을 살아야 할지 몰라 일단 휴학을 했다. 동기생들에게 알리지도 않았다.

의정부 고향으로 내려왔다. 신학교에 입학했을 땐 꿈과 희망으로 부풀어 있었으나, 고향으로 왔을 땐 실의와 좌절만이 가득했다. 신학교 들어가기 전의 내가 아니었다. 가족들은 안타까운 눈으로 바라보았다. 가족들에게 미안했다.

같은 교회를 다녔던 교회 친구들, 선후배들은 '최황규가 신학교 갔다가 이상해져서 왔다'고 수군수군 댔다. 그렇게 믿음 좋던 최황규가 무신론자처럼 되었다며 혀를 찼다. 아무런 할 말이 없었다. 내 내면을 이야기하기가 쉽지 않았다. 고뇌와 괴로움을 토로할 만한 사람도 없었다. 토로할 경우 '믿음이 없어서 그렇다'는 말만 들을 게 뻔했기 때문이다.

다음해 3월 신학기가 되어도 학교에 나타나지 않자 친구 상균이 전화를 해왔다. 정서도 통하고 성실하고 가정 형편도 나와 비슷해 동질감을 많이 느낀 친구다.

"황규야, 친구들이 많이 걱정해. 학교에 와서 친구들과 이야기 나누자."

"그래, 한번 갈게."

교정으로 들어섰다. 김상균, 안용성, 이승갑, 김성훈, 남정우 등 신학과 동기 일곱 명이 기다리고 있었다. 이야기를 시작했다. 휴학을 왜 하게 되었는지, 왜 고뇌와 방황이 시작되었는지 간단히 설명했다.

"그래도 함께 가야지. 그런 문제는 천천히 해결해 나가면 돼."

"너 지금 교만한 귀신 때문에 그런 거야. 그러니까 산에 가서 소나무 뿌리 몇 개 뽑을 생각으로 기도해."

"방황도 학교 다니면서 해야지, 혼자 하면 더 힘들잖아. 학교엔 우리 친구들도 있고."

"다시 돌아와. 신학기 시작한 지 며칠 되지 않으니까."

나는 이런 친구들의 말이 공허하게 들렸다.

"그래, 나는 이렇게 되었지만 너희들은 열심히 공부해서 꼭 훌륭한 목사가 되었으면 해…."

이후 나는 공장에 다녔다. 당시 유행하던 노조운동, 노동자 의식화를 위한 위장취업이 아니었다. 순전히 생활을, 생계를 위한 취업이었다. 아침에 일어나 공장에 가서 일하면서도 창문 밖 하늘을 무심코 바라보는 게 습관이 되었다. 석양이 붉게 서쪽 하늘을 물들이며 질 때는 알 수 없는 눈물이 흘렀다.

퇴근 후에는 집에서 종교철학, 비교종교학, 종교의 본질, 동서양 종교사, 불교 경전, 유교·도교·동양 철학서, 인도 사상, 우리 민족 사상사, 우리 민족종교, 동학, 원불교, 종교시, 구도자들의 책을 정독하며 고뇌의 뿌리를 캐기 위해 몸부림쳤다. 책이 손에 잡히지 않을 땐 퇴근 후 밤이 깊도록 걸으며 사색에 잠겼다. 비바람이 불 땐 비를 맞으며 강변길을 걸었다. 천둥번개가 쳐도 들길을 걸었다.

수원의 한 무명시인 임세한은 울며 외쳤다.

누가 알까
날마다 황량한 벌판에서
바람으로 떠돌며 곤두박질치는
가난한 나를

저 하늘 무너지게 눈 내리는 숲에다
뚝딱 뚝딱 못을 치며
어둠으로
울고 있는 나를

그러나 끝내는 초롱불 하나 켜들고
다시 먼 길을 떠나는 나를
누가 알까

이 시가 나왔다.

신학교 입학 전의 나를 돌아보았다. 교회, 학교, 공부, 기도, 성경읽기…. 이것은 교회의 신앙을 그대로 따르는 순종이었지만 나 스스로 깊이 자각하고 사무치도록 깨달은 바는 아니었다. 주입된 것, 학습된 것이었다.

나는 철학사, 종교사, 종교인물전 등을 읽으며 위안을 얻었다. 책을 보니 플라톤, 어거스틴을 비롯한 많은 사람들이 진리를 찾기 위해 방황한 모습이 그려져 있었기 때문이다. 종교개혁가 마틴 루터는 어떤가? 신부가 된 후에도 평안을 느끼지 못하고 미사를 드리면서도 기쁘지 않았던 그는 불안의 엄습 가운데 괴로워했다. 《내가 여기 있나이다Here I Stand》라는 루터 전기를 쓴 롤란드 베인톤Roland Bainton은 루터의 영적 고투를 "루터가 개인적으로 느끼는 모든 회의와 소용돌이, 고통, 전율, 공포, 절망, 황량함, 그리고 인간 영혼에 침투해 들어오는 삶의 무의미함 등"이라 정의했다.

루터는 영혼의 괴로움을 달래고자 당시 가톨릭의 경건(영성)의 자원을 샅샅이 뒤졌다. 신비주의의 사다리를 타고 올라 잠시 평안을 얻었으나 근원적 평안은 아니었다. 루터의 씨름은 베인톤의 표현에 의하면 "다메섹으로 가는 길"이었다.

그의 고뇌가 해결된 곳은 미사를 집전하던 성당이 아니었다. 강의실도 아니었다. 어거스틴수도회의 조그만 탑 안에 있는 조용한 서재였다. 그는 이 골방 같은 좁은 공간에서 묵상과 사색과 기도와 연구 속에서 복음을 '재발견'했다. 이른바 '탑 체험Turm-erlebnis'이다. 그때 루터는 펜을 집어던지고 무릎을 꿇었다. 성령이 그에게 오셨음을 알았다. 지복의 감격과 눈물이 쏟아져 내렸다.

마틴 루터는 '확신'의 사람이 되었다. 복음, 십자가 신학에 그의 전 실존이 사로잡혔다. 그는 십자가 복음을 온몸으로 부르짖었다. 영적으로 가위눌린 유럽의 무수한 영혼들을 향해 십자가 신학을 뜨거운 영혼으로 외쳤다. 굳어진 역사와 전통의 바위를 깨고, 은혜와 은총의 강물을 세상에 흘러넘치게 했다. 신학은 죄에 떨어진 인간을 구하려는 데 있으며, 그 이상도 이하도 아니라고 갈파했다.

예수님은 광야에서 마귀 사탄이 보여 주는 화려한 현상계에 휘둘리지도, 요동치지도 않고 오히려 하나님으로부터 오는 생명의 말씀으로 거짓 환상을 타파했다.

나는 시간이 흐를수록 반전을 이루고 싶었다. '근원의 말씀, 근원의 해답, 근원의 진리를 직시해야지 왜 자유주의신학에 휘둘려야 하나' 하는 생각들이 내 안에서 자라나기 시작했다. 20세기 제2의 종교개혁을 했다고 평가되는 위대한 신학자 칼 바르트Karl Barth의 글도 내게 힘과 위안을 주었다. 바르트는 한때 자유주의신학의 바다에 흠뻑 빠져 있었다. 그러나 자유주의신학이 보여 주는 인간중심주의를 보고 환멸을 느끼게 되어, 《로마서 주석Die Roemer Brief》을 써서 자유주의신학자들에게 대항하고 교회와 성도들의 신앙을 회복시켰다. 바르트의 대반전을 보고 나는 손을 꽉 틀어쥐었다. 가슴이 통쾌했을 뿐 아니라 다시 전의가 일었다.

바르트는 《로마서 주석》 서문에 이렇게 썼다.

> 일찍이 한 옛적에 참진리 있었나니,
> 한 무리의 고결한 영혼들 밝은 영혼으로 그 진리를 가슴에 감싸 품었나니,
> 세월을 타고 온 저 참진리 굳세게 붙들라!

Das Wahre war schon laengst gefunden,
Hat edle Geistershaft verbunden,
Das alte Wahre—fass es an!

다시 길을 가자

나는 1년 여간의 시간을 지나 다시 신학교에 가기로 했다. 당시 나에게 있어 신학의 시간은 전 존재, 전 실존을 건 물음이요 투신이었다.

> 하나님이여 사슴이 시냇물을 찾기에 갈급함같이 내 영혼이 주를 찾기에 갈급하니이다 내 영혼이 하나님 곧 살아 계시는 하나님을 갈망하나니 내가 어느 때에 나아가서 하나님의 얼굴을 뵈올까(시편 42:1-2)

아브라함은 하나님의 음성을 직접 들었다. 모세는 미디안 광야 불타는 떨기나무 앞에서 하나님의 음성을 듣고 위대한 사명을 받았다. 사울은 다메섹으로 가는 도중에 찬란히 빛나는 부활한 그리스도의 현현 앞에 고꾸라졌다.

'하나님, 저도 아브라함처럼, 모세처럼, 바울처럼, 하나님을 만나게 해주십시오. 직접 음성을 듣게 해주십시오!'

아차산 바위에 앉아 밤늦도록 기도했다. 목마른 사자 같으면 용맹하게 구도에 생명을 걸고 정진하겠지만, 나는 사슴같이 연약한 근기根器다. 생명의 강, 하나님의 현존이 흐르는 강가에 이르고 싶다. 갈잎이 노래하는 강변에 앉아 하나님의 현존을 느끼고 싶다. 한강 둑길을 하염없이 걸었다. 그러나 하나님은 침묵이었다.

왜 나에게 침묵하시는가? 나를 버리신 것인가? 나를 사랑하지 않는 것인가? 실상에 눈 뜨인 영혼들이 많은데 나는 무엇을 깨우치지도 못했고, 존재론적으로 체험한 무엇도 없다.

말씀의 실상

영혼의 눈에 끼었던
무명無明의 백태가 벗겨지며
나를 에워싼 만유일체萬有一切가
말씀임을 깨닫습니다.

노상 무심히 보아오던
손가락이 열 개인 것도
이적異蹟에나 접하듯
새삼 놀라웁고

창 밖 울타리 한구석
새로 피는 개나리꽃도
부활의 시범을 보듯
사뭇 황홀합니다.

창창한 우주, 허막虛漠의 바다에
모래알보다도 작은 내가
말씀의 신령한 그 은혜로
이렇게 오물거리고 있음을

상상도 아니요, 상징象徵도 아닌
실상實相으로 깨닫습니다.

구상 시인의 이 시를 보며 '내 영혼의 무명의 백태는 언제 벗겨질까?' 생각했다.

신학을 공부하고 연구하다 무신론자가 된 사람들은 한두 명이 아니다. 마르크스도 처음에는 신학을 공부했으나 후에 공산주의를 주창한 무신론자가 되었다. 니체는 목사의 아들이지만 "신은 죽었다Gott ist tot"고 했다. 신학은 양날의 칼이다. 잘못 휘두르면 나도 다치고 상대방도 해한다. 나는 신대원을 수석으로 입학했다. 언젠가 진리의 검을 들고 싶었다.

> 성령의 검 곧 하나님의 말씀을 가지라(에베소서 6:17)

> 하나님의 말씀은 살아 있고 활력이 있어 좌우에 날선 어떤 검보다도 예리하여 혼과 영과 및 관절과 골수를 찔러 쪼개기까지 하며 또 마음의 생각과 뜻을 판단하나니(히브리서 4:12)

검의 길 劍道

몸이 허약해지고 힘들었다. 나를 절망과 허무와 회의로 끌고가는 것과 맞서고 싶었다. 겨루고 싶었다. 그래서 검도에 입문하게 되었다.

"어떻게 오셨습니까?"

"검도를 배우러 왔습니다."

"그래요? 그럼 입관원서를 쓰셔야 합니다."

"알겠습니다."

직업란에 대학생이라 썼다. 관장이 그걸 보고 무슨 대학을 다니냐고 물었다. 좀 망설이다가 "신학대학 다닙니다"라고 답했다.

"허, 그러면 나중에 졸업하고 목사님이 될 텐데, 어쩌다 검도를 하려고 합니까?"

"신체 단련도 할겸 왔습니다."

내 속마음은 비치지 않았다. 고뇌의 불길을 검으로 녹이고 싶었던, 이 질긴 고뇌와 번뇌를 베어버리고 싶었던.

“정좌—, 묵상!”

매일 검도장에서 수련했다. 검도는 정신적 세계, 진리의 세계를 탐구하고 찾아가는 내 성격에 잘 맞았다. 처음과 끝을 정좌하고 묵상하며 끝내는 것이 좋았다. 나는 곧 검의 세계에 빠져들었다. ‘검수심법신劍手心法神’을 도장 갈 때마다 묵상했다. ‘검은 손을 따르고, 손은 마음을 따르고, 마음은 말씀을 따르고, 말씀은 하나님으로부터 온다.’

검도의 중요한 마음 자세 가운데 ‘경驚, 구懼, 의疑, 혹惑’이 있다. 인간 실존이 겪는 심리 현상들을 말하는데 이 현상을 벗어나 살 수 있는 사람은 거의 없다. 경은 ‘놀람’, 구는 ‘두려움’, 의는 ‘의심’, 혹은 ‘미혹’ 또는 ‘헷갈리는 마음’이다. 이런 현상에 흔들림 없이 본질을 응시하라는 경구다.

검도는 몸을 추스르고 정신의 번뇌를 가라앉히는 데 도움이 되었다.

나는 휴학과 복학을 반복하던 긴 신학의 여정을 마쳤다. 그러나 내 영혼에서 시원하게 느끼는 해갈이 없었다. 이 문제를 풀려고 씨름하다 9년이라는 세월을 다 보냈다. 유학을 생각했다. 그러나 틀과 방법론이 변하지 않는 신학을 다시 반복한다면, 결국 박사학위 하나 따오는 정도에 불과하리라 생각했다.

나는 목회 현장에 뛰어들 만한 영혼의 상태가 안 되었다. 시골로 내려왔다. 마당에 핀 꽃이 눈에 들어왔다.

> 공중의 새를 보라 심지도 않고 거두지도 않고 창고에 모아들이지도 아니하되 너희 하늘 아버지께서 기르시나니 너희는 이것들보다 귀하지 아니하냐 너희 중에 누가 염려함으로 그 키를 한 자라도 더할 수 있겠느냐 또 너희가 어찌 의복을 위하여 염려하느냐 들의 백합화가 어떻게 자라는가 생각하여 보라 수고도 아니하고 길쌈도 아니하느니라 (마태복음 6:26-28)

예수님은 하늘의 새와 들의 꽃을 보며 그 안에서 영원의 진리를 보셨다.

사도 바울은 아테네 사람들에게 이같이 말했다.

> 우주와 그 가운데 있는 만물을 지으신 하나님께서는 천지의 주재시니 손으로 지은 전에 계시지 아니하시고 또 무엇이 부족한 것처럼 사람의 손으로 섬김을 받으시는 것이 아니니 이는 만민에게 생명과 호흡과 만물을 친히 주시는 이심이라 인류의 모든 족속을 한 혈통으로 만드사 온 땅에 살게 하시고 그들의 연대를 정하시며 거주의 경계를 한정하셨으니 이는 사람으로 혹 하나님을 더듬어 찾아 발견하게 하려 하심이로되 그는 우리 각 사람에게서 멀리 계시지 아니하도다 우리가 그를 힘입어 살며 기동하며 존재하느니라…(사도행전 17:24-28)

단순하고 간단하다. 이런 글이 더 나를 흡인한다. 깨달음을 주고 영혼에 진리의 생수를 부어 준다. 유학의 길을 접은 뒤, 내 영혼은 서서히 평화를 찾아갔다. 생명과 땅, 산과 바다, 존재와 우주를 있는 그대로 바라보며 감동한 영혼들의 시와 글들을 읽어 나갔다. 시란 영혼의 울림이며 영혼의 가락이다. 인도의 시성詩聖 타고르의 시집 《기탄잘리》(신께 바치는 노래)에 이런 시가 있다.

> 기탄잘리 (제12편)
>
> …
>
> 나의 여행의 시간은 오래고 그 도정은 길기도 합니다.
>
> …
>
> 적막 천지를 뚫고 내 여행을 계속했습니다.
>
> …
>
> 님에게 가장 가까이 가는 것이 가장 먼
> 도정이거니와

…

나그네는 자신의 집에 당도하기까지
모든 낯선 문을 두드려야 할 것이며,
막다른 곳에 있는 가장 깊은 안의
사원에 이르자면 모든 바깥 세계를 방황하지 않으면 안 됩니다.
내 눈은 멀리 두루 헤맨 끝에
비로소 눈감고 말했지요.
'님은 여기 계시구나!'
'오, 어디에?'란 질문과 외침은
천千의 흐름의 눈물로 녹아들어
'나는 있다!'는 확신의 홍수로
세계를 휩씁니다.

이 시처럼 나는 많은 낯선 곳을 헤맨 후 집에 돌아온 나그네였다. 유대인 사상가 아브라함 요수아 헤셸이 말한 대로 "인간의 심성을 초월해 있는 신비나 장엄 앞에서 귀를 열어 그 소리를 들을 수 있게 해주는" 책들을 읽었다.

우여곡절 끝에 목사 안수를 받았다. 하지만 많은 고민 끝에 목사의 길을 가지 않기로 했다. 나는 신학을 하면서 정신적 씨름으로 고투를 벌이다 35세에 결혼했다. 아내는 내가 목회자의 길을 가기를 바랬지만 생계를 위해 번역 일을 하며 지냈다. 목회를 하면 마땅히 해야 할 일들을 감당해 낼 자신이 없었다.

이후 나는 유양리의 시골 마을로 이사했다. 모든 걸 내려놓은 시골의 삶은 내적인 평안, 만족, 행복감으로 충만했다. 그러던 때 1999년 11월, 탈북자 일곱 명의 비극적 소식을 전하는 뉴스를 접하고 탈북자들의 실상을 듣기 위해 이화여자대학교에 갔다가 쉬버를 만난 것이다.

3부

조선족과의 동행

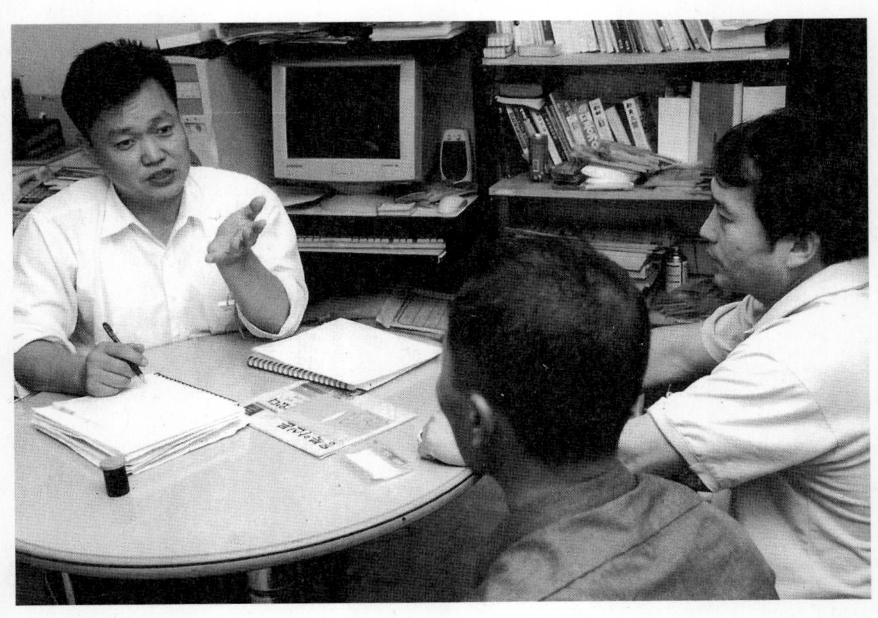

〈동북아신문〉 편집장 시절. 2001년.

하늘에 묻다

"KBS 일요스페셜 작가입니다. 최 선생님, 원래는 일요스페셜 시간에 다루려 했는데 '수요기획'으로 방송될 예정입니다. 꼭 시청 바랍니다."

"예, 수고 많으셨습니다. 감사합니다."

전화를 끊고 방에서 글쓰기에 여념이 없는 쉬버에게 이 소식을 알렸다. 쉬버와 함께 한 시간가량 방송되는 내용을 보았다. 한국으로 피신한 난민들의 실상을 잘 다루었다. 연이어 MBC, SBS에서도 난민에 대한 다큐를 촬영해 보도했다. 이런 과정에서 처음으로 난민 1호가 탄생했다. 에디오피아 출신으로 반정부 활동을 했던 사람으로 알려졌다.

2000년 4월 말 쉬버가 작별 인사를 고했다.

"서울에서 살 방을 구했습니다. 그동안 함께 있으면서 많은 힘을 얻었습니다. 최 선생과 가족분들께 감사드립니다."

"그래요. 그동안 함께 지내다 보니 정도 많이 들었습니다."

가족들, 지인들을 불렀다. 함께 식사하며 이야기를 나누었다.

"쉬버 선생, 아무쪼록 건승을 빕니다. 서울에 가더라도 늘 연락하며 지내죠. 한 가족이라 생각합니다."

다음 날 친구가 봉고차를 끌고 왔다. 쉬버의 짐을 실었다. 그가 악수를 청했다.

"쉬버 선생, 잘 가십시오."

차가 마을길을 빙 돌아 내려갔다. 오후의 봄 햇살이 따스하게 비추었다.

'하늘이여, 쉬버를 도우소서!'

나는 저수지가 있는 산에 올랐다. 산은 연둣빛의 연한 바다였다. 푸르름, 푸르름, 새소리, 바람소리, 나뭇잎이 바람에 흔들리며 내는 소리. 자연의 소리는 조화로운 평화다.

'쉬버와 난민들을 위해 지금까지 뚫고 나왔다. 조선족은 지금 고국에서 불법체류자로 있기에 법무부와 경찰에 잡히면 무조건 추방당한다. 조선족 동포들의 살려달라는 아우성이 대한민국의 하늘에 메아리처럼 울려 퍼진다. 사냥꾼에 잡힌 사냥감처럼 고국에서 추방당하는 동포들의 한 맺힌 눈물이 빗물처럼 민족의 강, 어머니의 강, 한강에 흩뿌려지고 있다.

외면하자니 외면할 수 없고 함께하자니 떠난 길을 다시 가야 한다. 나는 평생 초야에 묻혀 살려고 이곳에 왔다. 어떻게 해야 하나…. 새들은 자유롭게 날아가고 싶은 곳으로, 오고 싶은 곳으로 자유의 비상을 하지만, 우리 동포 우리 민족은 분단으로 인해 손과 발, 마음과 육신이 묶여 있다. 한 많은 우리 민족의 비극이요 슬픔이다.

불암산의 진달래는 민족혼이다. 한반도 어디를 가나 봄이면 어김없이 우리 민족의 산하를 수놓는다. 선홍빛 진달래. 발걸음을 옮겨가는 곳마다 산은 진달래를 보라 한다. 만주로 갔던 독립투사들은 빼앗긴 조국을 되찾으려 선홍빛 피를 뿌렸다. 그 피가 진달래로 피어난 것이다. 항일운동의 요람이 되었던 만주, 그 땅에 피어난 진달래 민족, 조선족.'

사색을 마치고 집에 와서 조선족에 관해 정리된 간략한 자료를 읽었다. 한반도와 동북 3성, 중국이 한눈에 들어오는 지도를 보았다. 분단된 나라, 동북 3성의 조선족, 한국에 체류하는 동포들, 두만강, 압록강, 산해관…. 다시 목사의 길을 가야 하나….

검도장으로 향했다. 죽도를 들고 앉았다. 발검문천拔劍問天, '검을 뽑아 하늘에 묻는다'.

중단세를 취해 '앞으로, 앞으로' 한보 한보 나아간다. 두 발을 마룻바닥에 바위처럼 견고히 세우고 온 몸에 힘을 빼고, 하단전을 중심으로 죽도를 잡은 채 나아가고 물러서고 전후좌우로 움직인다. 중단세는 수비와 공격을 함께 할 수 있는 자세다. 중단세가 견고해야 공격과 방어를 자유롭게 할 수 있다. 상대의 움직임을 먼 산 바라보듯 담담히 바라보며, 물처럼 바람처럼 상대의 움직임에 따라 상응하게 움직여야 한다. 고정된 것은 없다. 살아 있는 모든 것은 움직이고 흐른다. 만물은 흐르고 변화한다. 정 속에 동이 있고 동 속에도 정이 있어야 한다.

타격대 앞으로 향한다. 타격점을 향해 기검체氣劍體 일체로 "머리!" 하며 타격한다. 기합을 길게 내고 뒤로 돌아 잔심을 잡는다. "머리, 허리, 찌름!" 뒤로 돌아 잔심을 잡는다. 묵상에 잠긴다.

'하나님, 저는 목사의 길을 포기했습니다. 조선족 동포와 함께할 사람이 필요하다는데… 그들의 탄식과 눈물을 외면하기가 어렵습니다. 그런데 그곳에 가면 전 다시 목사의 길로 가게 되는데, 그래야만 하는 것입니까? 하지만 내 동포 조선족이 필요로 한다면, 가야 할 것 같습니다. 그들의 친구가 되겠습니다.'

죽도를 꽂고 정좌해 묵상을 시작했다.

'검의 근본 정신은 사람을 살리는 활인검이다. 검의 근본 정신은 사람을 구하는 구인검이다. 결론을 내자. 조선족의 고난의 대열에 합류하자. 그들과 함께 간다.'

의종 형에게 전화를 걸었다.

"형, 나야."

"황규야, 나도 KBS 수요기획 봤어. 난민의 실상을 잘 다루었던데."

"그래, 형?"

"난민들을 그렇게 대한다는 것은 우리나라의 수치야. 어쨌든 이제 정부도 대외 이미지를 고려할 수밖에 없을 거야. 그나저나 쉬버 선생도 빨리 난민 인정이 되면 좋겠네."

"그러게 말야. 형, 나… 조선족 동포와 함께하기로 마음먹었어."

"뭐, 정말이야? 그럼 서울조선족교회로 오기로 한 거야?"

"형이 말한 이야기가 늘 마음에 부담으로 남았는데, 동참하기로 결심했어."

"그래, 황규야. 그럼 내가 서경석 목사님께 말해 놓을게. 만나서 이야기하자."

"알았어, 형."

구로동에 있는 서울조선족교회를 찾았다. 서경석 목사, 김의종 목사 그리고 나, 세 명이 자리했다.

"최 목사, 김의종 목사로부터 이야기 들었네. 커피 한 잔 하며 이야기하세."

서울조선족교회는 1999년 6월 6일 구로동에 있는 갈릴리교회에서 오후 시간에 예배를 드림으로 시작되었다.

"최 목사, 나는 지금까지 시민운동을 해오고 있어. 자네가 목사 안수 받고 지금 목회하지 않는다고 들었는데 앞으로 어떤 길을 가려고 하나?"

"목사님, 사실 전 목회의 길을 접었었습니다. 그런데 김의종 목사님이 여러 차례 조선족을 위해 도와달라고 해서 고민이 되었고, 그러다 합류하기로 했습니다. 앞으로의 진로에 대해 결정한 것은 없습니다."

"난 최 목사가 목회를 하든가 시민운동을 하든가 했으면 좋겠네."

"목사님, 저는 무슨 운동 체질이 아닙니다."

"최 목사는 공부도 오래하고 잘했다고 들었네. 그러면 이 세상에서 뭔가 일을 해야지. 내 생각은 그렇네."

"전 지금 한국으로 피신한 난민들을 보호하는 일을 하고 있습니다. 여기서 일을 하면서도 필요하면 난민 관련 활동도 해야 할 것 같습니다."

"난민들이 한국에서 어려움이 많나?"

"예, 사각지대에 있다고 보시면 됩니다. 저는 중국 반체제인사를 보호하면서 그 일을 시작하게 되었습니다."

"자네 십자가가 크네. 중국 반체제인사를 돕다니. 난민들 보호하는 것도 중요하지. 알겠네, 필요할 경우 병행해서 일하게."

나는 2000년 5월부터 서울조선족교회에서 사역하기 시작했다. 갈릴리교회를 빌려 쓰기 때문에 2층에 있는 조그만 사무실에서 김의종 목사, 윤완선 목사, 송명희 전도사, 한옥희 전도사와 함께 일했다. 모두 동포들을 위해 자원봉사하러 온 목회자들이었다.

우리나라와 왕래가 단절되었던 조선족은 1992년 한중수교 전후로 한국에 오기 시작했다. 한국 사회는 이들을 뜨거운 가슴으로 맞았고 서로 눈물 흘리며 등을 두드리며 감격의 재회를 했다. 이념과 전쟁과 분단으로 인해 망각되었던 조선족 동포들이 한국 사회에 대대적으로 알려졌다. 그때 동포들은 한약재를 머리에 이고 등에 메고 들어와 서울의 길거리에서 팔곤 했다. 그러면서 많은 동포들이 서서히 한국으로 들어와 일했다.

당시는 한국에서 한 달 일을 하면 중국에서 1년이나 2년치 벌이가 되었던 때다. 그때부터 동북 3성의 200만 동포들에게 'Korean Dream' 바람이 불었다. 묵묵히 농사일을 하던 동포들에게 이 바람은 새 하늘과 새 땅을 보여 주는 듯했다. 그러나 고국 대한민국으로 들어오는 길은 너무도 좁았다. 비자가 나오지 않았다. 왜? 한국으로 오면 불법체류를 하니 정부가 막은 것이다.

불법체류자로 지내니 동포들은 지나가는 경찰만 봐도 숨이 막히고 몸이 굳었다. 법무부와 경찰에 붙들려 강제 추방을 당하면서 흘린 동포들의 눈물을 차마 글로 다 표현할 수 없다. 같은 민족으로 양심의 고통을 느끼며 조선족 동포 문제를 해결하기 위해 서경석 목사가 전면에 나섰다. 서울조선족교회는 민족혼을 울리는 북소리가 되었다. 혈비수농血比水濃, '피는 물보다 진하다'.

핸드폰이 울렸다. 쉬버였다.

"최 선생, 지금 어디 있습니까?"

"서울조선족교회에 있습니다."

"교회요? 교회에서 무슨 일 합니까?"

"아, 목사로 일합니다."

"원래 목사였습니까?"

"미처 내가 말을 못했네요."

"오늘 시간 됩니까?"

"오세요, 언제든지. 조선족은 중국어를 잘하니 통역을 따로 부탁할 필요도 없겠네요."

서울조선족교회로 쉬버가 찾아왔다. 동포 이철권이 통역을 했다. 이철권은 중국에서 인민해방군으로 복무한 적 있는 청년이다.

"최 선생, 어떻게 서울조선족교회에서 일하게 됐습니까?"

"우여곡절이 많네요."

"그럼 앞으로 목사님으로 불러야겠네요."

"편한 대로 하세요."

'목사'는 중국 발음으로 '무스'다.

"최 무스. 미국에 본부를 둔 중국민주운동해외연석회의 아시아 대표와 유럽 대표가 곧 한국으로 방문해 나를 만나러 옵니다. 최 무스도 함께 만났으면 합니다."

"그렇게 하죠. 그런데 중국민주운동해외연석회의는 어떤 조직인가요?"

"이 조직은 웨이징셩魏京生 선생이 주석으로 있는데, 웨이 선생은 중국에서 최초로 민주주의를 요구하는 대자보를 붙였다가 오랜 세월을 감옥에서 지낸 분입니다. 후에 미국의 압력과 요구에 의해 미국으로 망명해 중국 민주화운동을 이끌고 있는 인사입니다."

"그렇군요. 이들 모두 쉬버 선생과 동지들이네요."

"그런 셈이죠."

2000년 7월 유럽 대표 왕싱궈와 아시아 대표 샹린, 쉬버 그리고 나와 통역자 이철권이 구로동의 한 식당에서 만나 대화를 나누었다.

"목사님이 한국에서 쉬버를 많이 도와주셨다는 말을 들었습니다. 목사님께 조직을 대표해 감사의 말을 전합니다."

샹린이 인사했다. 그는 일본에서 사업을 하며 중국 민주화운동을 벌이고 있었다. 1989년 천안문 민주화운동 때 대학생으로 북경에 합류했고 진압 과정시 일본으로 밀항해 망명했다고 한다.

"반갑습니다, 샹린 선생, 왕싱귀 선생. 그 어렵고 험난한 길을 가는 여러분에게 하나님의 은총이 있기를 기원합니다."

"감사합니다. 우리가 한국에 온 목적이 있습니다. 쉬버 선생이 한국으로 탈출해 왔다는 소식을 듣고서 한국에 중국민주운동해외연석회의 한국지부를 세우고 쉬버 선생을 지부장으로 임명하는 문제를 의논하러 온 것입니다."

이렇게 해서 한국에 중국민주운동해외연석회의 한국지부가 세워지게 되었다. 당시 나는 참관만 했다.

한국 기행

"여러분, 우리 동포들이 한국 사회에서 너무 찌들어 사는데, 동포들에게 조금이나마 삶의 여유를 줍시다. 대한민국이 이룬 기적을 보여 주고 서로 이해하는 기회를 만들어 봅시다."

주일 예배 후 서 목사가 교역자회의에서 제안했다. 한옥희 전도사가 물었다.

"그런데 목사님, 다 불법체류자들이라서 불안을 느낄 텐데요."

"동포들이 한국에 와서 함께 여행을 한 적이 한 번도 없습니다. 동포들도 사람인데 이번 여름에 휴가겸 해서 고국산천을 둘러봅시다. 동포들인데 누가 신고하고 그러겠어요."

김의종 목사도 우려하지 않아도 된다고 했다.

"좋습니다. 동포들에게 천안에 있는 독립기념관, 현대자동차 공장, 울산조선소 등을 보여 줍시다. 이번 여름에 '할아버지의 나라를 찾아서'라는 테마로 여행을 가면 좋을 것 같아요."

서경석 목사가 결론을 맺었다.

"일단 교회에서 두 달간 광고를 해서 알려 봅시다."

의외였다. 동포들의 반응은 열광적이었다. 350여 명이 신청했다. 교회에서 단체로 여행을 간다는 소식에 동포들이 마치 '해방'을 느끼는 듯했다.

"최 목사, 이번 테마 기행은 자네가 진두지휘하면 좋겠네."

"네, 알겠습니다."

여덟 대의 버스에 동포들이 탔다. 8월 6일 출발. 버스들이 8월의 무더위를 뚫고 달렸다. 나는 1호차를 타고 갔다. 동포들은 마치 소풍가는 아이들 표정이었다. 온갖 멋도 부렸다. 선글라스 끼고 등산모도 쓰고…. 해방감에 젖은 그들은 쉬지 않고 이야기를 나눴다. 얼마나 마음속에 하고 싶은 말이 많았을까. 강원도에서 일한다는 연길 출신의 한 남성이 가슴속 이야기를 꺼냈다.

"목사님, 우리 동포들은 가슴을 열면 큰 호수가 있어요."

"무슨 호수인가요?"

"눈물의 호수예요. 가슴에 가득 찼어요. 누군가 그 가슴을 툭 치면, 눈물이 폭포수처럼 쏟아질 거예요. 고국에 오니 중국에서 온 거지 취급하지, 동포라 부르지 않고 중국인이라 부르지, 고향에 두고 온 아내와 아들 생각나지, 불법체류자다 보니 늘 조마조마하지…."

"이번에 여행하면서 마음속에 있는 것 다 풀어 버리세요."

무슨 말로 위로할까! 동행할 뿐이었다.

천안 독립기념관. 함께한 윤성로 한성대학교 교수가 설명을 했다.

"사랑하는 동포 여러분, 여기 독립기념관은 일제강점기에 나라를 잃어 민족이 수난을 당할 때 항일독립운동을 한 우리 민족의 애국자들을 기념하기 위해 지은 것입니다. 만주로 간 여러분의 할아버지, 할머니들은 독립운동을 위해 크나큰 희생을 치렀습니다. 만주는 우리 민족에게 독립운동의 요람이 되어 주었던 곳이지요. 여러분은 바로 그 후손들입니다. 그렇기 때문에 동포 여러분, 고국인 한국에서 힘들게 살지만 자부심을 가지세요. 우리 민족은 하나입니다.”

“짝짝짝~”

동포들이 뜨겁게 박수를 쳤다. 자신들을 이렇게 인정해 주고 존중해 주는 말을 들으니 기뻤던 것이다. 내륙에 살던 동포들은 태안반도 바닷가에 이르자 환호했다. 평생 바다를 못보고 살았던 것이다. 바닷가에서 물놀이를 하며 신나게 뛰놀았다. 3박 4일의 국토순례. 동포들은 고국의 산천을 차창을 통해 바라보며 감탄했다.

“와, 깨끗하다! 정말 깨끗해. 시골도 농촌도 이렇게 깨끗하네!”

마지막 일정으로 경주대학교 대강당에서 밴드를 불러 노래하고 춤추는 시간을 가졌다. 밤이었다. 신나는 노래가 연주되자 동포들은 다 일어서서 어깨춤을 췄다. 우리 민족 특유의 몸짓으로. 아리랑이 연주되니 눈물을 떨구는 이도 있었다. 테마 기행을 마치고 서울로 오면서 동포들은 그동안의 시름을 다 던져버린 듯 환한 얼굴들이었다.

조선족 동포와 함께한 전국노래자랑

어느 날 서경석 목사가 KBS 예능국장을 만나러 가자고 했다. 미팅 자리에서 서 목사가 입을 열었다.

“국장님, 한국에 지금 14만가량의 조선족 동포들이 살고 있습니다(2015년 현재는 70만 명). 우리와 같은 핏줄인데 동포들을 위한 프로그램을 마련해 주셨으면 해요.”

“무슨 프로그램이면 좋겠습니까?”

걸걸한 목소리로 예능국장이 물었다.

“동포들은 자신들이 불법체류자라는 것 때문에 엄청난 정신적 스트레스를 가지고 살아가고 있습니다. 그래서 이번 추석 때 동포들을 위한 KBS 전국노래자랑을 했으면 하는데, 어떻게 생각하시나요?”

예능국장이 시원하게 답했다.

"좋습니다. 우리 동포를 위해 당연히 해야죠. 그렇게 하도록 하죠. 목사님, 동포들을 위해 수고가 많습니다. 담당 PD에게 전하고 곧 진행하겠습니다."

교역자회의에서 서 목사가 말했다.

"전국노래자랑은 대한민국의 많은 사람들이 시청하는 프로그램이기도 하고, 추석 당일에는 온 가족이 모이지요. 아주 좋은 기회입니다. 이 기회에 조선족과 우리가 같은 핏줄인 형제자매라는 것을 더욱 알립시다. 교역자 가운데 한 사람이 나가서 노래도 하면서 이 사실을 알렸으면 하는데, 누가 나가면 좋겠습니까?"

서 목사가 빙 둘러 교역자들을 쳐다보았다. 그런데 다들 나에게 눈길을 주었다.

"아무래도 최 목사가 나가야 될 것 같은데?"

"목사님, 그건 못 합니다. 나가서 말은 할 수는 있어도 어떻게 노래…. 무대에서는 좀 익살도 부리면서 재밌게 불러야 하는데 전 정말 못합니다. 미션 임파서블입니다!"

손사래를 쳤다. 곤혹스러웠다. 상상만 해도 얼굴이 후끈거렸다. 하지만 교역자들과 서 목사가 거의 '강요'를 하다시피 해 결국 총대를 메기로 했다.

담당 PD가 말했다.

"목사님, 서울조선족교회를 대표해 노래자랑에 참여한다고 해도 예심을 통과해야 합니다. 예심을 통과하지 못하면 나갈 수 없습니다. 목사님들 하는 대로 양복 입고 점잔 빼면서 찬송가 부를 생각은 하지 마세요. 가곡도 안 되요. 대중가요를 해야 합니다."

나는 대중가요를 아는 것이 거의 없었다. 예심을 통과할 자신이 없었다. 노래 연습을 해야겠다 싶어 구로동에 있는 한 노래방을 찾았다.

"사장님, 노래 좀 하러 왔습니다."

"그래요? 돈 내고 한 시간 부르면 돼요. 부르고 싶은 노래 있으면 책에 번호가 있는데 그거 누르고 부르면 되고요."

얼핏 들었던 기억이 있어 윤수일의 〈아파트〉를 골랐다. 곡이 어렵지도 않고 쉽게 느껴졌다. 한 시간 내내 〈아파트〉만 불렀다.

"별빛이 흐르는 다리를 건너, 바람 부는 갈대 숲을 지나…."

떠날 때 노래방 사장이 말을 붙였다.

"사장님, 뭐하시는 분인데 〈아파트〉만 내리 부르세요? 한 곡만 한 시간을 뽑는 손님은 내가 노래방 하고 나서 사장님 한 사람뿐입니다. 사장님 좀 이상해~"

"뭐, 이해해 주세요. 사정이 있어서…. 〈아파트〉 부르러 앞으로 당분간 매일 올 거예요. 안녕히 계세요."

다음 날 다시 노래방을 찾았다.

'그런데 내가 마이크 잡고 너무 목석처럼 부르는 것 아닌가? 춤도 춰야 예심 통과할 텐데. 어떻게 춤을 추며 부른다? 그냥 가락에 몸을 맡겨 보자. 흥에 따라 자연스럽게 몸이 가는 대로.'

마이크를 잡고 '흔들흔들' 춤을 추며 불러 보았지만, 도무지 자신이 생기질 않았다. 그래서 예술단 출신인 동포 아주머니에게 부탁했다.

"저 혼자 예심을 통과할 자신이 없네요. 아주머니, 제가 노래하면 백댄서 좀 해주세요."

"목사님, 그거 걱정 마세요. 난 춤이라면 자신 있어요. 목사님은 우리 동포들 이야기 잘 해주세요."

드디어 구로중학교 대강당에서 전국노래자랑 예심이 시작되었다. 아주머니 도움에 힘입어 나는 예심을 무난히 통과할 수 있었다. 2000년 9월 11일 추석 당일이 되어, 경희대학교 대운동장에서 '중국 동포와 함께하는 KBS 전국노래자랑'이 열렸다. 1만 5천 명가량의 동포들이 운집했다. 불법체류 동포들을 위해 한국 사회가 처음으로 따스한 손길을 건넨 축제였다.

내 순서가 왔다. 송해 선생이 마이크를 잡고 말했다.

"서울조선족교회 최황규 목사님이 조선족 동포들을 대표해 간단히 소개하겠습니다."

"사랑하는 국민 여러분, 조선족 동포는 우리와 피를 나눈 한 형제요 자매입니다. 언젠가 통일이 되어 남북한 형제들이 하나가 되고 동북 3성의 동포들도 압록강, 두만강을 건너 자유롭게 오갈 날이 조속히 오기를 고대합니다!"

동포들의 우레와 같은 박수가 터졌다.

"이제 최황규 목사님이 〈아파트〉를 부르겠습니다."

송해 선생의 멘트가 끝나자 아주머니도 나도 춤을 추며 열창했다. 난 그때 난생 처음 한복을 입었다. 노래를 부를 때 입이 바짝바짝 탔다. 무대에서 내려오니 동포들이 '씩―' 웃으며 물었다.

"목사님, 옛날에 좀 놀았죠? 어떻게 춤과 노래를 그렇게 자연스럽게 불러요? 아무래도 옛날에 논 거 같애."

"저도 그랬었으면 좋겠네요~"

백댄서로 춤을 춰준 동포 아주머니에게 감사의 인사를 드렸다.

님과 함께 하나 되어 대동大同의 춤을

행사 후 유양리 집으로 왔다. 갑자기 집주인 아저씨가 나를 불렀다.

"자네, 정체가 뭔가? 얼마 전 중국 반체제인사 데리고 와서 살더니 이번엔 추석날 전국노래자랑에서 노래를 부르데. 자막을 보니 '최황규 목사'라고 나오던데 자네, 목사였나? 동네 사람들이 우리 동네 사람이 노래자랑 나왔다고 난리야."

"아저씨, 제가 참 인생이 그렇습니다. 목사의 길을 접고 여기 유양리로 와서 조용히 지내려 했는데… 조선족 동포들이 한국에서 너무 힘들게 살고 있어 그들과 함께하기로 했어요. 참 그렇습니다."

"어쨌든, 노래는 잘 하더만. 앞으로 내가 목사님이라 불러야 하나?"

"편하신 대로 부르세요."

"조선족이라…. 자네에게는 계속 고생길만 열리는 것 같으이."

사실 조선족 동포를 돕는 일은 난민들을 돕는 것보다 상대적으로 덜 힘들다. 같은 민족이라는 공감대가 형성되어 있기 때문이다.

서울조선족교회는 2000년 12월 14일부터 지상 3층 지하 1층의 모든 건물을 쓰게 되었다. 갈릴리교회가 신도림역 근처에 교회를 새로 지어 이전했기 때문이다. 숙소가 만들어졌다. 1층은 여성 숙소, 지층은 남성 숙소.

동포들이 하는 일은 주일에도 계속되는 경우가 많다. 여성들은 주로 식당 일이나 가정부, 간병인 일을 한다. 남성들은 주로 건설 현장에서 일한다. 열악한 환경에서도 잘 살아보겠다는 열망이 뜨겁다.

새문안교회에서 전화가 왔다. 매달 내는 교회 월보에 조선족 선교와 관련한 글을 써달라는 요청이었다. 동북 3성과 한반도와 중국 대륙을 보며 사색과 묵상을 한 뒤 글을 써내려 갔다. 2001년 월간 〈새문안〉 3월호에 실린 글이다.

국내 체류 조선족 동포는 민족 복음화의 일대一大 세력

민족 복음화에 대한 무한한 상상력

중국 현지에서 7년간 비밀리에 선교활동을 하던 선교사가 서울조선족교회에 들러 했던 말이 잊히지 않는다. "남한 사람 100명이 북한에 가서 100마디 하는 것보다 조선족 한 사람의 한 마디가 더 통한다." 그 선교사의 말은 북한 복음화와 민족 복음화에 대한 무한한 상상력과 환상을 불어넣는다. 좀더 입체적으로 상상해 보면, 조선족 동포 200만은 민족 복음화의 대동맥으로서 막힌 담을 허물고 들어가는 대해大海의 파상적波狀的 세력이라 할 수 있다. 여기서 서울조선족교회의 꿈과 환상이 시작된다.

중국 당국의 선교제한정책과 우리의 반성

그런데 중국 현지에서의 선교활동은 어떠한가? 한국 기독교는 안타깝게도 중국 현지로 통일된 선교전략과 장기적 안목 없이 진출하여 전시적 선교활동을 펼쳐온 것에 대해 반성할 것을 외부로부터 듣게 되었다. 제諸종교의 종파와 교단마다 한중수교를 시작으로 봇물 터지듯 동북 3성으로 달려가 인적·물적 자원을 쏟아 부었는데, 10여 년이 지난 지금 중국 당국의 반응은 '한국 기독교 중국 내 선교 자제하라'이다.

이 말은 세계선교협의회(회장 박종순 목사)의 초청으로 한국을 방문한 중국 국무원 산하 국가종교사무국의 왕쭤안 부국장이 기자회견을 하며 마치 한국 기독교를 향해 선전포고하듯 던진 말이다(동아일보 2001년 1월 12일자 15면 참고). 그는 중국의 모든 종교를 담당하는 최고 정부책임자라 한다. 왕 부국장은 "중국은 아편전쟁 이후 외국 선교사들의 개입으로 국가의 주권까지 무시당한 경험이 있어, 공산당 집권 후 '자치自治·자양自養·자전自傳'의 '3자 원칙'을 견지하게 되었고, 이를 잘 모르고 불법을 저지르는 경우 그동안 대화를 통해 정책을 설명하고 설득했을 뿐 처벌하지 않았으나, 최근에는 고의로 중국법을 계속 위반하는 사람들이 있어 관련자를 처벌하는 등 강하게 대응할 수밖에 없다"고 발언했다. 불퇴전不退轉의 강경책을 밝힌 것이다. 안타까운 일이다. 왜 이런 결과가 나타나야 하는가?

새로운 지평으로 눈을 돌려야

중국 정부의 자세는 완강하다. 중국은 세계의 눈이 주시하고 있음에도 바티칸과의 긴장을 조성하면서 독자적으로 천주교 주교를 임명하는 노선을 견지하고 있다. 최근 법륜공法輪功에 대한 탄압도 중국 정부를 이끄는 공산당의 위기의식의 발로다. 중국은 경제적 개혁 개방은 허용하면서도 새로운 정치의식 또는 분리 독립운동 등에 대해서는 양보가 없다.

한국 기독교가 새롭게 눈떠야 할 점은 국내에 체류하고 있는 조선족

15만여 명에 대한 선교적 통찰이다. 섭리적으로 보면 동북 3성에 살고 있는 200만 조선족을 통해 북한 복음화 및 민족 통합을 이루라는 하나님의 깃발이 역사 속에 손짓하고 있는데, 이 하나님의 손길을 못 보고 놓친다면 우리는 민족 복음화와 민족 통합의 절대 호기를 놓치는 어리석음을 저지를 뿐만 아니라, 머나먼 시간이 지난 뒤 후세의 역사가로 하여금 이 기회를 놓친 것에 땅을 치며 통곡하게 할 것이다. 참으로 눈을 떠야 한다.

섭리로 보내진 조선족 동포

현재 이 땅에 와 있는 조선족 동포들을 한국 경제의 3D 업종을 뒷받침하는 노동력으로만 보아서는 안 된다. 한반도라는 전체 틀을 놓고서 중국 대륙과 러시아로 향하는 역동적 길목에 있는 조선족 동포들을 볼 때, 우리 가슴이 뛰지 않는가? 우리의 신앙 정신이 거대하게 열리는 비전의 파노라마 앞에 전율하지 않는가?

중국은 사회주의 유물론적 사고에 익숙한 나라다. 유물론의 패러다임을 유신론의 패러다임으로 전환시켜 그들이 겪을 정신적 진공 상태를 미리 예방하는 것도 국내 체류 조선족을 통해 이루어져야 한다. 서울조선족교회에서 신앙생활을 시작한 후 공산당원 신분을 포기하고 세례를 받는 동포들이 나오고 있는데, 이들은 중국 대륙이라는 광야를 불사를 하나의 불씨가 될 것이다. 공산주의가 해체된 후 겪고 있는 러시아의 방황을 우리가 직시한다면 앞으로 전개될 중국과 북한의 정신적 방황을 예측해야 한다. 그리고 예방적 선교에 주력해야 한다.

나아갈 길

바로 여기에 서울조선족교회가 지니는 교회사적 의의와 민족사적 소명이 존재한다. 즉 조선족을 통해 중국 대륙 복음화와 민족 복음화를 이루려는 대장정의 선두에 서울조선족교회가 자리하고 있는 것이다. 서울조선족교회는 오늘도 조선족과 함께 걷고 있다. 그들의 얼어붙은 마음을 녹여 복음의 씨를 뿌리는 일은 말이 아니라, 손과 발과 몸으로 섬기는 자와 섬김 받는 자의 가슴에 뜨거운 눈물이 흐를 때 가능하다. 복음의 씨앗은 고통받는 형제자매들의 가슴과 영혼에 섬기는 자의 눈물이 떨어질 때 비로소 뿌려진다는 것을 한국 교회가 함께 증거해 나아가야 한다.

"나를 잡아가시오!"

2001년 5월 초 어느 날 밤, 숙소에 있던 동포들이 2층 사무실로 달려와 다급하게 외쳤다.

"목사님, 목사님! 큰일 났어요! 지금 교회 문 앞에 사람이 쓰러져 있어요. 살려 달라고 죽어가는 목소리로 말합니다. 빨리 가서 보세요!"

나는 문 밖으로 달려갔다. 한 남성이 누워 있었다. 1층에 있는 여성 숙소로 동포들과 함께 들어 뉘였다. 방에서 보니 눈 한쪽이 시퍼렇게 부어 감겼고 온 몸에도 시퍼런 멍이 들어 있었다. 중국에서 한의사를 했던 동포가 눈을 보더니 "목사님, 동공이 풀리는 것 같습니다. 빨리 손을 써야겠는데요"라고 말했다.

나는 동포 남성에게 왜 이렇게 되었는지 물었다. 그는 고통에 겨워하며 힘겹게 말했다.

"밀입국 후에… 한국에서… 주기로 한 비용을, 다 갚지 못해… 브로커에게… 쇠파이프로 맞았습니다."

'이럴 수가 있나! 사람을 이 모양으로 만들어 놓다니!'

빨리 병원에 입원을 시켜야겠다고 생각해 119에 전화했다.

"119죠?"

"네, 전화하신 분 이름과 상황을 말씀하세요."

"한 조선족 동포가 심하게 폭행당해 위급합니다. 빨리 병원에 입원시켜야겠습니다."

119차량이 교회 앞으로 왔다. 그런데 경찰차량과 경찰들도 함께 온 것이 아닌가!

"경찰이 무슨 일로 왔습니까?"

"폭행 사건으로 119에 도움을 요청할 경우, 경찰도 함께 옵니다. 조선족 동포가 왜 폭행당했나요?"

나는 아무것도 모르고 대답했다.

"밀입국으로 들어오다 비용을 다 못 냈다고 브로커에게 심한 폭행을 당했다고 합니다."

그러자 경찰이 두 눈에 힘을 주며 수갑을 꺼냈다.

"목사님, 밀입국은 중대 범죄입니다. 그러므로 지금 체포하겠습니다."

"아니, 형사님, 지금 사람이 죽어가는 판에 무슨 체포입니까? 우선 사람부터 구해놓고 봅시다."

숙소에 있던 50여 명의 불법체류 동포들이 하얗게 질린 표정이었다. 경찰이 밀입국자뿐만 아니라 자신들을 잡아가면 어쩌나 하는 걱정 때문이었다. 나는 교회 문을 막고 단호하게 경찰에게 말했다.

"절대로 동포를 내줄 수 없습니다. 누구도 교회 문으로 들어올 수 없습니다. 만일 밀입국 동포를 체포하려면 나를 체포하십시오. 나는 목사로서 이 동포를 어떤 일이 있더라도 보호할 겁니다."

경찰이 목소리를 높였다.

"목사님, 이렇게 나오시면 목사님도 범죄에 가담하는 겁니다. 범법자를 보호하고 경찰의 업무를 방해하고 있는 겁니다, 지금. 비키세요. 우린 밀입국을 인지한 이상, 법에 따라 체포할 수밖에 없습니다."

"난 못 비켜요. 교회 문 안으로 한 발짝도 들어갈 수 없습니다. 가려면 날 밟고 가세요. 저 동포는 지금 병원에 가서 치료부터 받아야 합니다. 법이 생명보다 우선할 순 없습니다. 생명이 우선입니다!"

숙소에 있는 동포들이 숨죽이고 지켜보고 있었다. 나는 한 치도 물러서지 않았다. 30여 분을 대치했다. 경찰이 상부와 무전기로 의논했다.

"목사님, 그럼 앞으로 일어나는 모든 일에 법적인 책임을 지세요."

이렇게 말하고 경찰들이 철수했다. 그런데 가면서 한 경찰이 내 귀에 대고 속삭이듯 말했다.

"목사님, 저도 사실 교회 집사입니다. 참 고생 많으십니다."

경찰이 물러가자 숨죽이던 동포들도 안도의 한숨을 내쉬었다. 119차량을 타고 광명시에 있는 성애병원 응급실로 갔다. 문제는 이 동포를 어떻게 입원시키느냐였다. 집단 폭행당한 상황이라 그에게 치료비라고는 한 푼도 없었다. 병원에서 보호자는 남으라고 해서 내가 남았다. 당시는 동포들을 입원시키려면 입원 보증금 500만 원을 내지 않으면 받아주지 않았다. 의료보험도 안 되었다. 가해자를 찾아 치료비를 대라 할 수도 없는 노릇이었다.

'차마 이런 사람을 병원에서 내다버리진 않겠지. 최소한의 치료는 해주지 않겠나.'

"간호사님, 제가 잠깐 화장실에 다녀오겠습니다. 금방 올 테니 기다려 주세요."

나는 병원을 빠져나와 그대로 달렸다.

'하나님, 저 동포를 구해 주소서. 제가 병원에 남아 있으면, 분명 보증금 500만 원을 내라고 할 텐데, 교회에 돈이 없습니다. 저도 가진 돈이 없습니다. 도와주십시오!'

일주일 내내 마음에 걸려 찜찜했다. 일주일 뒤 병원을 다시 찾았다. 동포는 많이 회복되어 있었다. 병원 원무과에 갔다. 사실대로 자초지종을 말했다. 원무과 관계자가 말했다.

"목사님, 처음부터 그렇게 말씀하셨더라면 얼마나 좋았겠습니까? 우리도 당황했어요. 다친 사람을 데려온 보호자가 갑자기 없어져서요. 연락처도 모르고. 사실대로 이야기했다면 저희도 협조했을 거예요."

나는 거듭 사과했다. 환자의 상태에 대해 물었다.

"어느 정도 다쳤습니까?"

"다행히 골절은 없고 전신에 폭행으로 인한 타박상이 있습니다. 그리고 머리에 피가 조금 고여 있고요. 치료를 계속하면 괜찮아질 거라 봅니다."

"정말, 감사합니다. 고맙습니다."

교회에서 이 동포의 치료비를 위해 모금을 했다. 한 동포 여성은 불쌍하다며 50만 원을 보탰다. 병원에서도 비용적으로 혜택을 주었다. 퇴원 후 교회 숙소에서 요양하게 했다. 시간을 내 그와 이야기를 나눴다. 동포의 이름은 표철우, 흑룡강성 하얼빈이 고향이었다.

"목사님, 저를 살려주셔서 고맙습니다. 숙소에 있는 동포들에게 이야기 들었습니다."

"고맙긴요, 어서 회복되어 일어나셔야죠. 그런데 어쩌다 그런 일을 당한 겁니까?"

그는 자신의 이야기를 상세히 들려주었다.

"목사님, 저는 밀입국 배를 타는 순간 노예가 되었습니다. 93년에 아내가 밀입국으로 한국에 갔습니다. 8년이 지나도 소식이 없어 아내를 찾으러 저도 밀입국했습니다. 아내가 한 번도 연락을 하지 않아 걱정이 이만저만이 아닙니다. 한국으로 올 수 있는 유일한 길은 밀입국입니다. 요녕성에 있는 웬만한 음식점에서는 밀입국 알선책, 그러니까 브로커를 쉽게 만날 수 있답니다. 돈도 한국에 도착한 뒤 주는 후불 방식이라 밀입국선을 탔습니다. 비용은 중국 돈 3만 위안, 그러니까 한국 돈으로 540만 원입니다. 함께 배에 탄 조선족은 남자가 56명, 여자가 40여 명이었죠.

2월 24일 배를 탔습니다. 중국을 출항한 지 사흘째 되는 날 공해상에서 다른 배로 갈아탔습니다. 한국 배 같더라고요. 그런데 거기서 머리를 짧게 깎고 온 몸에 문신을 한 남자 10여 명이 몽둥이와 칼을 휘두르며 위협하고 협박했습니다. 시키는 대로 하지 않으면 요절을 내겠다고요. 배의 맨 아래 바닥으로 백여 명이 짐짝처럼 쓸려 들어갔습니다. 몸을 돌리기도 힘든 좁은 공간이었습니다. 밥도 제대로 나오지 않고, 배 안은 공포의 도가니였습니다. 똥오줌도 그 자리에서 쪼그리고 보고요. 무슨 말만 하면 쇠파이프로 두들겨 팼습니다.

배를 갈아 탄 지 사흘이 지난 밤, 알 수 없는 곳에 배가 도착했습니다. 브로커들이 100여 명을 덤프트럭 화물칸에 태운 뒤 산속 은신처로 데려갔습니다. 브로커들이 우리를 한 곳에 가두어 두고 중국에 있는 가족들에게 전화를 걸어 한국에 도착했으니 밀입국 비용을 보내라고 시켰습니다. 그리고 입금한 것을 확인할 때까지 감금했습니다. 입금이 늦거나 덜 들어오면 가혹하게 폭행했습니다. 여성 밀입국자 중 젊은 여성을 십여 명씩 불러내 집단 성폭행하기도 했습니다. 여성들은 넋이 나갔습니다.

저 같은 경우는 150만 원이 덜 들어왔어요. 그때부터 쇠파이프 등으로 집단 폭행당했습니다. 그러고는 트럭에 태워 가다가 어느 산촌 도로 옆에 버리고 갑디다. 일어설 수가 없어 엉금엉금 기어가다 마을에서 한 아주머니를 만났습니다. 마침 조선족이셨습니다. 살려달라고 애원하니 아주머니가 택시비를 주며 택시에 태워 주었습니다. 서울조선족교회를 찾아가라고 하면서요. 그래서 여기까지 오게 된 것입니다."

나는 밀입국한 동포들을 많이 만나 보았다. 그들에 의하면 밀입국은 목숨을 건 모험이나 마찬가지였다. 중국에서 배가 출발해 서해 중간 지점에 오면 한국 배가 기다린다. 한국 해경의 감시를 피해 한국 배로 옮겨 탄다. 그런데 배와 배 사이에 연결된 사다리를 통해서가 아니라 중국 배에서 한국 배로 뛰어내려 옮겨 타게 된다. 그러다 바다에 빠져 죽는 사람도 생긴다. 해경이 밀입국 배를 발견하면 밀입국자들을 바다에 던져 놓고 도망가는 배도 있다. 실제로 2001년 10월 14일 밀입국하던 중국인들 24명이 선장과 선원에 의해 바다에 산 채로 던져져 수장당한 사건이 서해에서 일어났다. 밀입국 배는 현대판 노예선이다.

조선족 정론지 창간

불법체류자에 대한 정부의 대대적인 단속이 시작되었다. 잡혀가는 동포들의 가슴 아픈 이야기들이 끊임없이 들려왔다.

"목사님, 제 친척이 어제 잡혀갔어요."

"오늘 아침 누나가 잡혀갔어요. 한국에 온 지 얼마 안 되는데, 천만 원 비용도 다 못 갚았는데, 중국에 잡혀가면 못 살아요. 엉엉—"

"이틀 전 엄마가 식당에서 일하다 출입국 직원에게 잡혀갔어요. 빚도 못 갚았는데, 아이고 어쩌나, 고국에서 숨도 못 쉬고 살다가 사냥당한 신세가 되었네요. 아이고, 아이고—"

교회로 이런 내용의 전화가 빗발쳤다.

2001년 6월, 교역자회의. 교역자들이 동포들이 잡혀 추방당하고 있는 현실을 서 목사에게 상세히 보고했다. 서 목사가 분노에 차 말했다.

"대한민국이 조선족 동포에게 이렇게 피눈물을 흘리게 해서는 안 됩니다. 우리 모두 대대적인 투쟁을 합시다. 호소할 단계가 아닙니다. 곧바로 투쟁위원회를 꾸립시다. 투쟁위원장은 최 목사가 맡았으면 좋겠네."

"목사님은 민주화운동하다 20년 형 선고받고 감옥에 다녀오고 다른 시민운동도 늘 해오셨지만, 저는 경험도 없습니다. 제 성향도 그런 데 잘 맞지 않고요."

"최 목사, 자네가 교역자 가운데 '영 블러드'잖나. 목소리도 우렁차고. 그러니 앞장서야지."

"예…. 한번 해보겠습니다. 동포들이 이렇게 비명을 지르는데… 싸워야죠."

나는 어떻게 하면 동포들의 아픔을 세상에 알릴 수 있을지 고민했다.

"아무래도 이제 동포들의 입장을 대변하는 신문이 있어야겠다는 생각이 듭니다."

"그럼 편집장은 누가 맡나?"

서 목사가 물었다. 옆에 있던 동료 교역자들이 나를 지목했다.

"좋습니다. 제가 맡겠습니다. 기자 출신도 아니고 대학교 학보사에서 기자일도 해본 적 없지만, 최선을 다해 보겠습니다."

"신문 제호는 무엇으로 할까?"

동료 교역자들과 상의한바, 〈동북아신문〉으로 제호를 정했다. 이유는 조선족 동포가 동북 3성에 살고 있고 한·중 관계를 위해 교량 역할을 하고 있으며, 이후 한반도 통일의 매개체가 될 것이기 때문이다.

6월 18일부터 법무부, 경찰, 국정원이 불법체류자 합동 단속에 나섰다. 조선족 동포들이 밀집해 사는 구로동, 대림동, 가리봉동, 독산동, 신도림동, 안산, 수원, 대구, 마산, 창원 등에서 계속 전화가 왔다. 퇴근시간 무렵 단속반이 포진해 있다가 걸어가는 동포들에게 "주민등록증 있느냐? 외국인등록증 있느냐?"고 묻고, 없을 경우 모두 단속차량으로 끌고가 수갑을 채웠다. 불법체류자이지만 국내 체류 외국인의 대다수를 차지하는 동포들이 집중적으로 체포되었다. 서울 출입국관리사무소 1층에는 체포된 동포들이 들고 있던 소지품, 우산과 가방, 시장을 보고 왔는지 파와 오이, 요구르트, 휴지 등이 수북이 쌓여 있었다.

서경석 목사가 무기한 단식에 돌입했다. 조선족 동포 무차별 체포에 항의하기 위한 서울조선족교회의 투쟁을 동포들에게 알리기 위해 나는 교회 봉고차를 타고 매일 저녁 동포들의 퇴근시간에 맞추어 가리봉동, 구로동, 독산동, 대림동 등을 돌며 전단지를 나누어 주었다. 김의종 목사가 차를 몰고 나는 마이크를 잡고 외쳤다.

"사랑하는 조선족 동포 여러분, 이제 더 이상 우리 동포들이 피눈물 흘리는 이 비통한 현실을 두고볼 수 없습니다. 마구잡이로 잡혀 강제 추방당하는 민족의 비극을 막아야 합니다. 서울조선족교회는 우리 동포들을 위해 투쟁에 나섰습니다. 동포 여러분, 이제 우리와 함께 나섭시다. 이제는 우리가 일어나야 합니다."

길을 가던 동포들이 멈춰 듣는다. 눈물을 흘리는 동포들, "만세, 만세, 만세!"를 외치는 동포들….

6월 20일부터 목동에 있는 서울 출입국관리사무소 정문 앞에서 낮 12시부터 매일 무기한 항의시위를 시작했다. 불법체류 동포들도 두려움을 떨쳐버리고 동참했다. 마이크를 잡고 구호를 선창했다.

"한국 정부와 법무부는 조선족이 우리 동포임을 알아야 한다."

"강제추방 웬 말이냐!"

"동포들 체포를 중단하라!"

시위에 동참한 항일투쟁 운동가의 후손이 마이크를 잡고 눈물로 외쳤다.

"일제시대에 우리 아버지는 항일독립을 위해 만주로 가서 온갖 희생을 치르고 결국 일본 순사에게 잡혀 고문당하다 감옥에서 돌아가셨습니다. 아버지가 돌아가신 후 우리는 만주에서 들짐승처럼, 거렁뱅이처럼 살았습니다. 고국에 오니 우리를 수갑에 채워 체포하고 강제 추방합니다. 이게 우리의 고국, 할아버지의 나라 한국이 맞습니까?"

한 30대 후반의 동포가 나에게 다가와 말했다.

"목사님, 우리 동포들은 지금 사냥꾼에 의해 사냥당하는 사냥감입니다. 법무부를 향해 '동포 사냥꾼'이라 외쳐야 합니다."

점심 시간이라 식사를 하러 나가던 출입국 직원, 식사를 하고 들어가는 직원들이 냉소적으로 눈을 흘기며 쳐다보았다.

"법무부는 피도 눈물도 없는가? 동포 사냥을 중지하라!"

법무부는 불법체류자를 신고하는 자에게 포상금까지 주었다. 실제로 전북 익산에서는 전주 출입국관리사무소의 포상 약속에 따라 20대 주부가 근처에서 일하는 연변자치주 훈춘 출신의 조선족을 신고하고 30만 원을 받았다. 법무부 출입국관리당국은 조선족 동포에게 말할 수 없는 비인간적 행위를 자행했다. 자녀 포기 각서와 갓난아이에 대한 벌금 부과가 대표적인 사례다. 조선족 여성이 재혼으로 한국 남성과 국제결혼을 할 경우, 법무부는 자녀가 없음을 증명하는 무자녀 증명이나 자녀 포기 각서를 제출하도록 요구했다. 중국에 있는 자녀를 양육하지도 초청하지도 않겠다는 각서를 쓰는 것이다. 어찌 어머니와 자식의 연을 끊도록 강요하는 이런 반인륜적 정책이 있단 말인가? 게다가 출입국관리당국은 조선족 동포 가운데 부부가 같이 한국에 와서 아이를 낳는 경우, 갓 태어난 아기에게까지 벌금을 물렸다.

6월 25일 150여 명의 동포들이 목동 출입국관리사무소 앞에 모여 항의시위를 벌였다. 시위를 진행하는 나에게 선글라스를 낀 한 사람이 다가왔다.

"목사님, 지금 뭐하고 있는 건가요?"

"법무부가 우리 조선족 동포들을 마구잡이로 잡아 강제 추방을 하고 있어 항의시위를 하고 있습니다."

"목사님, 그게 정말인가요? 조선족은 우리와 같은 민족 아닙니까? 아, 이건 있을 수 없습니다. 한국 정부와 법무부가 미쳐도 단단히 미쳤네요. 너무 분노가 치밉니다. 저는 재미동포인데 오늘 체류 연장하러 왔다가 시위를 보게 되었습니다. 우리 민족사에 있을 수 없는 일입니다. 참 고통스럽습니다. 이런 고국의 현실에 눈물이 나네요. 제게 말할 기회를 주십시오."

나는 마이크를 건넸다.

"조선족 동포 여러분! 저는 미국에 사는 재미동포 스티븐 정이라고 합니다. 우리 동포들이 한국에서 이런 비참한 운명을 겪고 있는 줄 미처 몰랐습니다. 고국이 어떻게 동포들에게 이렇게 할 수 있습니까? 이것은 있을 수 없는 일입니다. 잘사는 재미동포나 재일동포는 마음껏 한국을 드나드는데, 가난한 조선족 동포라 이렇게 차별해도 되는 겁니까? 잘살아도 못살아도 우리는 한 핏줄을 나눈 형제자매, 한 민족입니다. 여러분의 투쟁을 적극 지지합니다. 미국에 돌아가면 미국 동포들에게도 알리겠습니다. 조선족 동포 여러분, 힘내십시오!"

말을 마친 그는 시위에 쓰라고 30만 원을 건넸다.

서울조선족교회는 호소문을 발표하고 여러 교회에 편지로 발송했다.

한국 교회에 드리는 호소문

전국에 있는 교회 목사님들과 성도님들에게 긴급한 호소를 드립니다. 저희는 서울조선족교회 교역자들입니다. 저희 교회가 긴급히 호소드리는 것은 국내 체류 조선족 동포, 나아가 중국 조선족의 운명이 달린 문제가 발생하였기 때문입니다.

지금 법무부가 경찰과 합동으로 조선족 동포를 집중 단속하기 시작했습니다. 그래서 사방에서 조선족 동포들의 비명소리가 들리고 있습니다. 추방되는 동포들은 도망쳐 유랑하거나 자살하거나 정신병에 걸리는 등 지옥과 같은 삶을 살고 있습니다. 이로 인해 중국 동북 3성의 조선족 동포들 사이에 반한反韓 감정이 팽배해져 가고 있습니다.

이 상태로 가면 우리는 조선족을 영영 잃어버리게 될 것입니다. 수많은 조선족들을 죽음의 나락으로 내몰게 되면, 결국 한국 국민과 조선족 동포는 서로 원수지간이 될 수밖에 없습니다. 이런 민족의 비극이 어디 있으며 이런 최악의 하책下策이 어디 있습니까? 이 상태로 가면 통일도 될 리 없습니다. 200만 조선족도 돌보지 못하면서 어떻게 그들보다 열 배나 많고 훨씬 더 못사는 북한 동포를 제대로 돌볼 수 있겠습니까? 이 상태로는 한국의 발전도 기대할 수 없습니다. 앞으로 한국 경제가 나아갈 길은 13억 중국 시장을 상대로 중국에 진출하는 것인데, 이를 위해서는 조선족들의 협력이 필수적입니다. 그런데 이들의 눈에서 피눈물 나게 만들면서 어찌 협력을 구할 수 있겠습니까?

목사님, 성도 여러분. 불쌍한 조선족 동포들의 한과 눈물을 살펴 주시고 이들의 호소와 부르짖음에 귀 기울여 주십시오. 이들의 고통과 아픔을 어루만져 주십시오. 이에 우리 서울조선족교회는 문제의 심각성을 사회에 호소하기 위해 6월 20일부터 '무차별 추방 중단을 위한 무기한 단식'을 시작했습니다.

목사님 여러분, 우리의 눈물겨운 기도에 동참해 주시고 본 교회에 모여 기도하는 동포들을 위로하고 격려해 주십시오. 하나님께서 우리와 함께 계셔서 우리가 끝까지 용기를 잃지 않고, 고통받는 조선족 동포의 편에 설 수 있게 해주실 것을 간곡히 기도드립니다.

2001년 6월 25일

대한예수교 장로회

서울조선족교회 교역자 일동

십자가 대행진

서경석 목사를 필두로 모든 교역자들이 혼신의 힘을 다해 똘똘 뭉쳐 조선족 동포를 위한 투쟁에 나섰다. 마치 태풍이 휘몰아치는 것 같았다. 여러 동포들이 서울조선족교회를 찾아 성금을 냈다. 300만 원이 모였다.

6월 28일 목요일 오후 2시 흥사단 강당에서 '조선족이 겪는 비참한 현실 증언 및 시민사회 기자회견'이 열렸다. 한국의 대표적인 94개 시민사회 단체가 동참했다. 시민사회 원로인 강원룡 목사, 송월주 스님, 손봉호 교수 등이 참석했다. 동포들의 증언이 이어졌다.

"저는 흑룡강성 출신 류석이라고 합니다. 1995년 한국에 처음 들어왔습니다. 인민폐 6만 위안(지금 환율로 약 1,100만 원)을 들여 왔습니다. 한국에 올 때 아버지께서 고향 주소를 알려 주셔서 전남 보성군을 찾아갔는데, 친척들은 모두 6·25전쟁 때 죽고 8촌 친척이 한

분 살고 있었습니다. 저는 너무 기뻐서 증조, 고조 묘지를 벌초하고 돌보기도 했습니다.

그러다 97년 11월 시제를 모시고 돌아오는 길에 전남 광주역에서 검문에 걸려 수갑을 차게 되었습니다. 저는 그때 죽고 싶은 심정이었지요. 그때까지 빚을 다 못 갚은 상태라 강제 추방당해 중국에 돌아가서는 자포자기하면서 매일 술만 마셨습니다. 나중에는 술 때문에 몸이 망가지더군요. 이건 아니라는 생각이 들어 다시 중국 돈 8만 위안(약 1,400만 원)을 빌려 한국에 왔습니다. 물론 이름을 바꾸어 나왔습니다. 저는 요즘 같은 집중 단속기간에는 잠을 이룰 수가 없습니다. 잡히지 않을까 두렵고 빚 때문에 스트레스도 엄청납니다. 이것이 저의 하루하루입니다."

"제 큰며느리가 10만 위안(약 1,800만 원)을 들여 한국에 와서 5개월 만에 붙들려 강제 추방당했습니다. 며느리가 다니던 식당 주방장이 목매어 죽었는데 경찰은 그것을 며느리가 제일 처음 봤다면서 증인으로 서라고 했습니다. 그러면 추방을 안 하겠다고 했습니다. 하지만 증인으로 선 후 그 길로 추방당하고 말았습니다."

"저는 조선족사기피해자대책협의회 이영숙 회장입니다. 1996년경 동북 3성에 사는 우리 동포들에게 입국을 할 수 있게 해주겠다는 한국인 사기단이 동포 1인당 인민폐 5만, 6만, 7만, 8만 위안씩 모아 도망을 갔습니다. 이런 피해를 입은 동포들이 지금까지 집계된 것만 1만 7천 명입니다. 이 가운데 절망에 빠진 동포가 326명이나 자살했습니다. 그 한은 하늘 끝에 닿았습니다."

참석한 동포들이 흐느껴 울었다. 증언을 듣는 시민사회 원로들도 같이 눈물 흘렸다. 증언이 끝나자 강원룡 목사가 흐르는 눈물을 닦으며 동포들을 위로했다.

"사랑하는 동포 여러분, 한 핏줄인 조선족 동포들이 이렇게 고통당하고 있는 현실에 비통할 뿐만 아니라 분노합니다. 한국 사회가 여러분의 눈물을 닦아 줄 수 있도록 우리가 최선을 다하겠습니다."

6월 29일 기독교백주년기념관 대강당에서 대한예수교장로회

(통합)교단 지도자들과 350여 명의 동포들이 모였다. 조선족 동포가 겪는 비참한 현실에 대한 증언이 있은 뒤, 십자가 대행진을 가졌다. 폭우 속에서의 행진이었다. 김의종 목사가 대열 맨 앞에서 십자가를 들고 걸었다. 동포들과 목회자 총 500여 명이 십자가 대행진을 시작했다. 기독교백주년기념관에서 종로5가, 광화문을 지나 청와대가 목적지였다. 나는 선두에서 마이크를 잡고 구호를 선창했다.

"강제 추방 중단하라!"

"동포들의 피눈물 외면치 말라!"

기독교백주년기념관을 빠져나와 도로로 진입할 때 전경들이 헬멧을 쓰고 곤봉을 들고 방패를 앞장세워 막아섰다. 단식으로 지친 서경석 목사가 어디서 힘이 나오는지 가로막아선 전경들을 향해 외쳤다.

"비켜서! 너희들이 지금 뭘 하는지 아는가? 우리 동포들의 피눈물 나는 소리를 세상이 듣게 하려는데 막아서? 썩 비켜, 이놈들!"

노기 어린 질타에도 전경들은 꿈쩍도 하지 않았다. 전경을 지휘하는 책임자가 나섰다.

"이 행진은 더 이상 보호할 수 없습니다. 방향이 청와대잖아요. 어떻게 불법체류자들이 백주에 청와대까지 가려는 겁니까? 불법체류자들은 체포 대상입니다."

"뭐라고?"

우리는 모두 분노했다. 조선족을 보는 관점과 시각이 완전히 달랐다. 그들은 조선족이 단순 불법체류자라는 시각에 매여 있었다. 소 귀에 경 읽기였다. 실랑이가 벌어지고 입씨름이 이어졌다. 대치가 계속되었다. 폭우는 더 거세게 쏟아졌다.

경찰 관계자가 다시 왔다.

"좋습니다. 종로5가까지 진출하는 것은 허용하지만 더 이상은 안 됩니다."

우리도 잠시 생각하다가 의견을 모았다.

"좋습니다. 종로5가까지 진출하고 마치겠습니다."

이후 우리는 7월 10일까지 목동 서울출입국관리사무소 앞에서 항의시위를 벌였다. 그날 법무부 당국자가 항의 단식중인 서 목사를 찾아 조선족 동포에 대한 제도 개선을 연구하겠다고 전함으로써, 서 목사는 20일 만에 단식을 중단했다.

분노하는 해외 동포들

그 사이 〈중앙일보〉는 특별취재부를 꾸려 심층 취재했다. 2001년 8월 13일부터 16일까지 4회 연속 기획시리즈로 동포 문제를 보도했다. 그달 SBS 〈그것이 알고 싶다〉에서도 그간의 과정을 심층 취재해 국내 체류 동포들의 고통과 강제 추방의 실상을 보도했다. SBS 방송 이후 미국과 일본에 있는 한인 동포들로부터 서울조선족교회에 전화가 빗발쳤다.

"미국에 사는 재미동포입니다. 내 나이가 80이 넘었는데 나도 만주 하얼빈에서 태어났습니다. 광복 후 남한으로 내려왔지요. 그런데 만주에서 온 조선족 동포들이 고국인 한국에서 짐승마냥 붙잡혀 추방당한다는 사실에 억장이 무너지네요. 나도 해방 후 만주에 남았더라면 조선족이 됐을 겁니다. 한국 정부가 대단히 잘못하고 있는 겁니다. 민족사에 죄를 짓고 있어요. 정말 눈물이 납니다. 서울조선족교회 투쟁을 지지합니다."

"미국에 사는 교포입니다. 도무지 마음이 아파 눈물이 그치지 않습니다. 제 민족을 사냥감처럼 사냥해서 추방하는 나라가 이 세상 어디에 있습니까?"

"일제강점기에 일본으로 건너오게 된 한인입니다. 조선족도 일제시대의 피해자 아닙니까? 그런데 고국에 온 조선족 동포를 어떻게 한국 정부가 일제강점기처럼 잡아 추방할 수 있는 겁니까? 저 하늘에 계신 선조들도 보고 통탄할 노릇입니다."

이와 관련 그해 5월, 나와 김의종 목사, 한옥희 전도사가 서울조선족교회 소속 노회로 옮기는 절차를 밟기 위해 영등포노회 사무실 정치부 모임에 갔다. 목사, 장로 10여 명이 앉아 심사를 했다. 심사받는 사람들이 10여 명쯤 있었는데 내 차례가 되었다. 정치부 부장 이 모 목사가 질문했다.

"최 목사, 서울조선족교회에서 활동합니까?"

"네."

"조선족은 불법체류자인데 그런 조선족을 돕는 것이 목사가 할 일입니까?"

순간 귀를 위심했다. 내심 굉장히 놀랐다.

"목사님, 죄송한데 다시 한 번 말씀해 주십시오. 잘못 알아들었습니다."

"조선족은 불법체류자들이니 과연 그들을 돕는 것이 목사로서 정당한 활동인가를 물은 겁니다."

질문의 뜻이 분명해졌다. 그들을 돕는 것은 목사로서의 정당한 목회활동이 아니라는 의미였다. 당혹스러웠다. 그렇다고 이명을 통과하기 위해 빌빌거릴 수도 없었다. 정색을 하고 정중하게 답했다.

"목사님, 목사님 질문을 듣고 많이 당혹스럽습니다. 조선족이 왜 동북 3성에 가서 살게 된 것인지 사람들은 다 압니다. 그들이 고국에 와서 사는 것, 무슨 문제가 있습니까? 그들이 불법체류자가가 된 것은 그들의 잘못이 아니라 한국 정부가 그렇게 만든 겁니다. 동포들을 품지 못하고 내치려는 한국 정부와 한국 사회의 옹졸함을 보아야 합니다. 저는 그러므로 목사로서 조선족을 위해 활동하는 것이 정당하다고 생각합니다."

이 모 목사의 얼굴이 순간 벌개졌다. 나는 계속 말을 이어갔다.

"한 말씀 더 드리겠습니다. 목사님은 교계의 중진 지도자이십니다. 그런 분께서 그런 인식을 갖고 계시다는 것이 참 안타깝습니다. 저는 여기서 이명을 못 받아도 좋습니다. 다만, 오늘 저에게 조선족은 불법체류자들이기 때문에 돕는 것이 정당하지 못하다는 뜻으로 하신 말씀을 취소해 주십시오."

옆에 앉아 있던 김의종 목사, 한옥희 전도사가 그만하라며 내 옆구리를 꼬집었다. 이 모 목사가 잠시 호흡을 가다듬더니 나직이 말했다.

"최 목사, 그 발언을 취소하네. 그리고 사과하네."

10월 3일 추석 때 작년에 이어 '제2회 조선족 동포를 위한 한가위 대잔치'를 열고 KBS 전국노래자랑도 동포들을 위해 개최하기로 결정되었다. 온 교회가 그 준비에 바빴다. 모든 교역자들이 총동원되어 행사 준비에 몰두했다. 조선족 동포들이 밀집된 곳에 플래카드가 내걸렸다. 추석 한가위 대잔치야말로 고국에서 불법체류하는 동포들, 서러움 속에 살아가는 동포들에게 더없이 뜻깊은 축제였다.

노래자랑 후에는 한민족 평화 대행진을 하기로 교역자회의에서 결정되었다. 그리고 그때 〈동북아신문〉 창간호를 인쇄해 대대적으로 나누어 주기로 했다. 환경과 시설이 열악하다 보니 신문 발행을 위해 편집 디자이너의 도움을 받아야 했다. 격주간 신문이어서 기사를 쓰고 취재하고 필름을 내고…. 밤새 교정하는 것이 일상이 되었다.

창간호의 1면 헤드라인은 '조선족 자유왕래 실현되어야 한다'로 정했다. 우리 민족사에 기록으로 남기기 위해서였다. 평생 재외동포 문제를 연구해 온 이광규 서울대 명예교수의 창간 특별기고문을 실었다.

200만 중국 조선족은 한국의 미래

한국이 가진 가장 큰 재산은 재외 동포들이다. 이들을 우리의 재산이라고 하는 것은 이들이 '한국인으로, 한국 밖에 나가, 한국에 지대한 공헌'을 하기 때문이다. 현재 재외 동포는 700만에 달하고 140개국에 거주하고 있다. 이들 중에서 약 28퍼센트가 중국에 거주하는 재중 동포다. …

중국 조선족은 우리 민족에게 가장 자랑스러운 존재다. 해방된 이후 중국 동포들은 장개석과 모택동 군이 싸우는 해방전쟁에서 많은 희생을 했다. 항일운동과 해방전쟁의 공로로 중국 조선족은 연변에 자치주를 얻었다. 따라서 연변 자치주는 중국 동포들의 피와 땀의 결과라 하겠다. 연변 조선족자치주는 해외에 있는 한민족의 유일한 자치주이기 때문에 중국 조선족은 한민족의 자부심을 보여 준 유일한 동포들이다.

중국 동포는 통일을 위해 우리에게 온 사람들인데 우리는 그것을 모르고 있다. 중국 동포 200만을 포용할 아량과 능력이 없는 한국이 장차 2,000만 북한 동포를 어떻게 포용하고 그들과 같이 살 것인가 하는 의문이 생긴다.

일본이 한국을 부러워하는 가장 큰 것이 해외 동포를 많이 갖고 있다는 것이다. 중국에 있는 200만의 우리 동포는 일본인이 가장 부러워하는 존재들이다. 일본인은 해방 후 미처 본국으로 데려가지 못한 후손들을 1980년대에 전부 일본으로 데려갔다. 따라서 현재 13억 56개 소수민족이 사는 중국 땅에 일본인이 그토록 없는 것이다. 1992년 한중수교 이후 한국 기업들이 물밀 듯이 중국에 들어갔다. 그때도 알게 모르게 동포들의 후원과 도움이 있었기에 중국에 속히 진출할 수 있었던 것이다.

드디어 D-day. 장소는 효창운동장. 2001년 10월 3일 동포들은 자신들을 위한 신문을 보고 너무 좋아했다. 행사의 전체 진행을 맡은 나는 효창운동장으로 오는 혜화역 근처로 가보았다. 동포들이 구름떼같이 몰려왔다. 당일 3만여 명의 동포들이 운집했다. 노래자랑 시작 전 동포들의 흥을 돋우기 위해 내가 마이크를 잡고 외쳤다.

"조선족 동포 만세!"

동포들이 따라 함성을 지르며 "만세!" 했다.

"조선족 동포 만세!"

"만세!"

"조선족 동포 만세!"

"만세!"

"자, 여러분 제가 부르면 손을 흔들며 '만세!' 부르세요."

"흑룡강성!"

"만세!"

"길림성!"

"만세!"

"요녕성!"

"만세!"

KBS 노래자랑이 시작되었다. 동포들은 그간의 시름과 스트레스를 털어버리고 흥겨운 음악에 맞추어 춤췄다. 노래자랑 순서가 끝나고 한민족 평화 대행진을 시작했다. 3만여 가운데 8천여 동포가 참가했다. 100여 개의 플래카드를 나눠 들고서. 나는 선도 차량인 트럭에 올라 대열을 이끌며 마이크를 잡고 구호를 선창했다.

"자유왕래 보장하라! 강제추방 중단하라! 조선족 동포 만세! 한민족 만세! 민족통일 만세! 민족통일 만세!"

대한민국 서울 하늘에 중국 동포들의 함성이 울려 퍼졌다.

몰려드는 조선족 동포들

경찰들이 질서 유지에 바빴다. 대행진 대열이 서울역에 도착했다. 모두가 노래를 불렀다.

나의 살던 고향은 꽃피는 산골,
복숭아꽃 살구꽃 아기진달래,
울긋 불긋 꽃대궐 차리인 동네,
그 속에서 놀던 때가 그립습니다.

우리의 소원은 통일
꿈에도 소원은 통일
이 정성 다해서 통일
통일을 이루자
이 겨레 살리는 통일
이 나라 살리는 통일
통일이여 어서 오라
통일이여 오라

동포들 눈에서 눈물이 흘렀다. 고향에 와서 불법체류자로 살다 보니 '나의 살던 고향'을 부르며 서러움이 복받치는 것이었다. 숨죽이고 살던 동포들이 고국 대한민국을 향한, 한국 정부를 향한, 최초의 집단적 호소이자 부르짖음이었다.

노래를 부른 뒤 대행진 대열은 해산했다. 효창운동장 행사 후 서울조선족교회는 그야말로 동포들로 인산인해를 이루었다. 그날 〈동북아신문〉 3만 부가 동포들의 손에 들려졌다. 타블로이드판 32면, 창간호였다. 이후 24면으로 발행되었다. 비록 격주간이지만 취재, 편집, 인쇄, 배포까지 하려니 정신없이 바빴다. 나는 국내 모든 일간지를 구독해 보면서 기사 제목을 뽑는 법, 기사 작성법, 편집 스타일 등을 매일 익혀 나갔다. 〈연변일보〉 출신 박영철 기자가 한가위 대잔치 때부터 합류했다. 〈연변일보〉는 중국의 연변자치주 정부에서 발행하는 한국어로 된 일간신문이다. 20여 년 경력을 가진 박 기자의 합류는 여러모로 큰 도움이 되었다.

신문이 인쇄되어 나오면 우리는 신문을 차에 싣고 동포들이 밀집해 사는 지역을 다니며 집중 배포했다. 당시 동포들은 일이 끝나면 동포 식당에서 함께 모여 고단한 삶을 독한 '컵술'로 달랬다. 이 식당 저 식당에 들어가 동포들이 모인 곳에서 나는 외쳤다.

"동포 여러분, 잠시만 시간을 내서 제 이야기를 들어 주십시오. 이제 새 시대가 왔습니다. 우리 동포의 자유왕래와 합법체류를 위한 운동이 시작되었습니다. 우리 민족은 하나입니다. 우리는 한 형제자매입니다. 여러분, 힘내십시오. 이 〈동북아신문〉이 우리 동포들의 새로운 미래를 열어갈 것입니다."

술을 마시던 동포들이 뜨겁게 박수로 화답해 주었다. 편집장으로서 신문에 동포들의 가슴속 이야기를 마음껏 담았다. 교회에서는 날마다 동포들에 휩싸여 살았다. 도움을 필요로 하는 억울한 동포들의 발걸음이 끝없이 이어졌다.

뇌출혈로 쓰러져 입원했다가 치료비도 갈 곳도 없던 사람, 가리봉동 쪽방에서 밥해 먹다가 화상을 입은 사람, 일하다 다친 사람, 암 걸린 사람…. 이런 동포들의 문제를 푸느라 하루하루 전쟁을 치르듯 보냈다. 그러던 중 한 동포가 급한 사정에 처하게 되었다기에 돈을 빌려 주었다가 사기를 당해, 월급에서 이자와 원금을 갚아 나가기도 했다.

당시 서울조선족교회는 불법체류 동포들의 메카와 같았다. 가장 난제는 동포들을 입원시키는 일이었다. 최소 500만 원의 입원 보증금을 가져오지 않으면 병원에서 아예 받질 않았다. 보증금이 없으면 한국인이 입원 보증을 서야 했다. 나는 동포 환자들을 입원시킬 때마다 입원 보증을 섰다. 입원 보증을 선 일로 나중에 서울조선족교회를 그만 둔 뒤에도 두고두고 병원 측으로부터 치료비 때문에 시달려야 했다.

물론 고마운 병원도 있었다. 흑룡강성 출신의 동포 김무생. 그는 현장에서 막일을 하는데 어느 날 갑자기 주저앉고 말았다. 병원에 가서 검사를 하니 오른쪽 고관절이 썩어 인공고관절을 넣어야 한다고 했다. 그런데 한국에 온 지 얼마 되지 않아 돈도 없고 불법체류자이다 보니, 의료보험이 적용되지 않아 교회를 찾은 것이다.

"김무생 씨, 중국에 가족은 없습니까?"

"중국에서 가족들은 뿔뿔이 흩어졌습니다. 서로 연락은 잘 안 되고요…."

교회가 재정적으로 힘든 것을 아는 동포들은 더러 이런 이야기를 했다.

"목사님, 나름대로 다들 돈 있어요. 우리 교회가 돈이 있는 것이 아닌데 저런 사람들 와서 교회 도움 받고는 교회 안 옵니다. 신앙생활을 하는 것도 아니고. 교회에다 자기 문제 맡기고 자기 돈은 한 푼 안 쓰려는 거예요."

나는 잠시 이 말이 연상되었다.

"김무생 씨, 가족들이 뿔뿔이 흩어진 까닭이 있나요?"

그가 하늘을 한번 쳐다보더니 천천히 말했다.

"목사님, 우리 집안은 참으로 기구합니다. 아버지는 남한 출신입니다. 남한에서 태어나 일제강점기 때 흑룡강성으로 왔어요. 그리고 흑룡강에서 어머니와 만나 결혼했습니다. 조선족 집거지에서 살았습니다. 자녀 셋을 낳고요. 누나 한 명, 여동생 한 명, 제가 중간이에요. 우리 가족은 별탈 없이 오순도순 지냈습니다. 그런데 문화대혁명이 중국 전역에 번지면서 아버지가 화를 입게 되었습니다. 남한 출신이라는 이유로 남한 간첩으로 몰린 겁니다."

"간첩이요?"

"간첩은 무슨요, 시골에서 농사짓는 아버지가…. 홍위병이 미쳐 날뛰기 시작했습니다. 조선족들도 이 광풍에 휩싸였어요. 아버지는 남한 출신이라는 것을 감추려고 소중히 보관해 오던 족보까지 밤에 몰래 불태웠어요. 어느 날 밤, 살기등등한 홍위병들이 우리 집에 쳐들어와 아버지를 마구잡이로 끌고 나갔죠. 아버지는 끌려나간 뒤 초죽음이 되어 돌아왔습니다. 며칠 동안 시름시름 앓다 돌아가셨습니다."

"그러면 공안에 신고해서 가해자들을 잡아 처벌해야 하는 것 아닌가요?"

"목사님, 모르는 말씀 하지 마세요. 문화대혁명은 그야말로 광풍이었어요. 전부 다 광기에 난동, 난리를 치는데 공안은 무슨 공안이에요. 눈에 핏발을 세우고 날뛰는데요. 아버지를 묻고 어머니는 삼남매를 데리고 산으로 도망갔죠. 무슨 후환이 불어 닥칠지 모르니. 우리 가족은 반동 가족, 반동의 새끼로 낙인찍혔기 때문입니다. 산 속에다 움막을 짓고 살았습니다. 어머니도 충격을 이기지 못해 화병에 걸려 고생하시다 갑자기 쓰러져 돌아가셨습니다. 전에 알고 있던 마을 어른들이 와서 장례를 치렀습니다. 그 후 우리 삼남매는 뿔뿔이 흩어져 유리 방랑하는 신세가 되었습니다. 먹고 살기 위해 별짓을 다해 보았습니다. 그러다 보니 서로 연락이 잘 되지 않았습니다."

마음이 아리고 저려왔다.

"김무생 씨, 문화대혁명 때 그렇게 당한 동포들이 많습니까?"

"예외가 없었어요. 남한 출신이라고 하면 다 두들겨 맞았다고 보면 돼요."

밀입국으로 한국에 온 동포 아주머니가 했던 말이 떠올랐다.

"목사님, 우리 아버지는 경기도 용인이 고향입니다. 일제강점기에 만주로 와서 길림성 길림시에서 살았습니다. 거기서 우리 형제들을 낳았습니다. 문화대혁명 때 남한 출신이라는 이유로 간첩으로 몰려 심하게 맞았습니다. 아버지는 이게 평생의 한이셨어요. 돌아가실 때 '자기 뼈를 꼭 남한 땅에 묻어 달라'고 유언했습니다. 제가 한국으로 온 이유는 돈 벌러 온 게 아니라 아버지의 유언을 들어드리기 위해서예요. 한중수교 전입니다.

아버지 무덤에서 뼈를 추려 허리춤에 보자기로 묶고 홍콩으로 가서 밀입국 배를 타고 한국에 왔습니다. 생전에 가르쳐 주신 용인에 가서 아버지 뼈를 묻고 절을 올렸습니다. '아버지, 이제 고국 땅 고향 땅에 묻히셨으니 지하에서 편히 눈 감으세요'라고 되뇌이며 큰 절을 올렸습니다. 생전에 좋아하시던 술도 한잔 붓고요. 눈물이 홍수처럼 흐르더군요. 남한 출신이라고 우리가 당한 것 생각하면…."

동포 아주머니는 서러움에 겨워 어깨를 들썩이며 흐느꼈다.

문화대혁명. 1966년 6월에 시작되어 1976년 9월까지 중국 대륙을 휩쓴 광기의 소용돌이. 중국인들은 이것을 '십년동란'이라 부른다. 중국 공산당은 1981년 이 운동을 모택동의 과오라고 공식적으로 발표했다. 그 선봉에 홍위병들이 있었다. 동포들 가운데 홍위병에 멋도 모르고 뜻도 모르고 가담한 사람들도 많았다. 그들은 반동분자를 처단하러 중국 전역을 다녔다. 지주, 반동, 봉건주의 잔재가 타도 대상이었다. 전국의 홍위병 100여 만이 천안문광장에 모였을 때 모택동이 성루에서 손을 흔들며 나타나자 모든 홍위병이 발을 동동 구르며 눈물을 흘렸다고 한다.

홍위병에 가담했던 동포들의 이야기다.

"모택동 주석은 신이었습니다. 살아 있는 신, 그 신을 실제로 보니 눈물이 흐른 것입니다. 그땐 그렇게 미쳐 살았어요."

김무생의 자료를 들고 서울대학교 병원을 찾았다. 원무과에 가서 상담을 했다.

"치료비는 있습니까? 최소 천만 원 정도가 듭니다."

원무과 직원에게 사실대로 말했다.

"현재 김무생 씨는 가진 돈이 없습니다. 그렇다고 교회에 돈이 있는 것도 아니고요."

"그럼, 천만 원을 어떻게 하려고 하나요?"

"지금으로서는 뭐라 말할 수 없네요."

"그럼, 안 됩니다. 수술할 수 없어요."

수술비 앞에서 또 막혔다.

"원무과 최고 책임자와 이 문제를 의논하고 싶은데, 만나게 해주십시오."

원무과 직원은 뜨악하게 나를 쳐다보더니 손으로 한 곳을 가리키며 원무과 과장실을 일러주었다.

"과장님, 치료비는 어떻게든 모금해 보겠습니다."

"언제까지 모금되겠습니까?"

"언제까지라고 지금은 말할 수 없지만 최선을 다해 마련해 보겠습니다. 꼭 수술받을 수 있게 해주십시오."

한참을 생각하던 과장이 말했다.

"참 안된 동포인데 수술은 해야지요. 그럼 목사님이 입원보증을 서시죠. 치료비 보증을 서야 진행할 수 있습니다."

"좋습니다. 입원보증을 서겠습니다."

보증서를 쓰고 사인을 했다. 서울대병원에 김무생 씨를 입원시켰다. 모금을 시작했다. 교회에도, 단체에도, 기업에도 편지를 보내 접촉해 보았다. 아무런 반응이 없었다. CTS기독교방송에 편지를 보냈는데, 담당자로부터 전화가 왔다.

"목사님, 우리 방송사가 선교 후원금으로 모은 돈이 있습니다. 1년에 3명 정도 어려운 사람에게 후원금을 전달하는데, 500만 원을 김무생 씨에게 지원할 수 있겠습니다. 방송사에 오셔서 받아 가세요."

"정말입니까? 너무 감사합니다."

방송사에 가서 500만 원을 받아 곧바로 서울대병원으로 향했다.

"과장님, 우선 500만 원부터 받으세요. 나머지도 계속 모금해 보겠습니다."

고관절 수술을 했다.

"목사님, 500만 원을 더 내야 퇴원이 가능합니다."

"과장님, 지금 당장에는 돈이 없습니다. 아무리 구해 보려 해도 구할 수가 없네요. 일단 퇴원부터 시켜 주시면 안 될까요? 어떻게든 돈을 마련해 내겠습니다."

과장이 못이기는 척하고 퇴원수속을 해주었다.

"목사님, 책임지셔야 합니다. 안 그러면 제 입장이 곤란해집니다."

"예, 알겠습니다. 감사합니다."

퇴원 후 김무생 씨를 교회 숙소에서 머물게 했다. 병원 원무과에서 일주일에 한 번씩 치료비를 내라고 독촉 전화가 왔다. 그럴 때마다 난 조금만 기다려 달라고 했다. 결국 야단이라도 맞을 심정으로 병원 원무과를 찾았다.

"과장님, 최선을 다하고 있는데 잘 안 되네요. 진척이 없습니다. 저도 참 괴롭습니다."

원무과 과장이 딱한 듯 나를 바라보며 말했다.

"이 문제를 우리 병원에서 빨리 처리해야 합니다. 목사님도 동포를 위해 수고가 많으신데… 그럼 이렇게 하시죠. 한 달에 만 원씩만 갚으세요. 형식적으로라도. 그래야 저도 위에 보고할 때 체면이 섭니다."

이 말을 듣고 귀를 의심했다. 그래서 다시 물었다.

"과장님, 진짜입니까?"

"예."

'저 과장님, 가슴 참 따듯한 분이시네.'

나는 동의서를 쓰고 가벼운 마음으로 병원을 나올 수 있었다.

죽어나가는 동포들

"목사님, 도와주세요."

요녕성 출신의 동포 아주머니가 찾아왔다.

"무슨 일이세요?"

다급한 목소리로 아주머니가 전했다.

"제 남동생이 한국인한테 망치로 맞아 광대뼈가 부러졌어요."

"일단 현장 주소나 연락처가 있나요?"

"여기 있어요."

일산 공사 현장으로 갔다. 현장반장을 만났다.

"반장님, 조선족 동포가 망치에 맞았다고 하는데 그게 사실입니까?"

"어디서 왔습니까? 뭐하시는 분이죠?"

앉아 있던 반장이 일어서며 물었다.

"조선족교회 목사입니다."

"난 잘 모르겠네요."

반장이 얼버무렸다. 그러면서 현장에 가보자고 했다.

"야, 어제 조선족 망치로 때렸다는데 그거 누가 한 거야?"

반장이 인부들에게 큰 소리로 물었다. 2, 3층에서 일하던 인부들이 나를 노려봤다.

"에이, 씨발, 잰 뭐야?"

담배꽁초를 땅으로 내던지며 한 인부가 반장을 향해 외쳤다.

"아, 그 조선족 새끼 또라이에요, 또라이. 도대체 말귀를 못 알아먹어요. 일을 시켜도 말귀를 못 알아먹으니 같이 일하던 애가 뭐라고 한마디했는데, 달려들더라구요. 그래서 싸움이 났고. 그러다 망치로 친 거예요. 두 사람 다 어제 현장에서 내보냈어요."

내가 인부를 향해 말했다.

"그럼 가해자를 찾아내 최소한 치료비를 물게 해야 하는 것 아닙니까?"

인부가 망치로 벽을 치며 내뱉었다.

"당신 뭔데 가해자 어쩌구 그래?"

"조선족교회 목사요."

"목사, 허— 좆같네. 목사면 설교나 하고 기도나 하지, 여기가 어디라고 찾아와 지랄을 떠나?"

다른 인부들도 나를 내려다보며 냉소적인 눈빛을 던졌다.

"가해자를 찾아내시오."

나는 큰 소리로 호통을 쳤다.

"허, 목사 양반. 우리 노가다하는 사람 잘 모르는 모양인데, 우린 어차피 이판사판으로 살아. 목사 양반이 가해자 찾아. 우린 하루하루 벌어먹고 살기도 바빠. 에이, 재수 없게시리…."

"아니, 사람을 다치게 했으면 치료를 해줘야 하는 것 아닙니까? 아무리 이판사판 살아도, '해야 할 바'라는 게 있는 것 아닙니까? 당신들, 가해자가 누군지는 알 거 아니오? 가해자 찾아내세요!"

"목사 새끼가 간땡이가 부었나? 지금 우리한테 하라마라 지껄

이고 있는 거야?"

상황이 험악하게 돌아가자 반장이 나를 사무실로 데려갔다.

"목사님, 내가 오야지한테 알아볼 테니 연락처 남겨 놓고 가세요. 연락드릴게요."

"알겠습니다. 그런데 아까 쌍욕하던 사람, 참 입이 거친데, 어제 걸레 물고 잠을 잤나, 원."

반장이 웃는다.

"목사님, 하하하… 걸레를 물고 잔다…. 목사님, 참 재밌습니다. 거 뭐, 노가다판이 그러려니 하고 이해하세요."

후에 가해자와 동포가 만나 합의하고 치료비를 물어주었다. 동포들의 체불임금 문제를 해결하러 찾아갔다가 사장한테 멱살 잡히고 온갖 쌍욕 듣는 것은 사실 가벼운 일에 속했다.

동포들이 병으로 세상을 떠나거나 산재사고를 당해 목숨을 잃는 경우도 자주 일어났다. 어느 날 한 동포로부터 전화가 왔다.

"목사님, 친구랑 퇴근 후 길을 가는데 친구가 갑자기 쓰러지더니 숨을 거뒀습니다. 그 친구 가족이 한국에 없어 장례를 어떻게 치러야 할지 모르겠습니다."

"지금, 어디인가요?"

"여기 안양 시흥인데요, 친구 시신이 지금 길거리에 있습니다…."

"알겠습니다. 기다리세요."

김의종 목사와 차를 타고 달려갔다. 시신을 차에 싣고 교회로 와서 3층 본당에 뉘였다. 구로경찰서에서 검안을 했고 심장마비로 사망한 것으로 결론이 났다. 일반 장례식장에 연락하면 비용이 많이 들어 기독교 장례사에 전화를 했다. 관과 수의를 만들고 장례 차량도 불렀다.

다음 날 시신을 버스에 싣고 숙소에 있던 동포 10여 명과 벽제 화장터로 향했다. 여름철이라 시신을 오래 보관할 수 없었기 때문이다.

내가 예배를 인도했다.

"고국 한국에 일하러 왔다가 운명을 달리했습니다. 고인은 험한 세월을 살아오셨습니다. 꿈도 못 이루고 세상을 떠났습니다. 이제 하늘나라에서 영원히 안식하기를 기도합니다."

초라한 장례였다. 동포들은 마치 자신의 처지인 듯 서러움에 흐느꼈다. 우리는 흐르는 눈물을 참을 길 없었다.

오만한 중국대사관

중국대사관에 연락했다. 유족을 초청하기 위해서다. 대사관 측에서는 사망진단서를 가지고 몇 번 창구로 오라고 했다. 그런데 가서 이야기하니 약속한 일이 없다고 했다.

"아니, 오늘 오라고 해서 왔는데 어떻게 된 겁니까?"

"다른 창구로 가보세요."

다른 창구로 갔다. 그러니 또 다른 창구로 가란다. 계속 뺑뺑이를 돌렸다.

'뭐 이런 대사관이 있나!'

"아무래도 대사를 만나야겠습니다. 대사를 만나게 해주십시오."

창구 직원이 위아래를 훑어본다.

"아니, 사람 하나 죽은 것 가지고 대사를 만나려고요? 대사가 그렇게 한가합니까? 만나려면 알아서 만나세요."

기가 막혔다. '사람 하나 죽은 것 가지고'라니…. 대사관 정문으로 갔다. 정문을 지키는 노인이 있었다. 그는 한국말을 할 줄 아는 중국인이었다.

"뭐하러 왔습니까?"

"대사를 만나러 왔습니다."

"왜요?"

"중국 공민이 한국에서 사망해 유족을 초청하려고요."

"그럼, 그건 저쪽 창구로 가야지 대사를 만나려 해요? 뭘 모르시네."

"창구에 갔는데 계속 이리가라 저리가라 하니까요. 대사관 일하는 태도가 뭐 이럽니까? 어쨌든 자국민 일인데 신속하게 처리해야 되는 것 아닌가요?"

"여긴 안 돼요. 못 들어가요. 아까 그 창구로 가세요."

"뭐요? 지금 똥개 훈련시키는 겁니까? 복무 태도가 고압적이고 서비스 정신이 하나도 없네요. 중국 국가공무원 복무 태도가 이러니 중국 공민이 고통당하는 겁니다."

노인이 눈에 쌍불을 켰다.

"뭐, 중국 국가공무원 복무 태도요?"

"그렇습니다. 왜 이렇게 오만합니까? 중국 공민은 죽어도 인간 취급을 못 받습니까? 사람이 뭐 파리 목숨입니까? 똥파리 죽은 것보다 더 무시하니…."

노인이 중국어로 삿대질을 하며 '쏼라 쏼라' 한다. 내 느낌으로는 욕을 하는 것이었다.

"이런 대사관이라면, 있을 필요가 없습니다. 대사관은 자국민을 위해 존재하는 게 아닙니까? 이거 하나 신속히 처리 못하고 뺑뺑이나 돌리고, 중국 공민들이 불쌍합니다."

"나가, 빨리 나가! 어디 와서 망발이야!"

"말만 꺼내면 무슨 대국, 대국 하면서 거드름만 떠는데, 대국? 웃기는 소리 하지 마세요. 대사 만나기 전까지는 못 나갑니다."

나는 화가 치밀어 가져간 서류를 대사관을 향해 내던져 버렸다. 서류들이 이리저리 흩어졌다. 노인이 어디론가 전화를 했다. 대사관을 지키던 전경 일개 중대가 순식간에 도착했다. 중대장이 나에게 말했다.

"여기 대사관은 치외법권인 거 아시죠? 대사관에서 전화가 왔습니다. 한국인이 와서 행패를 부린다고."

"행패요? 무슨 행패입니까? 진짜 행패는 대사관이 부리는 거잖아요."

나는 자초지종을 중대장에게 말했다.

"목사님, 원래 중국대사관이 그래요. 아직 중국은 멀었어요. 그러니 상대하지 말고 그냥 가세요. 자, 갑시다."

우여곡절 끝에 그 가족이 한국에 와 교회를 찾았다.

"목사님, 저희 왔습니다. 아버지 장례식 치러 주셔서 깊이 감사드립니다."

20대 초반의 아들과 딸이었다.

"뭐라 위로의 말을 드려야 할지 모르겠습니다. 얼마나 두 분 마음이 비통하겠습니까?"

남매가 눈물을 글썽였다.

"아버지 유골함은 어디 있나요?"

"아, 유골함!"

사무실에서 보관하던 유골함을 꺼내 아들에게 건넸다.

"두 분 이쪽으로 오시지요."

3층에 있는 예배당으로 올라갔다. 유골함을 예배당에 내려놓고 신발을 벗고 두 남매가 무릎을 꿇었다.

"아버지, 아버지, 아버지…. 어떻게 이렇게 허망하게 가셨어요. 엄마 일찍 돌아가시고 아버지 혼자 우릴 키웠는데…. 고생만 하신 아버지…. 돈 벌어 우리 행복하게 해주겠다고 한국에 와서 이렇게 영영 가신 건가요? 아버지 가시는 길도 못 보고, 우리 때문에 고생만 하다 가신 아버지… 얼마나 고생 많으셨어요…."

두 남매가 오열한다. 가슴이 먹먹하다. 분단 없이 통일된 국가라면 마음껏 압록강, 두만강을 건너 동북 3성의 동포들이 자유롭게 오갈 텐데, 이 분단…. 참으로 한스럽다.

남매에게 물었다.

"앞으로 어떻게 할 예정인가요?"

"중국으로 가야죠."

두 남매를 보니 참으로 순박했다. 선한 눈빛, 선한 모습.

'얼마나 고생했을까, 어머니 일찍 가시고… 아버지 혼자 길렀을 텐데. 어머니 사랑과 정도 못 느끼고…'

"두 분 말입니다. 중국 가지 마세요."

"목사님, 무슨 말씀이세요?"

"가지 마세요. 여기서 일하면서 돈 버세요."

"예? 그럼 불법체류자가 되잖아요."

"네. 하지만 우리 민족은 동포들을 불법체류로 보지 않습니다. 누구도 우리 동포를 불법체류자로 낙인찍을 수 없습니다. 우리 민족 피 한 방울이라도 섞인 사람은 한반도에서 살 권리가 있습니다. 아버지가 못 다 이룬 꿈, 두 남매가 여기서 이루세요."

당황한 남매가 잠시 생각에 잠기더니 답했다.

"알겠습니다. 여기 한국에서 일하겠습니다."

"꼭 행복하게 사세요."

이러쿵 저러쿵 살아가는 이야기

불법체류 동포 남성들은 현장 막노동일을 많이 한다. 불법체류 신분을 감추기 위해 한국인 주민등록등본이나 주민등록증 사본이 필요한 경우가 많다.

"목사님, 제가 현장 일을 하려 하는데 현장 반장이 한국인 주민등록등본이나 주민등록증을 복사해 가져오면 그걸로 된다고 하데요. 좀 도와주세요."

이럴 경우 나는 내 주민등록등본이나 주민등록증을 복사해 주었다. 내 명의로 휴대전화를 만들어 준 경우도 많다. 동포들을 믿고 해준 것이다. 그런데 간혹 엉터리 같은 일들이 일어났다.

어느 날 신용정보회사에서 독촉장을 받았다. 내용을 보니 46만 원 어치의 녹용을 사먹고 왜 돈을 안 내느냐는 것이었다. 난 평생 녹용 한 번 안 먹었다. 어쩐 일인지 도무지 알 길이 없었다. 울며 겨자 먹기로 해당 금액을 송금했다. 얼마 지난 뒤 한 동포 남성에게 전화가 왔다.

"목사님, 잘 계시죠?"

"네, 현장 일 잘 하고 있나요? 건강은 어때요?"

"좋습니다. 한약방에 가서 녹용을 지어 먹었더니 기력이 생겼습니다."

'녹용? 이 사람이구나!'

"그거 혹시 내 이름으로 지어 먹은 것 아닙니까?"

순간 그가 말을 잇지 못했다.

"사실대로 말하세요."

"아… 목사님, 목사님이 복사해 준 주민등록증으로 지어 먹었습니다."

"그럼, 녹용을 해먹은 사람이 비용을 갚아야지, 왜 나한테 독촉장이 날아오게 합니까?"

"목사님은 한국 사람이잖아요. 한국 사람은 돈이 많은데, 그 정도 금액이 그렇게 문제가 되는 건가요?"

'어쩌랴, 도무지 말이 통하지 않는 걸.'

"알겠습니다. 앞으로는 그러지 마세요."

조선족 동포의 말투와 관련해 동포 아주머니에게 말 실수를 한 적이 있다. 주일 예배를 인도할 때였다. 대표기도 시간에 동포 여성이 대표기도를 했다. 그런데 그 말투가 꼭 북한의 조선중앙 TV 아나운서와 흡사했다.

예배가 끝난 뒤 그 자매에게 유머를 한다고 한마디했다.

"자매, 평양에서 오셨나 봐요."

그러자 자매의 얼굴이 갑자기 벌겋게 변했다. 그러더니 아무런 말도 하지 않고 휙 돌아 가버리는 것이 아닌가. 난 영문을 몰랐다. 그다음 주일부터 자매가 교회를 나오지 않았다. 두 주일이 지나도 나오지 않자 궁금해서 그 자매를 잘 아는 동포 여성에게 물었다.

"요즘, 그 자매에게 무슨 일 있는지 혹시 아시나요?"

"그렇잖아도 저도 궁금해서 물어봤어요. 요즘 왜 교회 안 나오느냐고. 자매는 중국에 있을 때부터 교회를 다녔거든요. 처음엔 말하지 않더라고요. 그러다 자매가 그러데요. 목사님 말 때문에 마음이 많이 상했다고. 대표기도 끝나고 목사님이 '자매, 평양에서 오셨나봐요' 하고 이야기했다면서요. 그게 자매에게 모욕감을 준 겁니다."

난 저으기 놀랐다.

"목사님이 우리 동포를 잘 몰라서 그래요. 우린 동북 3성에서 살았잖아요. 길림성, 흑룡강성, 요녕성. 우리 동포들 가운데 북한 탈북자 먹여 주고 재워 주고 도와주지 않은 사람, 거의 없어요. 연변자치주 지역만 도와준 게 아닙니다. 흑룡강성 요녕성에도 탈북자들이 많죠. 북한 사정을 우리 동포들이 다 알아요. 북한에서는 지금 수많은 사람들이 굶어죽고 있어요. 북한이 고향인 우리 동포들도 많습니다."

"동북 3성에 그렇게 탈북자들이 많습니까? 뉴스를 들어 어느 정도는 알고 있었지만."

"목사님, 말도 마세요. 탈북자들은 딱 보면 티가 나요. 한눈에요. 우린 중국어가 가능한데 탈북자들은 중국말 한마디도 못해요. 그러니 우리 조선족 동포가 도와주지 않으면 탈북자들은 금방 잡혀 북한으로 추방당해요. 북한으로 추방당하면 어떤 꼴 당하는지는 아시죠?"

"그래요, 자매가 왜 그렇게 마음이 상한 건가요?"

"그러니까 그날 목사님이 자매에게 '평양에서 오셨나 봐요'라고 한 말이 '꼭 평양 거지처럼 보이네요'라고 들린 거예요."

"나는 미처 그렇게까지 생각 못 했습니다. 부탁 하나 드려요. 내가 진심으로 자매에게 사과한다고 전해 주세요. 그리고 꼭 다시 교회 나오라고."

"예, 알겠습니다."

다음 주일 자매가 예배드리러 왔다. 예배 후 자매와 만났다.

"내가 말 실수를 크게 해서 마음 상하게 한 점, 진심으로 사과합니다. 미안합니다."

다행스럽게도 자매가 웃으며 내 말을 받아 주었다.

"저도 전해 들었어요. 목사님이 유머로 말했다고. 제가 너무 과민하게 받아들인 것 같습니다. 다시 교회 나올 테니 염려 마세요, 목사님."

'휴—' 안심이 되었다. 홀로 반성과 성찰을 했다. '우리 동포들을 대하고 대화할 때 동북 3성, 북한, 중국이라는 배경에서 이해하고 대화해야겠구나' 뼈저리게 느꼈다. 다시는 동포들에게 유머라도 말 실수를 하지 말자고 다짐했다.

삶의 자리를 이해하는 것이 중요하다. 무심하게 내뱉는 말 한마디가 마음에 깊은 상처를 준다.

동포들의 수다

동포들이 한국에 와서 느끼는 가장 큰 문화충격이 두 가지다. 하나는 24시간 쉬지 않고 일하는 불야성의 나라라는 것, 두 번째는 어디를 가나 외래어, 특히 영어가 범람한다는 것이다.

쉬지 않고 일하는 나라, 노동 강도가 센 나라, 주야간을 일하는 나라. 무산계급과 노동자들의 천국을 만들기 위해 혁명을 한 중국은 노동시간이 정해져 있다. 야간 업무는 있을 수 없다. 그런 나라에서 살다 한국에 오니 한국인이 모두 일벌레처럼 보인다. 일에 치여 산다. 회사를 가든, 식당에서든, 건설 현장에서든, 무엇을 하든 '빨리 빨리' 소리에 동포들은 혀를 내두른다.

중국이 어떤 나란가? 그 특유의 '만만디'(慢慢地, 느릿느릿)가 몸에 밴 나라 아닌가. 20년을 참고서 복수를 한다는 나라, 공무원들이고 회사원이고 점심 먹고 낮잠을 자는 나라인데…. 한국에서 일하는 동포들은 처음엔 그야말로 '헉헉'거리며 적응하기 바쁘다.

동포들이 또 늘 하는 말이 여기가 한국인지 미국인지 헷갈린다는 것이다. '수퍼마켓, 가든, 가이드, 게스트, 택시, 노하우, 다이어트, 호텔, 모텔, 네트워크, 패스트푸드, 캠퍼스, 뉴스, 내비게이션, 플라자, 레스토랑, 댄스, 달러, 디스카운트세일, 뮤직, 베이커리….'

"거 참 이상해요, 목사님."

"뭐가 이상한가요?"

"한국에 오면 조선말만 쓰는 줄 알았는데 어디를 가나 온통 영어입니다. 도대체가 못 알아먹겠습니다. 간판도, 신문도, 텔레비전도, 라디오도, 온통 영어니 무슨 말인지 영…."

이렇게 묻는 동포도 있다.

"우리가 중국에서 남조선은 미제국주의의 식민지라고 배웠는데, 남한은 정말 미국의 식민지인가요?"

영어나 외래어 때문에 웃지 못 할 일들이 일어난다. 교회에서 나는 동포들이 수다를 떠는 자리에 자주 앉아 들었다.

"목사님, 건설 현장에 갔는데 오야지가 '몽키' 가져와 그러더라고요. 그래서 오야지한테 '몽키가 뭐예요?'라고 물으니까 욕을 하더라고요."

"뭐라고 욕해요?"

"'야, 씨발, 노가다 뛰면서 몽키도 몰라!' 하고요. 정말 미치고 환장하겠데요. 모르니까 모른다고 한 건데…."

모텔에서 일하는 50대 동포 아줌마의 이야기.

"남자 여자 한 쌍이 모텔 카운터로 왔어요. 그러더니 남자 손님이 콘돔을 달라고 해요. 도대체가 그게 뭔지 모르겠더라고요. 처음 들어 보니까. 그래서 발음이 콜라랑 비슷해서 콜라 달라는 줄 알고 콜라 한 병을 갖다 줬어요. 그랬더니 그 남자가 인상을 팍 쓰며 화를 내는 거예요."

옆에서 함께 듣던 동포 아줌마들이 배꼽을 잡고 웃는다.

"그런데, 목사님, 손님들 다 자기 마누라, 나그네 아녜요."

"나그네가 뭔가요?"

"연변에서는 남편을 나그네라고 불러요."

"아, 그래요? 의미가 여기하고는 완전히 다르네요."

"모텔 손님들 다 몰래 바람 피는 겁니다. 젊은 애들, 중년들, 노인네들… 다 애인하고 와요."

가정부로 일하는 동포 아줌마의 이야기.

"저는 노부부가 사는 집에서 가정부로 일하는데요, 이놈의 할아버지가 할머니만 눈에 안 띄면 자꾸 추근대요. 주방에서 식사 준비할 때도, 거실에서 청소할 때도 슬며시 와서는…. 어느 날 새벽에는 몰래 제 방에 들어와서는 저를 덮쳤어요. 그래서 고래고래 소리 질렀더니, 할머니가 놀라 뛰어온 거예요. 할머니한테 그간의 일을 말했더니 할머니가 오히려 저한테 욕을 합디다."

"아니, 왜 욕을 합니까? 할아버지를 혼내야지."

"정말 억울하고 기가 막혔어요. 그 할머니가 그러는 거예요. '야 이년아, 니가 얼마나 꼬리를 쳤으면 할배가 그렇게 했겠냐!' 하고요."

그러고는 그날로 그 집을 나와 버렸다고 한다.

"목사님, 식당에서 홀서빙하는데요. 한국 남자들, 정말 피곤해요. 연애 한번 하자, 술 한번 마시자, 은근히 몸에 손을 대고… 정말 죽겠어요."

어떤 동포 여성은 가정집에서 일하는데 자신만 빼고 가족들끼리만 늘 모여 맛있게 먹는단다. 한국인들도 동포들에게 불만이 많은 게 사실이다. 몇 년간 가족처럼 지냈는데 돈 몇 푼 더 받는다고 하루아침에 훌쩍 떠나는 동포들을 볼 때 그렇다. 그럴 때 교회로 전화해 답답함을 토론하기도 한다.

"조선족은 인간적인 정이 없는 것 같습니다. 돈밖에 몰라요."

시시때때로 월급 올려 달라고 조르고, 일의 성과는 없으면서 노동시간만큼 돈을 달라고 요구하고. 심지어 구인광고를 보면 '연변

교포 사절'이라는 언급도 있다. 만나고 부딪히고 이해해 가는 과정일 것이다.

동북 3성의 동포들 가운데서도 지역 색이 있다. 대체적으로 연변자치주 조선족은 흑룡강성이나 다른 지역에 사는 동포들을 보고 '어둡다, 미개하다'는 생각을 한다. 반대로 흑룡강성 등에 사는 동포들은 연변자치주 사람들을 '연변내기'라면서 깔보는 경향이 있다. 연변내기들은 '잇속이 빠르고 깍쟁이고 혼자 잘난 척한다'는 것이다.

조선족을 위한 2차 운동

2002년 3월 12일, 정부는 '불법체류방지 종합대책'을 발표했다. 2002년 한일월드컵을 앞두고 정부가 취한 조치였다. 이 종합대책은 3월 25일부터 두 달간 불법체류자들이 자진신고를 하면 1년간 체류하면서 귀국 준비를 할 수 있는 기간을 준다는 것이다.

서경석 목사가 주일 예배 후 교역자회의에서 말을 꺼냈다.

"정부의 이번 불법체류방지 종합대책은 근본 문제를 풀지 않고 일시적인 미봉책일 뿐입니다. 동포들을 위한 배려가 전혀 없습니다. 동포들을 대변해 목소리를 내야 할 것 같아요."

교역자들도 이 말에 동의했다. 나도 한마디했다.

"동포 문제는 합법체류와 자유왕래만이 근본적 해결책입니다. 근본 뿌리를 건드려야지 상황에 따른 미봉책은 동포들에게 가혹한 고통을 줄 뿐입니다."

서울조선족교회는 3월 26일부터 정부의 불법체류 종합대책 반대집회를 열기로 했다. 26일부터 매주 화요일, 금요일, 일요일 밤에 무기한 항의집회를 하기로 했다. 서 목사는 무기한 항의단식을 하기로 결심했다. 서울조선족교회에 나오는 동포들에게 대대적으로 이 결정을 알렸다. 동포들은 자신들을 위해 교회가 나선다니 환호했다. 전단지를 만들어 동포들 밀집 지역을 돌며 이 소식을 알렸다.

3월 26일 저녁 8시, 1천여 명의 동포들이 교회 앞마당으로 모여들었다. 다 촛불을 들었다. 한국의 언론도 동포 문제를 크게 알리기 시작했다. 그러나 정부와 법무부는 아무런 반응이 없었다.

4월 12일 저녁 집회 후 100여 명의 동포들이 한국기독교백주년기념관 대강당으로 이동해 집단 단식에 들어가기로 했다. 그날 저녁, 나는 집회를 진행했다. 1천여 명의 동포들이 촛불을 들고 모였다.

"자유왕래 보장하라! 합법체류 보장하라!"

핸드폰이 울렸다. 한옥희 목사였다.

"목사님! 큰일 났어요!"

"무슨 일인데요?"

"서 목사님이 갑자기 피를 토하고 쓰러지셨어요."

"뭐요? 피를 토하고 쓰러지다니?"

"의식을 잃었어요. 어떻게 하면 좋죠?"

"빨리 119 불러 교회 옆에 있는 구로고대병원으로 목사님을 모셔가세요."

단식 16일째인 서경석 목사가 위문차 찾아온 인사들을 만나고 있다가 몸에 무리가 와 쓰러진 것이었다.

'이 상황을 어떻게 해야 하나? 집회를 중지해야 하나?'

이런 저런 생각이 빛의 속도처럼 빠르게 스쳐갔다.

'여기서 흔들리면 안 된다. 투쟁이 멈춰져선 안 된다. 계획대로 밀고 나가자.'

가랑비가 내리고 있었다. 동포들이 비를 맞으며 촛불을 들고 있었다. 나는 연단에 서서 동포들을 향해 말했다.

"사랑하는 동포 여러분, 조금 전 단식 16일째를 이어가던 서경석 목사님이 갑자기 피를 토하고 쓰러지셨습니다."

동포들이 충격에 휩싸여 비명을 질렀다. 흐느끼는 소리가 점점 커졌다. 땅바닥에 주저앉아 오열하는 동포들도 있었다. 나는 일체

동요의 빛을 보이지 않고 말을 이어갔다.

"동포 여러분, 서 목사님은 여러분을 위해 모든 것을 바쳐 희생하고 있습니다. 여기서 우리의 투쟁을 멈추면 안 됩니다. 더욱 하나로 뭉쳐 우리의 의지를 관철해 나가야 합니다. 우리의 집회는 차질없이 계속될 것입니다."

집회가 끝나갈 무렵 밤 8시 50분쯤 핸드폰이 울렸다. 서 목사였다.

"최 목사, 난데."

"목사님, 몸은 좀 어떠세요?"

"지금 응급실에서 응급 처방을 했네. 입원해서 치료를 받아야 할 것 같아."

"목사님, 괜찮겠습니까?"

"괜찮네. 내가 병원에 있더라도 최 목사가 항의집회를 흔들림 없이 밀고 나가게."

"알겠습니다, 목사님. 걱정하지 마세요. 차질 없이 앞으로 나아가겠습니다."

밤 9시. 대절한 버스에 100여 명의 동포들을 태우고 한국기독교백주년기념관으로 향했다. 백주년기념관 대강당에서 동포들이 집단 단식을 시작했다. 침낭에 몸을 뉘어 다들 휴식을 취했다.

교역자회의를 이끌었다.

"계속 계획대로 나가겠습니다. 단식에 필요한 생수 체크해 주세요. 혹시 동포들에게 문제가 생길 수 있으니 24시간 동포들을 돌보는 체제로 가겠습니다. 동포들이 평소에 단식이나 금식을 해본 적이 없으니 교역자들이 한명 한명 세심히 살펴야겠습니다."

교역자들이 각자의 역할과 임무를 나누어 움직였다. 뜬 눈으로 밤을 새웠다. 한시도 긴장을 풀 수 없었다.

'한반도에 고난이 닥칠 때 자신들의 목숨을 바친 선조들. 강대국들에 둘러싸여 끊임없이 그들이 휘두르는 쇠몽둥이와 칼을 맞아야 했던 우리 민족의 수난사. 약소국의 서러움…. 항일독립운동을 위해 전 재산을 팔아 만주로 간 이회영 선생…. 그들은 진정 우리 민족의 혼이요 등불이다. 우리 동포들이 무슨 죄가 있나…. 저 순박한 동포들이 교회를 의지해 단식을 하고…. 고국을 향해 동포로 인정해 달라고 몸부림치는 저 모습, 이런 비극이 민족사에 다시 재현되어선 안 된다. 우리의 싸움은 민족사라는 대하大河에서만 정당성이 확보된다.'

아침이 되었다. 10시경, 응급 조치를 받은 서 목사가 백주년기념관 게스트하우스에 도착했다. 교역자들과 함께 서 목사가 머무는 방을 찾았다. 서 목사는 누워 있었다. 내가 말을 꺼냈다.

"목사님, 단식을 중단하셔야 하지 않겠습니까? 위출혈로 큰 위기를 겪으셨는데 계속 단식하면 위험합니다."

두 눈을 감고 누워 있던 서 목사가 잠시 침묵하더니 눈을 천천히 뜨면서 낮은 목소리로 말했다.

"최 목사, 어제 의사가 그러더군. 병원에 조금만 늦게 왔더라도 생명에 지장이 있었을 거라고. 치료를 받으면서 생각했네. 계속 단식을 이어가야 하나, 중단해야 하나…. 여기서 단식을 멈추면 조선족 문제는 풀리지 않을 걸세. 그래서 계속 단식하려 하네. 조선족을 위해 죽으면 죽으리라는 마음으로, 단식을 계속 할 걸세. 하지만 염려들 말게."

결의가 분명했다. 조선족을 위해 목숨을 바치겠다는 서 목사의 결의에 가슴이 먹먹했다.

김대중 대통령에게 보내는 편지

오전 11시, 백주년기념관 대강당에서 집회가 시작되었다. 조선족 동포들이 발언자로 나와 오늘의 현실과 집회의 정당성을 이야기해 나갔다. 발언이 다 끝난 뒤 서 목사가 부축을 받고 연단으로 올라왔다.

"동포 여러분, 많이 걱정해 주어 고맙습니다. 나는 괜찮습니다. 성경을 보면 애굽 땅에서 학대당하던 히브리인들이 여호와 하나님을 향해 부르짖었습니다. 하나님은 그 부르짖음에 귀 기울이셨습니다. 그리고 모세를 보내 바로의 압제에서 그들을 해방시켰습니다. 하나님께서 히브리 민족과 함께하셨습니다. 그 하나님이 고국 땅에서 신음하며 부르짖는 여러분의 부르짖음에 귀 기울이고 계십니다. 하나님이 여러분과 함께하고 계십니다. 하나님께서는 앞에는 홍해가 가로막고 뒤로는 바로 왕의 병사들이 쫓아오는 진퇴양난의 위기에 처한 히브리 민족에게 모세의 입을 통해 말씀하셨습니다. '여호와께서 너희를 위하여 싸우시리니 너희는 가만히 있을지니라'(출애굽기 14:14). 그리고 홍해를 갈라 이스라엘 백성을 구원해 주셨습니다. 하나님께서는 고난당하는 조선족 동포의 편에 서서 반드시 승리의 싸움을 싸우실 것입니다.

여러분, 그러나 한 가지 우리가 꼭 가져야 할 자세가 있습니다. 우리의 싸움이 한국에 대한 증오심에서 비롯되어서는 안 됩니다. 같은 핏줄인 한국에 대한 사랑에서 비롯되는 싸움이어야 합니다. 이 싸움은 선으로 악을 이기는 싸움이어야 합니다. 한국인들이 아직 몰라서 그렇지, 상황을 알면 반드시 우리를 지지할 것입니다."

서 목사가 이어서 기도했다.

"하나님, 200만 조선족 동포를 일으켜 주십시오. 지금은 고국에서 불법체류자로 힘들게 살아가고 있고 동북 3성의 동포들이 혼돈을 겪고 방향 감각을 상실해 가고 있지만, 조선족 동포를 세워 주시고 축복해 주십시오. 동포들의 영육이 병들지 않게 붙잡아 주시고 좌절하거나 낙심하지 않게 붙들어 주십시오. 우리 동포들의 고통과 설움의 눈물이 헛되지 않게 해주십시오."

집단 단식은 계속 이어졌다. 오한을 느끼며 떠는 사람, 위통을 호소하는 사람, 두통을 호소하는 사람…. 교역자들은 이들을 위한 응급조치를 해나갔다. 너무 힘들어하는 동포는 단식을 중단하게 했다. 백주년기념관에 들렀다가 동포들의 단식과 조선족이 한국에서 겪는 현실을 접한 목사들과 성도들이 생수를 사다 주며 힘내라고 격려해 주었다.

한 동포가 김대중 대통령에게 보내는 편지를 동포들 앞에서 읽었다.

존경하는 김대중 대통령님께

우리 동포들은 금년 한일월드컵과 아시안게임 등 중대한 국가 행사를 거행하는 정부 당국의 고충과 입장을 충분히 이해하지만, 법무부에서 발표한 불법체류자 종합대책은 사실상 우리 동포들을 궁지에 몰아넣고, 나아가 동포들의 가정과 생명까지 위협하는 사형판결과 같은 반민족적인 정책과 다름없다고 봅니다.

김대중 대통령님은 정치 생애에서 다섯 차례의 투옥과 한 차례의 사형 선고를 받으셨습니다. 사형 판결이 한 사람의 인생에서 무엇을 의미하는지 대통령님은 누구보다 더 잘 알고 계실 것입니다.

대통령님은 지금 밀린 임금도 채 못 받고 건설 현장에서 힘들게 일하다 떨어져 의식을 잃은 채 병원에 누워 있는 동포의 모습이 보이십니까? 매일 열두 시간 식당에서 일하다 신고로 추방당해 바다에 뛰어든 한 동포 여인의 울부짖음이 들리십니까? 자식이 한국에서 교통사고로 죽은 것도 모르고 아들이 돌아오기만을 애타게 기다리는 할아버지 할머니의 모습이 보이십니까?

그들의 가정은 또 어찌하겠습니까? 왜 우리 할아버지 할머니들은 나라 잃은 설움에 고국을 떠나야 했고, 왜 우리들은 나라 찾은 그 고국에서 실망과 한을 품고 떠나야 한다는 말입니까? 하루 빨리 우리 동포 사회에도 햇볕정책을 실시하여, 중국 동포들이 한반도의 통일과 한국 기업의 순조로운 중국 진출에 받침돌이 되게 해주십시오.

이 공개 편지에는 200만 중국 동포가 한국 정부를 바라보는 시각이 들어 있다. 계속 이어지는 동포들의 집단 단식은 결국 법무부를 움직였다. 4월 16일 법무부는 '동포들의 어려운 현실을 감안하여 근본적인 대책을 마련하겠다'는 약속을 했고, 서경석 목사는 22일 만에 단식을 중단했다.

조선족을 위한 3차 운동

2002년 7월 17일, 정부는 '외국인력제도 개선방안'을 발표했다. 핵심 내용은 불법체류 동포들에게 내년 3월까지 전원 출국하라는 것이었다. 법무부가 동포들을 위한 근본적인 대책을 마련하겠다는 약속을 헌신짝 버리듯 버린 것이다. 여론의 소나기를 피하기 위해 미봉책을 제시했지만, 핵심은 '나가라'는 것이었다.

교역자회의에서 서 목사가 먼저 말을 꺼냈다.

"내년 3월이 되면 또 체포와 강제 추방의 악순환이 이어질 것이고 동포들은 숨어 다니기에 바쁠 것입니다. 아무래도 강력한 항의운동을 전개해야 할 것 같습니다."

교역자들은 지난번의 집단 단식이 무위로 끝난 것에 허탈감을 느꼈다. 7월 28일부터 서 목사는 또다시 무기한 단식을 시작하기로 했다. 28일은 주일이었다. 예배 후 오후 3시 1천여 명의 동포들이 교회 앞마당에 모여 집회를 한 후, 가리봉동 조선족타운까지 행진했다. 경찰 기동대 버스 세 대가 출동해 질서를 잡아 주었다.

"현실성 없는 정부 방안인 내년 3월 전원 추방 결사 반대한다!"

"자유왕래 허용하라!"

"동포의 눈에서 더 이상 피눈물 흘리지 않게 하라!"

가리봉동 조선족타운에 이르렀다. 가리봉동은 산업화 시대 전국의 농촌 처녀총각들이 몰려들어 쪽방과 벌집에서 살면서 '공돌이, 공순이'로 땀 흘리며 노동하던 곳이다. 구로공단의 한가운데 있다. 가리봉동 삼거리에 집결한 동포들을 지나가던 동포들이 보고 모여들었다.

교역자들도 서 목사와 함께 28일부터 집단 단식에 들어갔다. 집회 후 150여 명의 동포들이 대절한 버스를 타고 기독교백주년기념관으로 이동해 집단 단식에 들어갔다. 기독교백주년기념관은 오갈 데 없는 동포들이 의지하고 자신들의 괴로움과 고통을 호소하는 공간이 되었다.

항의집회 때마다 서울조선족교회 앞마당에는 1, 2천 명 이상의 동포들이 모여들었다. 그때마다 법무부 직원, 경찰들이 멀찍이 떨어져 비디오 카메라를 들고 찍었다. 물론 사복 차림이다. 기자들의 경우는 집회 현장 가까이에서 사진을 찍거나 기사를 작성했다. 나는 〈동북아신문〉에 서울조선족교회가 동포들의 강제 추방에 대한 강력한 항의운동을 시작했다는 기사를 대서특필로 다루고 동포들이 밀집해 사는 곳에 배포했다.

백주년기념관 교역자회의에서 서 목사가 무겁게 입을 열었다.

"여러분, 우리가 동포들을 위해 강력한 운동을 전개하자 국가정보원에서 요로를 통해 나에게 입장을 전달했습니다. 불법체류 동포들을 선동해 반정부활동을 계속하는 것을 더 이상 용납할 수 없다고 합니다."

"반정부활동이요? 목사님, 이게 무슨 말입니까?"

내가 반문했다.

"정부와 사법당국은 우리 운동을 그렇게 바라보고 있는 것이죠. 이것이 정부의 눈입니다."

나는 정부의 시각에 동의할 수 없었다. 서 목사가 말을 이어갔다.

"우리 교회가 동포들을 위한 항의운동을 계속하면, 서울조선족교회 교역자 전체를 체포해 반정부활동 죄로 감옥에 집어넣겠다고 국정원 측이 밝혔습니다. 여러분 생각은 어떤가요?"

교역자들이 모두 놀라 "감옥이요?"라고 되물었다. 내가 한마디했다.

"우리를 집어넣으면 돌들이 일어나 소리칠 것입니다. 잘 됐습니다. 그동안 쉴 시간이 없었는데, 감방 가면 푹 쉬고 성경도 보고 기도도 하고, 밥도 그냥 주니 얼마나 좋습니까?"

서 목사가 말했다.

"국정원의 압박은 하책 중 하책입니다. 우리 교역자들이 감옥에 가면, 한국 교회뿐 아니라 한국 사회로 이 문제가 크게 번질 거예요. 어떠신가요, 여러분. 우리 교역자 모두 감옥 갑시다."

교역자들은 모두 감옥에 가더라도 물러서지 않겠다고 동의했다. 서 목사가 결론을 맺었다.

"국정원에 우리의 입장을 통보하겠습니다."

난 무슨 운동을 하다가 감옥에 가본 적이 없다. 그렇다고 범죄를 저질러 감옥에 가본 적도 없다. 우리는 다만 같은 민족으로서 조선족 동포들을 강제 추방한다는 것을 용납할 수 없었다. 국정원은 서울조선족교회 교역자들의 이 같은 결의에 더 이상 압박과 위협을 가하지 못했다. 8월 6일 김진표 국무조정실장이 '동포 문제를 전향적으로 해결하겠다'는 정부의 입장을 약속함으로 집단 단식을 풀었다. 우리는 마음이 착잡했다.

'왜 이렇게 힘든 운동, 단식, 농성을 해야 정부와 세상이 움직일까?'

결국 한국 정부가 2007년 '방문취업제'라는 제도를 도입함으로써 조선족의 합법체류와 합법취업이 이루어지게 되었다. 동시에 고려인에게도 이 제도가 적용되었다. 이때부터 동포들은 안정을 찾게 되었다.

중국에 대한 사대주의 DNA

9월 10일 오전, 쉬버에게 전화가 왔다.

"목사님, 지금 교회에 있습니까?"

"네, 무슨 일 있나요?"

"교회 가서 이야기하겠습니다."

"알겠습니다. 기다리죠."

사무실로 들어선 쉬버의 표정이 무거웠다.

"앉으세요. 잘 지냈습니까?"

"목사님, 조선족을 위해 싸우느라 수고가 많습니다. 중국은 소수민족이 많이 모여 사는데 조선족 같은 경우 고국인 한국이 있어 어려울 때 의지할 수 있는 것입니다. 한국은 발전한 나라이고 민주주의가 정착되어 있으니 조선족으로서는 더 자부심이 들 겁니다. 등소평도 해외 화교에 대해 문을 활짝 열었습니다. 그런데 한국만 자신의 동포에 인색합니다. 한국 정부가 이렇게 조선족을 포용하지 못하면 중국에서는 조선족이 무시당합니다. 소수민족인 몽고족을 보세요. 현재 내몽고자치구에 몽고족이 살고 있는데, 고국인 몽고가 경제력도, 힘도 약하니까 내몽고에 있는 몽고족에게 힘이 되어주지 못합니다."

"그렇군요. 그나저나 쉬버 선생, 요즘 어떻게 지냅니까?"

그가 일그러진 얼굴로 말했다.

"올 봄에 서울시에서 한국에 있는 외국인들을 대상으로 '서울시와 한국의 이미지 제고'라는 주제로 정책공모를 했습니다. 나는 두 편의 논문을 보냈는데 이 두 논문이 대상으로 선정되었습니다. 그게 8월 22일이었습니다."

"아, 정말 축하합니다. 평소에 늘 책을 읽고 글을 쓰더니 그 역량이 인정되었군요. 정말 잘되었습니다."

하지만 축하의 말을 듣고도 그의 표정이 풀리지 않았다.

"그런데 무슨 문제라도 있는 건가요?"

"목사님, 대상으로 뽑혔다는 통보를 8월 22일 서울시로부터 받으면서 9월 5일 시상식이 있으니 시간에 맞춰 오라고 했습니다. 저는 너무나 기뻤습니다. 그런데 시상식에 가려고 옷을 차려입고 출발하려는데 전화벨이 울렸습니다. 시상식이 취소되었으니 올 필요가 없다고 하더군요. 상금은 차후에 전달하겠다고 그러면서."

"왜 시상식이 취소되었다고 하나요?"

쉬버도 그 이유를 모르겠다고 했다. 그러고는 이튿날 서울시에서 전화가 와 서울시 담당자를 만나 상금 100만 원이 든 봉투를 전달받는 것으로 마무리되었다고 했다. 서울시가 이유도 밝히지 않고 시상식을 취소한다? 무슨 이유가 분명 있었을 것이다.

"쉬버 선생, 혹시 서울시 외국인 정책공모 담당자 전화번호 있나요?"

순간 내 머릿속을 번개처럼 스치는 생각이 있었다. 서울시에서 쉬버의 정체를 뒤늦게 알고 취소한 것이 아닐까 하는 것이었다. 중국 반체제 인사를 대상으로 선정한 것을 부담스럽게 느꼈을 것이다. 쉬버가 주머니에서 지갑을 꺼내더니 담당자 전화번호를 적어 주었다. 나는 서울시 담당자에게 전화를 걸었다.

"9월 5일 외국인 대상 정책공모 시상식이 예정되어 있었는데 서울시가 갑자기 취소한 것으로 알고 있습니다. 무슨 이유인가요?"

좀 당황한 듯 여직원이 말했다.

"그 문제는 제가 답변하기가 그래서 담당 국장님을 바꿔 드리겠습니다."

담당 국장과 연결되었다.

"담당 국장입니다. 무슨 일로 전화하셨습니까?"

"외국인 대상 정책공모 시상식이 취소된 이유를 알고자 전화드렸습니다."

"아, 그거요, 서울시장님이 갑자기 다른 행사에 급히 참여해야 해서 불가피하게 취소되었습니다."

국장의 말은 사실이 아니라 뭔가 둘러대는 느낌이 들었다.

"저는 지금까지 중국인 쉬버를 보호하고 도와온 목사입니다. 그런데 이번 서울시가 시상식을 취소한 것이 무척이나 부당하다고 생각합니다. 중국 반체제 인사가 대상을 받게 되어 취소한 것 아닙니까? 행사 스케줄 때문에 취소됐다는 걸 어느 누가 믿겠습니까?"

"…. 사실대로 말씀드리면 위에서 압력이 들어왔습니다. 어쩔 수 없었다는 점, 이해해 주세요."

"도대체 위가 어딥니까?"

"아, 말씀드리기 곤란한데…."

"대한민국이 이렇게 비겁한 나라입니까? 반체제면 어떻고 친체제면 어떻습니까? 그게 정책공모와 무슨 상관이 있습니까? 난 이 문제, 그냥 지나치지 않을 겁니다. 강력하게 문제 제기하겠습니다. 이건 우리나라 국격의 문제입니다."

"아, 제발 참아 주세요, 문제 삼지 마세요."

"아니 국장님, 문제를 삼는 게 아니라 서울시가 문제를 만든 것 아닙니까?"

"사실 국정원이 시상식을 취소하라고 했습니다. 중국 반체제 인사가 대상에 선정되었다고 하면 중국과의 관계가 불편해진다는 것이 이유입니다. 그래서 서울시에서 긴급 회의를 거쳐 시상식을 취소했습니다. 목사님, 큰 차원에서 이해해 주세요."

"도대체 뭐가 큰 차원입니까? 큰 차원은 정도를 가는 게 큰 차원입니다. 이건 중국을 향한 사대주의예요. 그러면 앞으로 대한민국 국민과 정부가 숨 쉬는 것까지 중국 눈치를 봐야 합니까? 국장님이 담당자시면 단호히 그런 논리를 거부하고 당당하게 시상식을 진행했어야 하는 것 아닙니까?"

"목사님, 저희 공무원 알잖아요. 저희는 시키는 대로 일하는 거…."

"대한민국이 아무리 약소국이라도 이번 일은 아주 근본이 잘못된 겁니다. 서울시의 공개 사과를 요구합니다. 서울시장의 공개사과. 비겁한 결정을 한 것에 대해 국민 앞에 사과해야 합니다. 그것이 떳떳한 태도입니다."

"그건 죽어도 못합니다. 저 모가지 짤립니다…."

나는 더 이상 말하지 않았다.

'이런 소소한 문제도 중국 눈치를 봐야 하나? 미국, 일본에 대

해서는 툭 하면 들고 일어나 반미, 반일 시위를 하면서…. 중국이 우리에게 그렇게 두려운 존재인가?'

나는 쉬버에게 간단히 설명해 주었다.

"쉬버 선생, 시상식 취소 이유는 선생이 중국 반체제 인사라서 국정원이 압력을 넣었답니다. 중국과의 마찰을 피하려고요."

"대한민국은 세계사적으로 자랑스러운 기적을 이룬 나라인데, 왜 스스로 놀란 토끼처럼 유약하게 이러는 겁니까? 잿더미 폐허에서 산업화, 민주화라는 찬란한 금자탑을 세운 나라가 이 세상에 어디 있습니까? 전 세계가 한국이 성취한 기적에 찬사와 박수를 보내고 배우려 하는데, 왜 스스로 작게 생각하고 그 옛날 명나라의 조공국가처럼 하려는지 모르겠습니다. 한국은 세계 속에서 자신의 위상을 잘 모르는 것 같습니다. 4대 강국에 둘러싸인 한국은 예전처럼 토끼가 아니라 고슴도치가 되어야 합니다. 건드렸다간 고슴도치 가시에 찔려 함부로 못 건드리게 그런 길을 가야 합니다. 중국은 대국입니다. 대국의 기질은 오히려 당당하게 나오는 개인이나 국가를 존중합니다. 이렇게 토끼처럼 지레 겁먹고 놀라고 그러면, 중국은 더 고압적으로 누르려 할 것입니다. 당당할 땐 당당해야 합니다."

"한국인이 그렇게 비겁한 사람들이 아닙니다. 한국 역사를 보세요. 한반도를 보세요. 중국 대륙에 붙어 있는 조그만 반도 아닙니까? 그럼에도 중국에 편입되지 않고 민족의 역사를 이어 왔습니다. 이 나라, 이 강토를 지키기 위해 무수한 백의민족이 피를 흘렸고 목숨을 초개처럼 버렸습니다."

"목사님, 맞습니다. 세상에 공의와 정의가 필요할 때 물러서지 않고 용기 있게 말하는 것이 중요합니다."

정부의 표적단속

서울조선족교회는 9월 22일 추석에 한강 고수부지에서 약 6만

명의 동포들이 모이는 한가위 대잔치를 준비하느라 바쁘게 움직였다. 중국 동포와 함께하는 KBS 전국노래자랑도 같이 진행했다. 이 노래자랑은 3회째가 되었다. 중국에서 동포들은 위성 안테나를 설치해 한국 드라마, 뉴스, 다큐 등을 즐겨 본다.

2000년 남북정상회담, 그러니까 김대중 대통령과 김정일 국방위원장이 평양에서 만나기 전후 중국 공안은 동포들이 이 정상회담 과정을 보지 못하게 하려고 대대적으로 위성 안테나를 단속했다고 한다. 동포들 사이에 민족적 열기가 확산되는 것을 차단하기 위해서였다. 중국 정부의 본심이 드러난 대목이다. 그럼에도 동포들은 몰래 위성 안테나를 설치해 한국 방송을 보았다. 이에 발맞춰 서울조선족교회의 활동, 특별히 동포들의 합법체류와 자유왕래를 위한 투쟁이 동북 3성의 동포들에게 널리 알려지고, 한국으로 오는 많은 동포들이 서울조선족교회를 찾게 되었다. 서울조선족교회는 동포들에게 성지와 같은 곳이 되었다.

9월 2일 월요일, 동포 김영동 씨의 부인으로부터 전화가 왔다.

"목사님, 남편이 오늘 아침 집을 나서서 교회로 가려는데 법무부 직원 네 명이 와서 다짜고짜 아무런 말도 하지 않고 남편을 잡아갔습니다. 어디로 잡혀 갔는지도 몰라요. 남편이 저항하자 강제로 수갑을 채워 데려갔습니다."

'이게 무슨 소린가?' 감이 잡히지 않았다.

"그래요? 아무 이유도 밝히지 않던가요?"

"네, 집밖으로 나가는 순간 잡혔어요…."

"알겠습니다."

잠시 후 또 핸드폰이 울렸다. 〈동북아신문〉 발간 초기부터 같이 일한 김용필 기자였다.

"목사님, 오늘 동포 김승일 씨와 인터뷰하고 헤어졌는데, 얼마 지나지 않아 그에게 전화가 왔습니다."

"무슨 전화인데요?"

"지금 자신이 체포돼 화성외국인보호소로 차에 실려 가는 중이랍니다. 점심에 구로경찰서 정보과 홍 모 형사랑 식사 약속이 있어 만나러 가는 길에 체포되었답니다."

곧이어 동포 김주석 씨의 딸에게서 전화가 왔다.

"목사님, 아버지가 오늘 집에서 법무부 직원에 의해 체포되어 어디론가 갔습니다."

동포 이철용 씨도 체포되어 화성외국인보호소로 가고 있다고 연락해 왔다. 김영동, 김주석, 김승일, 이철용, 네 명의 동포가 한날 한시에 법무부 직원들에 의해 체포되어 끌려간 것이다. 월요일은 모든 교역자들이 쉬는 날이다. 그날은 서경석 목사가 연변 조선족자치주 성립 50주년 기념행사에 초청받아 출국한 날이기도 했다. 이 네 명의 동포들은 서울조선족교회에서 동포들의 고통을 호소하는 집회나 합법적 체류를 위한 운동에 앞장선 사람들이었다. 나는 '표적단속'이라는 생각이 들었다.

교역자들에게 이 사실을 급히 알리고 교회로 모이라 했다. 연변에 있는 서 목사에게 이 사실을 전화로 알렸다. 나는 서울출입국관리사무소 조사과 과장에게 전화로 따졌다.

"왜 이 네 사람을 잡아갔습니까?"

조사과 과장은 잠시 머뭇거렸다.

"목사님, 그 네 명은 출입국관리법 17조를 위반했기 때문에 체포되었습니다. 17조에 '대한민국에 체류하는 외국인은 정치활동을 해서는 안 된다'고 규정하고 있습니다. 한국에 왔으면 조용히 일하며 돈이나 벌어야지, 왜 집회와 데모에 참석합니까? 이 네 명은 주동자이기 때문에 체포할 수밖에 없습니다."

"아니, 동포들이 고국에서 합법체류를 할 수 있게 해달라고 호소한 것이 무슨 정치활동입니까?"

"정부를 향해 고개를 들었잖습니까? 그것도 외국인이…."

"동포들이 왜 외국인입니까? 고개를 들다니 무슨 말을 하는 겁니까?"

"그들은 반정부활동을 한 겁니다. 그래서 체포한 겁니다."

격랑에 휩쓸린 바람꽃

조선족 문단을 대표하는 동포 여류작가 허련순이 〈동북아신문〉을 찾아와 대담을 한 적이 있다. 그녀는 편집장인 내게 자신이 쓴 장편소설《바람꽃》을 건네며 말했다.

"우리 조선족의 정체성에 대해 오랫동안 고민해 왔습니다. 한국으로 와서 불법체류자로 살면서 겪는 동포들의 삶을 취재하러 왔습니다. 이 소설 제목이 '바람꽃'인데, 우리 동포들의 정체성을 표현한 것입니다. 동포들은 귀한 꽃인데 역사와 시대의 바람에 이리 저리 휩쓸려가는 모습을 형상화한 것입니다."

소도 비빌 언덕이 있어야 살아갈 수 있다. 나무는 대지에 뿌리박고 서야 생명력을 유지할 수 있다. 우리 민족은 한반도라는 터전이 있어야 민족 생명을 이어간다. 뿌리 뽑힌 나무가 말라 죽는 것은 우주의 근본 이치다. 태평양으로 나갔던 연어도 자신의 고향으로 회귀한다. 조선족 동포에게 고국 한국은 회귀할 터전이 되어 주어야 한다. 그러나 정부는 그들을 형제가 아닌 타인으로 보고 있는 것이다. 그러니 동포들이 동북아의 부평초요 바람꽃 신세가 아니고 무엇이란 말인가?

교회로 긴급히 모인 교역자들과 함께 봉고차를 타고 화성외국인보호소로 급히 갔다. 보호소에 도착하니 직원들이 막아섰다.

"네 명의 동포를 석방하시오. 그들이 무슨 잘못을 했다고 백주대낮에 수갑을 채워 체포해 간 거요? 법무부는 지금 민족사에 큰 죄를 지은 거요. 빨리 석방하시오!"

출입국 정복 차림의 공무원이 나섰다.

"그들은 현행법상 불법체류자입니다. 석방이 불가능합니다."

"소장 나오라고 하시오. 소장을 만나야겠습니다. 어떻게 이런 천인공노할 짓을 자행하고 있습니까?"

나는 직원들을 힘으로 밀며 뚫고 나갔다. 다른 곳에 있던 직원들도 합세해 가로막았다.

"비키시오. 당신들 지금 무슨 짓을 하고 있는지 아는 건가, 비켜, 비키라고!"

직원들이 내 멱살을 잡고 옷을 잡아끌었다. 웃옷이 찢어지고 단추가 다 떨어졌다.

직원들이 소리쳤다.

"공무 방해죄로 신고하겠습니다! 어디서 난동을 부립니까?"

옥신각신 상태가 이어졌다. 놀란 소장이 나왔다.

"무슨 일입니까? 우리 대화로 합시다."

소장 방으로 교역자들이 들어갔다.

"네 명의 동포를 당장 석방하십시오."

"목사님, 그만 흥분하시고 차 한 잔 하며 이야기합시다."

"흥분이요? 차 필요 없으니 어서 석방하시오!"

"목사님, 우리 보호소는 단순히 보호조치만 하는 곳입니다. 이 문제를 풀려면 서울출입국관리사무소 측과 이야기해야 합니다."

여기서는 더 이상 씨름이 불필요하다는 것을 알았다.

"소장님, 네 명을 함께 면회하게 해주십시오."

"그건 그렇게 해드릴 수 있습니다."

소장이 옆에 있는 직원에게 지시해 우리를 면회 장소로 데려가게 했다.

김영동이 주먹으로 가슴을 치며 울부짖었다.

"목사님, 우리 동포가 고국에 와서 이렇게 수갑에 채워져 무슨 범죄자 취급을 받아야 합니까? 우리 동포들은 대체 어디로 가야 하고 어디에 의지해야 합니까?"

김승일, 김주석, 이철용 그리고 교역자들이 함께 눈물을 씻어냈다. 가슴이 찢어지는 듯했다.

면회가 끝나고 서울로 올라오는 길에 문득 궁금해 물었다.

"그런데, 어떻게 하루 한날에 잡을 수 있었을까? 누군가 네 명의 소재지를 미행해서 알고 있었다는 말인데."

김사무엘 목사가 말했다.

"아무래도 교회에 늘 오던 구로경찰서 정보과 형사가 수상해요. 만날 때마다 우리에게 수고 많다고 하던 그 형사가 끄나풀 같습니다."

서 목사가 연변에서 돌아왔다. 서울출입국관리사무소에 가서 법무부 당국자와 이야기를 나눴다. 하지만 법무부와 공안 당국은 완강한 태도로 나왔다. 결국 네 명은 중국으로 갈 수밖에 없었다. 우리는 분하고 괴로웠다. 한국인 목사들을 감옥에 집어넣을 수 없어 동포 주동자들을 추방해 버린 까닭이다.

네 명의 동포에 대한 비통함을 뒤로하고 추석 대잔치 준비에 몰두했다. 9월 22일 한강 고수부지. 6만여 명의 동포들이 운집했다. 서울시는 한강 고수부지를 쓸 수 있도록 배려했고 문화관광부, 재외동포재단, 사회복지공동모금회 등이 행사 비용을 지원해 주었다. 이날 행사에는 초대 중국대사를 지낸 권병헌 재외동포재단 이사장, 한승헌 사회복지공동모금 대표도 참석해 동포들을 위로하고 격려했다.

KBS 노래자랑이 시작되었다. 흥겨운 밴드와 노래가 울려 퍼졌다. 가수 주현미, 배일호, 태진아, 현숙 씨가 나와 노래를 불렀다. 이들은 동포들이 무척이나 좋아하는 가수들이다. 동포들은 흥에 겨워 어깨춤을 덩실덩실 추었다.

행사가 끝나고 교회 사무실에서 〈동북아신문〉 취재와 보도 문제로 기자들과 회의 중에 쉬버가 찾아왔다. 자못 표정이 심각해 보였다.

"쉬버 선생, 무슨 일이 있나요?"

"목사님, 내가 체류 연장 문제로 출입국관리사무소 난민과에 몇 번 갔는데 담당자가 계속 나를 중국으로 추방하겠다고 합니다."

"추방이라니요? 그것도 중국으로?"

나는 내 귀를 의심했다. 쉬버는 스위스 UNHCR로부터 2001년 9월 18일자로 위임난민 인정을 받은 바 있다. 체류 국가로부터의 난민 인정 여부와 관계없이 유엔의 보호를 받을 필요가 있다고 판정되면 위임난민으로 인정해 주는 것이다. 위임난민 판정을 받은 외국인을 체류국은 추방할 수 없다. 이는 유엔난민협약(1951)과 난민의정서(1967)에 명시된 내용이다.

"쉬버 선생, 법무부 난민과 담당자가 선생을 중국으로 추방하겠다고 했을 때, 그 말을 들은 증인이 혹시 있습니까? 당시 함께 간 사람이 있나요?"

쉬버가 주머니에서 만년필을 꺼냈다.

"이게 뭔가요?"

"이건 만년필이 아니라 녹음기입니다. 용산에서 구입했습니다. 난민과 담당자가 계속 추방한다고 해서, 그 말을 녹음하려고 산 것입니다. 이 녹음기를 틀면 당시 대화를 들을 수 있습니다."

"그래요? 그럼 한번 들어 봅시다."

소형 녹음기를 틀었다. 잡음도 섞여 있었지만, 분명한 내용인즉 한국에서 조용히 지내라는 것이었다. 서울시 논문 대상으로 시끄러웠던 것에 대한 난민과의 보복성 대응이라 생각되었다. 앙칼진 여성의 음성이 이어졌다.

"추방해, 추방, 그것도 중국으로. 이 사람은 중국으로 추방시켜 버려야 해."

어떻게 출입국 난민과 담당자가 이런 말을 할 수 있는지 기가 막혔다. 중국이야 인권이 없는 나라라 치자. 한국은 이미 민주화되어 인권이 존중되는 나라 아닌가. 더욱이 평생을 민주와 인권을 위해 싸운 김대중 대통령이 집권하고 있지 않은가.

서울출입국관리사무소 난민과로 전화했다. 추방시키겠다고 위협한 실장과 전화 연결이 되었다.

"실장님, 중국인 쉬버를 중국으로 추방시키겠다고 했는데, 출입국 난민과 공무원이 어떻게 그런 말을 할 수 있습니까?"

"추방이요? 난 그런 말 한 적 없는데요. 생사람 잡지 마세요."

"사실대로 말하세요! 어떻게 추방이라는 말을 할 수 있습니까!"

"엉뚱하게 누명 씌우지 마세요. 그런 말을 우리 공무원이 왜 합니까?"

"손바닥으로 하늘을 가리려 하지 마세요. 증거가 있습니다."

"증거요? 그럼 내놔 보세요. 난 그런 말 한 적 없습니다."

더 이상 말할 필요가 없었다.

"쉬버 선생, 오늘은 그만 돌아가고 내일 오전에 교회로 다시 오세요. 녹음기 가지고. 난민과 담당자가 딱 잡아떼네요. 내일 영등포경찰서 기자실에 가서 기자회견을 합시다. 한국으로 피신한 난민들이 어떻게 취급받고 있는지 한국 사회에 알립시다."

다음 날 쉬버와 함께 영등포경찰서 기자실로 갔다. 나는 쉬버가 겪은 일을 설명했다. 기자들이 녹음기를 틀어 들어보자고 했다.

"추방해, 추방, 중국으로…."

"어, 이거 정말이네."

"추방이라는 말을 어떻게 저렇게 쉽게 하나?"

"우리나라 체면이 말이 아니게 구겨졌네."

다음 날 9월 26일 국내 언론은 쉬버에 대한 법무부 난민 당국자의 추방 위협을 대대적으로 보도했다. 이 사건은 일파만파로 번져 갔다. 방송사들도 심각하게 쉬버 문제를 다뤘다. 미국에 있는 중국민주운동해외연석회의 웨이징셩 주석도 이 소식을 접하게 되었다. 그는 1978년 등소평이 개혁 개방을 하며 '4대 현대화이론'(산업, 농업, 과학기술, 국방)을 내세운 것에 맞서 '5대 현대화'를 대자보에 써서 북경 '민주의 벽'에 붙여 중국 공산당을 비판한 인물이다. 즉 '4대 현대화이론'과 더불어 '민주'의 실현이 있어야 한다고 주장했다. 그는 이 일로 인해 18년간 감옥에서 고초를 겪다가 미국으로 망명한 중국민주화운동의 상징적 인물이다.

웨이징셩은 당시 김대중 대통령에게 항의서한을 보냈다. 다음은 그 내용을 요약한 것이다.

존경하는 김대중 대통령께

민주화를 위한 아시아 망명객 가운데 김 대통령과 제가 세계적으로 가장 널리 알려져 있습니다. 우리는 공동의 친구들을 많이 알고 있습니다. 예를 들어 민주, 인권, 노동 담당 국무부 부차관보인 고홍주, 아이오와 대학의 번즈 교수 등입니다. 이런 인연으로 김 대통령께 직접 편지를 씁니다. 내가 중국 감옥에 있을 때 김 대통령의 성공적인 민주화운동은 저로 하여금 잠을 잘 수 없게 했습니다. 지금까지도 많은 사람들은 당신의 승리는 아시아와 제3세계 민주화운동의 이정표라고 생각합니다. 이 승리는 전 세계 모든 민주화 인사들을 위한 승리이기도 합니다.

그런데 저는 대한민국 법무부가 중국민주운동해외연석회의 한국지부 활동가인 쉬버 씨를 중국으로 추방하겠다고 위협했다는 소식을 듣게 되었습니다. 처음에는 믿지 않았습니다. 그리고 일주일간 조사를 했는데, 그것은 사실이었습니다. 모든 것을 바친 투쟁으로 이룬 한국의 민주 정부, 독재로부터 탈출한 북한 난민들을 보호할 것을 국제사회에 촉구하는 한국의 민주 정부가 중국의 민주활동가를 독재 중국으로 다시 추방한다는 것은 있을 수 없는 일입니다.

2002년 9월 30일

그러나 김대중 대통령은 어떠한 답변도 없이 침묵했다.

나는 서울출입국관리사무소 난민과 해당 실장의 파면을 요구했다. 이런 사람이 난민과에 있으면서 난민들을 심사하고 조사하며 얼마나 고통을 줄지 상상이 되었기 때문이다. 심사과 과장에게 전화가 와서 만남을 가졌다.

"목사님 입장을 알겠습니다만 파면 요구만큼은 철회해 주세요. 인간적으로 말씀드립니다. 난민과 실장은 제가 잘 아는데요, 미혼에 홀어머니 혼자 모시고 살아가는데 여기서 나가면 어떻게 살라는 겁니까… 좀 이해해 주세요."

"그렇습니까? 그래도 난민과 실장이 그런 말을 하면 안 되는 겁니다. 알겠습니다. 앞으로 그런 일이 없도록 조치해 주세요. 더 이상 문제 제기하지 않겠습니다."

도그마티스트

추석 대잔치 이후 서울조선족교회는 평일에도, 주일에도 동포들로 붐볐다. 〈동북아신문〉이 새로 발행될 때마다 불티나게 나갔다. 교역자회의에서 신문 이야기가 나왔다. 여러 가지 가운데 논조와 방향에 대한 토론이 시작되었다. 서 목사가 먼저 말을 꺼냈다.

"〈동북아신문〉이 이제 동포들 사이에서도 많이 알려졌으니 앞으로는 교회활동을 중심으로 기사 내용을 채웠으면 합니다. 교회 소식지처럼."

나는 이 말을 듣고 편집장으로서 받아들이기 어려웠다. 물론 발행인은 서경석 목사였다.

"목사님, 〈동북아신문〉의 방향은 창간호의 정신 그대로 가야 하지 않겠습니까? 조선족을 대변하고, 조선족 동포가 남북 통합의 중간 가교 역할임을 고취시키고, 궁극적으로는 민족 통일까지 가게 하는 정론지여야 한다고 생각합니다. 아울러 한·중 간의 우의를 증진하는 언론으로…."

"〈동북아신문〉은 교회에서 발행하니 교회 소식지가 맞다고 봅니다."

"그럼 이렇게 하는 건 어떨까요? 미국의 〈Christian Science Monitor〉지나 한국의 〈국민일보〉처럼 한 섹션은 일반 정론지로 가고 후반부 섹션은 교회 소식지로 하는 거죠."

하지만 함께 있던 교역자들도 서 목사의 의견대로 교회 소식지로 만드는 것이 좋겠다고 했다. 상황을 반전시키기가 어렵다는 판단이 들었다.

'지금까지 정론지를 표방해 불철주야 신문을 만들고 배포해 왔는데, 이렇게 교회 소식지로 전락하다니….'

다음 날 기자들을 불러 편집회의를 하면서 교역자회의에서 논의한 것들을 전했다. 김용필 기자가 격앙되어 말했다.

"아니, 목사님. 갑자기 교회 소식지라니요? 받아들일 수 없습니다."

오로지 조선족을 대변하는 신문을 만들기 위해 월급도 제대로 못 받으면서 지사志士 같은 마음으로 똘똘 뭉쳐 왔는데 이렇게 된 것이다. 김용필 기자가 그만두겠다고 했다. 만류했으나 그는 큰 실망감을 안고 신문사를 떠났다. 나 또한 〈동북아신문〉이 이런 방향으로 간다면 더 이상 편집장으로 있을 이유가 없어 사임했다. 깊은 좌절감이 들었다. 후임 편집장은 다른 교역자가 맡기로 했다.

흑룡강성 목단강 출신의 동포 아주머니가 찾아와 상담을 청했다.

"저희 형부가 인천에서 일을 하고 있었습니다. 그런데 월급을 몇 달치를 주지 않아 그만두고 다른 일을 했어요. 형부는 못 받은 월급을 달라고 사장에게 전화했는데 그때마다 조금만 더 기다려 달라는 말을 들었습니다. 500만 원가량 되는 돈을 준다 준다 하면서 주지 않는 것이었죠. 그런데 한번은 다른 때와 달리 사장이 돈을 줄 테니 회사로 오라고 했습니다. 그리고 회사로 가서 사장을 만나는 순간, 기다리고 있던 경찰들이 형부가 불법체류자라고 하며 그 자리에서 체포해 인천출입국관리사무소로 넘겼습니다. 형부는 지금 그곳에 수감돼 있어요."

"사장 이름과 회사 주소, 전화번호 있나요?"

동포 아주머니가 쪽지를 건네주었다.

"목사님, 꼭 도와주세요."

사장에게 전화를 걸었다.

"누구십니까?"

"서울조선족교회 최황규 목사입니다. 조선족 동포 염광철 씨가 사장님 회사에서 일한 게 맞습니까?"

"네, 맞습니다."

"사장님이 염광철 씨에게 체불임금 500만 원을 주지 않았다고 하던데, 맞습니까?"

"아니, 목사 양반, 그런 일에 왜 간섭해요? 참견 마요, 기분 나쁘게."

"월급 준다고 해서 갔더니 경찰이 대기하고 있다 잡아갔다고 하더군요. 그거, 너무 비열한 짓 아닙니까? 사람이 어떻게 그렇게 비양심적으로 행동합니까?"

"야, 목사면 기도나 할 것이지 이런 일에 왜 참견이야!"

사장이 일방적으로 전화를 끊었다.

다시 전화를 걸었다. 받지 않았다. 인천행 전철을 타고 가서 염광철 씨를 면회했다.

"고생이 많습니다."

"분하기 짝이 없습니다. 저항도 할 수 없었습니다. 경찰차 안에서 자초지종을 말했는데 거들떠보지도 않고 수갑을 채워 여기까지 왔습니다."

"알겠습니다. 출입국관리사무소 담당자와 이야기해 보겠습니다."

면회를 마치고 2층에 있는 심사과 황 모 과장을 만났다.

"과장님, 염광철 씨 일은 너무 억울합니다. 함정을 판 사람에게 속아 여기까지 왔습니다. 그러니 염광철 씨를 풀어주셨으면 합니다."

과장이 나를 빤히 쳐다보며 말했다.

"목사님, 법이 왜 있는지 아십니까? 법이."

"무슨 말을 하려는 건가요?"

"내가 행정고시 통과한 공무원입니다. 영국의 옥스퍼드 대학에 유학까지 다녀왔고요. 법은 국가의 질서를 유지하기 위해 존재하는 겁니다. 염광철 씨는 대한민국의 체류 질서를 어지럽힌 불법체류자입니다. 불법체류자를 풀어내라는 목사님의 요구는 대한민국의 질서를 파괴하는 것입니다."

"과장님, 그럼 밀린 월급 주겠다고 해서 갔는데 경찰 대기시켜 놓고 불법체류자라는 이유로 체포한 그 비열한 행동은 뭔가요?"

"그거야 사장과 염광철 씨 개인의 문제이니 우리가 상관할 바 아니죠. 우리는 법 집행만 할 뿐입니다."

"과장님, 과장님은 눈이 먼 도그마티스트dogmatist 같습니다."

과장이 눈을 크게 뜨며 흥분해 말했다.

"뭐…요?"

"머리가 돌처럼 굳은 도그마티스트!"

과장이 주먹으로 책상을 '꽝' 치면서 소리쳤다.

"대한민국 체류 질서를 엄정하게 지키려는 국가 공무원을 지금 뭐라고 한 겁니까? 불법체류자를 풀어달라고 하는 목사님도 범법자입니다. 국가 질서를 존중하지 않는 반국가 사범입니다!"

"과장님은 조선족 동포가 동포로 보이나요, 아니면 불법체류자로 보이나요?"

"불법체류자는 불법체류자일 뿐입니다. 염광철 씨가 억울한 게 있다고 해도 우리는 풀어 줄 수 없습니다."

"과장님이 말하는 법에는 피도 눈물도 없는 것 같습니다. 그러나 법이 도대체 왜 만들어진 것인지 생각해 보십시오."

"더 이상 이야기하지 맙시다. 염광철 씨는 풀어 줄 수 없으니 가세요."

아무리 말해도 요지부동이다.

"나도 과장님과는 대화가 안 되네요. 소장님을 만나야겠습니다."

4층에 있는 소장 사무실로 갔다. 노크를 하니 여직원이 나왔다.

"무슨 일로 오셨습니까?"

"소장님과 이야기할 게 있어 왔습니다."

"미리 약속하셨나요?"

"아닙니다."

"그러면 만나실 수 없습니다."

"급한 일이 있으니 만나게 해주세요. 아래 과장님하고 이야기 했는데 영 말이 안 통해서 소장님과 면담을 좀 해야겠습니다."

여직원이 소장실로 가서 잠시 이야기하더니 나를 소장실로 안내했다.

"무슨 일로 오셨습니까?"

나는 동포 염광철 씨의 억울한 사정을 말했다. 소장의 답변은 간단했다.

"풀어 줄 수 없습니다. 그 사람은 법대로 강제 추방될 것입니다."

소귀에 경 읽기였다. 앵무새처럼 '법대로'를 반복했다.

"나는 평생을 출입국 공무원으로 법을 지켜 왔습니다. 조선족이든 누구든, 불법체류자는 잡아서 추방해야 합니다. 그게 법이에요."

나는 너무 화가 나 소리를 높였다.

"당신들말야, 같은 민족을 피도 눈물도 없이 마구잡이로 추방시키는 법무부 공무원들! 일본 순사들보다 악랄한 사람들이야. 빨리 동포를 내보내세요!"

묵묵부답이었다. 더 이상 대화가 불가능했다. 방을 나오는데 소장이 내 등 뒤에 대고 말했다.

"내가 교회 장로라 많은 목사를 만나 봤지만, 어떻게 저런 사람이 목사야?"

염광철 씨는 오랫동안 인천출입국관리사무소 지하보호소에 갇혀 있다가 500만 원을 받고 강제 추방당했다. 그가 고국인 한국을 어떻게 기억할까?

“차라리 한국에서 죽겠습니다”

2002년 12월 초 쉬버가 전화를 했다.

“목사님, 최근에 한국으로 탈출한 중국 민주인사 두 명을 만났습니다. 목사님이 시간이 되면 함께 만났으면 해요.”

“그렇습니까? 이제 선생도 혼자가 아니네요. 동지들이 온 것 아닙니까? 잘 되었습니다. 내일 점심 식사 같이 합시다.”

교회 근처에 있는 김치찌개 식당으로 갔다. 쉬버가 소개했다.

“이분은 우쩐롱 선생입니다. 옆에 있는 친구는 등원비라고 합니다.”

“반갑습니다. 한국엔 언제 오셨습니까?”

“11월 하순에 왔습니다.”

“고향은 어디세요?”

“섬서성입니다. 진시황 병마용이 있는 곳입니다.”

“세계적으로 알려진 병마용 말씀하시는 건가요?”

“예, 맞습니다. 우리 집에서 얼마 멀지 않아요. 어릴 때 자주 놀러갔습니다. 그리고 측천무후 무덤도 있고 당태종 이세민 묘도 있습니다. 중국의 고대도시죠.”

“멀리서 오셨습니다. 그럼 등원비씨도 한 고향입니까?”

“네, 함께 한국에 왔습니다.”

김치찌개가 나왔다. 쉬버는 무난하게 먹는데 다른 두 사람은 한 숟가락 떠서 입에 넣더니 얼굴을 찡그렸다. 등원비가 숟가락을 내려놓더니 “타이 라” 한다. 너무 맵다는 것이다. 내가 말했다.

“한국인들은 김치찌개를 무척이나 즐겨 먹습니다. 김치는 밥 먹을 때마다 식탁에 올려지죠. 한국 하면 김치입니다.”

“그런가요? 이런 매운 것은 처음 먹어 봅니다. 한국인들, 진짜 매운 거 좋아합니다.”

우쩐롱 선생은 52세였다. 그는 10대 때 홍위병 우두머리 역할을 했다. 학생들을 이끌고 중국 이곳저곳을 다니며 봉건 잔재를 타파하고 불태우고, 지주들을 붙들어 몽둥이 세례를 주었다. 가족들 간에도 서로 반동이니 하며 신고했다고 한다. 제자들에게 반동으로 몰려 몰매를 맞은 학교 교장은 수치심에 스스로 목숨을 끊었다고 한다.

"우리는 뭣도 모르고 모택동 주석의 충실한 홍위병으로 날뛰었지요. 한마디로, 모택동의 충견이었지요."

우 선생의 회고다. 그러다 우 선생은 인민해방군에 입대해 정치교관으로 발탁되었다. 정치교관이 하는 일은 인민해방군 병사들에게 공산주의, 사회주의가 역사상 가장 좋은 제도라는 것을 가르치는 일이었다. 그는 도서관에서 동서양 서적을 마음껏 읽으며 정치교관으로서 강의안을 준비하고 병사들에게 가르쳤다. 그러다 공산주의가 오히려 중국의 미래를 암담하게 한다는 것을 깨닫고 비밀리에 자유 민주에 대한 글을 썼다. 그렇게 28년이라는 시간을 들여 집필한 원고를 출판하려고 홍콩 출판사에 가명으로 편지를 보냈는데 이것이 그만 공안에 발각되었다. 그는 집을 덮친 공안을 가까스로 피해 등원비와 함께 한국으로 탈출한 것이었다.

"한국에 와서 난민 신청을 했습니까?"

"처음엔 프랑스로 망명하려고 프랑스대사관으로 갔습니다. 난민 신청은 현지 국가에서 해야 한다고 했기에, 한국 법무부에 가서 난민 신청을 했습니다."

'이 두 사람도 한국에서 쉬버처럼 고생하겠구나…. 난민에 대한 한국 상황을 잘 모르고 있으니.'

"쉬버 선생, 이제 동지들이 생겨 기쁘겠습니다."

"많이 기쁘죠. 내가 도와줄 일이 많을 것 같습니다."

"좀 고생이 되더라도 두 분 다 중국을 향한 큰 이상을 가슴에 품었으니, 인내의 시간도 필요할 것입니다."

우 선생과 등원비는 그날로 중국민주운동해외연석회의 한국지부 회원으로 가입했다.

"다음엔 김치찌개 말고 안 매운 한국 음식으로 대접하겠습니다. 다음에 또 봬요."

밤이다. 세 사람이 서로 대화를 하며 멀리 사라졌다.

'중국을 향한 이상 하나로 고난의 길을 가는구나.'

이후 쉬버는 깊은 고뇌의 시간을 겪다가 한국에서 자신의 활동이 현실적으로 어렵다고 판단해 대만으로 갔다.

그해 12월은 을씨년스럽게 추웠다. 서 목사 앞으로 편지 한 통이 왔다. 화성외국인보호소에 갇혀 있는 동포 엄영광의 소식이었다.

"목사님, 안녕하십니까? 목사님께서 우리 조선족 동포를 위해 힘쓰고 계신 것 주변에서 듣고 늘 감사드립니다. 저는 집안 형편이 어려워 아이 교육과 가정을 위해 한국으로 오려 하다가 두 번 사기를 당했습니다. 그래서 한국 돈으로 2천만 원을 날렸습니다. 이 돈은 주변 친척과 친구들에게 빌린 돈이었는데 결국 한국에도 못 들어오고 빚만 잔뜩 지게 되었습니다. 이 빚은 중국에서 일해서는 갚을 수가 없는 돈입니다. 하는 수 없이 또 천만 원을 빌려 비자를 받아 결국 한국으로 오는 데 성공했지요. 그리고 불법체류자로 회사에 숨어 몇 달을 일했습니다. 그런데 운이 안 좋은지 제 팔자가 그런지, 그만 법무부 단속반에 붙들려 현재 외국인보호소에 갇히게 되었습니다.

저는 중국으로 추방당하면, 살 길이 없습니다. 3천만 원 빚을 중국에서는 죽었다 깨어나도 갚을 수 없습니다. 저는 오도 가도 못하는 신세입니다. 목사님, 저를 구해 주세요. 만일 중국으로 갈 수밖에 없다면, 차라리 여기서 죽겠습니다."

교역자회의에서 이 일을 의논했다. 교역자들은 이 사안이 해결되기 어렵다는 것을 안다. 아무리 노력해도 헛수고로 끝날 공산이 컸다. 교회 입장과 법무부 입장이 180도 다르다는 것을 무수한 경험을 통해 이미 알고 있기 때문이다. 서 목사가 교역자들을 바라보며 입을 열었다.

"쉬운 일이 아니라는 것 압니다. 그러나 부딪혀 봅시다. 이 일은 최 목사가 맡아 주면 좋겠는데, 어떠세요?"

나는 무겁게 입을 열었다.

"하는 데까지 해보겠습니다. 이 문제를 서울출입국관리사무소 박찬호 과장과 의논해 보겠습니다. 박 과장은 출입국관리 공무원 가운데 가장 유연하면서도 휴머니스트입니다."

후배인 김사무엘 목사와 함께 화성외국인보호소로 가서 엄영광 씨를 면회했다.

"엄영광 씨 맞습니까?"

"예, 그렇습니다."

"서 목사님의 부탁을 받고 왔습니다."

"목사님, 반갑고 감사합니다."

"반드시 해결된다는 약속이나 보장은 할 수 없지만, 최선의 노력을 다해 보겠습니다. 내 전화번호 적으시지요."

나는 핸드폰 번호를 알려 주었다.

"필요할 때면 이 번호로 전화하세요. 지금이 12월 하순인데, 보호소에서 지내는 건 어떻습니까?"

"무척 춥습니다. 그래서 펫트병에 뜨거운 물을 담아 그걸 끌어안고 자고 있습니다."

"고생이 많으십니다. 용기 잃지 말고 힘내시기 바랍니다. 그럼 다음에 또 뵙겠습니다."

악법도 법이다 VS 악법은 깨야 한다

다음 날 서울출입국관리사무소 박찬호 과장을 만났다.

"목사님, 오늘은 또 무슨 일로 왔어요?"

동포 문제로 출입국관리사무소를 제 집 드나들듯 다니니 박 과장의 물음이 이렇다.

"과장님은 내가 겪은 출입국 공무원 가운데 최고의 휴머니스트라 찾아왔지요."

"목사님, 그게 무슨 소리야. 왜 날 이렇게 띄워?"

"띄우다뇨? 과장님이 원래 그런 분이니 그렇게 말한 것인데."

박 과장은 나보다 열 살 이상 많고 그동안 동포 문제로 늘 다투고 싸우고 논쟁하다 보니 어느새 인간적으로 친해졌다.

"과장님, 엄영광이라는 동포가 있습니다. 엄영광 씨 사연에 대해 이렇게 탄원서를 써왔습니다. 한번 자세히 읽어봐 주세요."

박 과장이 탄원서를 천천히 읽어 내려갔다.

"빚이 3천만 원이라…. 화성외국인보호소… 여기서 죽겠다…. 정말 안타깝네. 목사님, 그런데 알잖아? 불법체류자는 일단 잡히면 동포고 뭐고 무조건 법대로 추방되는 거…. 이거 정말 난감하네, 해결 방법이 딱히 없는데."

"과장님은 행정고시까지 패스한 엘리트잖습니까? 좀 방법을 찾아봐 주세요."

"목사님, 미안한데, 이 문제는 해결 방법이 없어. 정말이야. 더 이상 나한테 말해 봐도 소용이 없다고. 안타까운 건 알아. 그런데 현행법으로는 풀어 줄 수가 없어."

"과장님, 동포 문제에 관한 한 법이 잘못된 거 아닙니까? 악법! 악법은 깨서 고쳐야 하는 거 아닙니까? 현장에 있는 공무원들이 먼저 문제를 파악해 선제적으로 법을 바꾸기 위해 나서야 하는 것 아녜요?"

"목사님, 모르는 소리 하지 마요. 공무원 생리를…. 공무원들은 행정부의 손과 발일 뿐이야. 머리가 아니라고. 우리 공무원은 시키는 대로 할 뿐이야."

"과장님, 난 공무원 생리라는 말, 받아들이기 어렵습니다. 난 오히려 그런 걸 철밥통이라고 봐요. 자기 생존을 위해 무사안일주의로 가는 거죠. 악법을 왜 악법이라 보질 못해요? 과장님, 다시 한번 숙고해 주세요. 그럼 갑니다."

며칠 후 서 목사가 말을 꺼냈다.

"예상대로 조선족 동포에 대한 법무부의 태도는 전혀 변함 없습니다. 내가 대통령 앞으로 엄영광 씨 관련 탄원서를 써서 보내겠습니다."

청와대는 이 문제는 법무부장관 소관이므로 법무부장관에게 탄원서를 보내라고 답신해 왔다. 서 목사는 다시 법무부장관에게 탄원서를 보냈다. 법무부장관의 답신은 '현행법으로는 엄영광을 풀어 줄 수 없다'는 것이었다.

모든 길이 막혔다. 엄영광에게 살 길은 없었다. 1월 중순 김사무엘 목사와 화성외국인보호소로 향했다.

"김 목사, 옛날에 독립운동하던 선조들이 갑자기 생각나네. 자신의 영달을 위해 친일하면서 호의호식하던 사람들도 많은데, 반대로 자기 생명, 자기 재산을 아끼지 않고 풍찬노숙, 간난신고를 겪으며 만주로 가서 항일운동한 선조들은 무얼까? 바보일까? 이런 사람들은 삼대가 가난하다고 하잖아. 우리가 배운 역사는 민족의 독립을 위해 희생한 선조들을 애국자라고 하잖아. 지금 우리가 하는 일들은 대체 뭘까."

차를 모는 김 목사가 말을 받았다.

"그래도 다행인 것은, 서울조선족교회가 조선족을 우리 동포라고 목소리 내며 가니 그나마 민족사 앞에 부끄럽진 않다는 거죠. 이 땅에서 누구도, 어느 단체, 어느 교회도 그런 말을 하지 않는다면, 5천 년 민족사의 수치일 겁니다."

"이스라엘 민족은 피 한 방울 섞여도 같은 민족으로 받아들이고, 독일이나 일본 사람들도 자기 민족을 그토록 챙기는데, 우리나라는 왜 이처럼 핏줄을 내치는 걸까. 참 슬픈 현실이다…."

엄영광 씨를 면회했다.

"추운데 고생 많습니다. 몸은 좀 어때요?"

"보호소가 무척 춥네요. 보호소 직원들은 빨리 중국으로 가라 재촉하고요."

"엄영광 씨, 지금까지 백방으로 노력했는데… 법무부 최종 답변은 개인 사정을 들어줄 수 없다는 것입니다. 이런 말 전하게 되어 미안하기 그지없습니다."

그는 고개를 들어 천장을 보며 한숨을 길게 내쉬었다. 잠시 침묵이 흘렀다.

"제가 살 길이 정말 없나요? 하늘이 무너져도 솟아날 구멍은 있다고 하는데… 정말 없는 건가요? 고국 한국에 와서 돈 벌어 아이 키우고 잘 살아보고 싶었는데, 아! 어떻게 해야 합니까!"

그의 어깨가 들썩였다. 그의 흐느낌을 보며 나도 눈시울이 붉어졌다. 뭐라 위로해야 할지, 무슨 말로 달래줘야 할지 막막했다.

'하나님, 저희의 눈물을, 울음을 굽어보시옵소서. 부르짖음을 들어줄 분은 하나님밖엔 없습니다. 불쌍히 여겨 주소서!'

"엄영광 씨, 기운 내십시오."

"목사님, 알겠습니다. 그동안 고마웠습니다."

면회를 마치고 보호소 직원들을 만나 부탁했다.

"엄영광 씨에게 힘겨운 사정이 있습니다. 자꾸 중국으로 가라 재촉하지 말아주었으면 합니다."

"저렇게 보호소에서 죽치고 있다고 무슨 방법이 있는 것도 아니잖습니까? 밥만 축내고…. 저 사람 지금 죽는소리하는 겁니다. 중국에 가면 왜 못살아요? 가면 다 살길 있어요. 괜히 죽는다고 쇼하는 거지."

나는 보호소 직원을 똑바로 쳐다보았다.

"공무원 선생님, 엄영광 씨뿐만 아니라 여기에 갇혀 있는 동포들은 죄가 없습니다. 진짜 죄인은 우리 정부와 우리 사회예요. 동포를 품지 못하는 우리나라가 죄인입니다. 저 보호소에 들어가야 할 존재는 한국 정부요, 법무부, 그리고 공무원 선생이란 말입니다."

"목사님, 말조심하시죠?"

"보세요. 내 눈에 선명하게 보이는 것이 공무원 선생님 눈에는 안 보입니까?"

"나보고 지금 눈이 멀었다고 하는 겁니까?"

"그만합시다."

차를 타고 서울로 향했다. 차 안에는 침묵만이 흘렀다.

박찬호 과장에게 전화가 왔다.

"목사님, 좀 할 이야기가 있는데 오늘 와줄 수 있습니까?"

"뭐 좋은 소식 있나요?"

"아니, 머리 아픈 일이 생겼어. 일단 와서 이야기하자고."

서울출입국관리사무소 2층 과장실로 갔다.

"과장님, 무슨 일이에요?"

"전에 나한테 와서 엄영광 씨 도와달라고 했잖아? 그런데 말야…. 나도 어제 보고받았는데, 엄영광 씨가 지금 단식하고 있대. 10일이 지났어. 아무리 달래도 막무가내로 죽겠다는 거야."

"거 봐요. 과장님. 출입국 공무원들이 법의 소리만 듣지 고통당하는 사람의 부르짖는 소리는 듣질 않으니 이렇게 됐잖아요."

"아 그런 얘기 그만하고, 나 좀 도와줘. 엄영광 씨가 우리 공무원 말은 듣질 않아. 저러다 만에 하나 불상사가 생기면 뒷감당하기가 쉽지 않아. 그러니 목사님이 엄영광 씨를 만나서 단식을 중단하라고 해줘."

"그럼 저를 출입국사무소 심부름시키려고 부른 겁니까? 겨우 단식 중단시키라고요? 내가 무슨, 법무부의 주구입니까? 이런 임시방편으로 일이 해결되리라 보십니까? 정말 답답하네요. 아니면 무슨 반대급부를 주던가."

"반대급부라니?"

"단식을 멈추면 살 길을 열어 주겠다는 그런 뭔가가 있어야 하는 것 아닙니까?"

"… 그럼, 목사님은 뭘 원해요?"

"엄영광 씨가 한국에서 풀려날 수 없다면, 중국에 들어갔다가 곧바로 나올 수 있는 방법 같은 것 좀 생각해 보세요."

"알았어. 소장님과 의논해 볼 테니 엄영광 씨 만나 주세요."

"만나는 보겠습니다."

참 슬픈 일이었다. 극단적 행동을 해야 법무부가 움직인다는 것이.

다음 날 화성외국인보호소로 내려갔다.

면회실 유리창 사이로 엄영광 씨가 수척한 모습으로 나타났다.

"단식을 하고 있다고 들었습니다. 고생이 많습니다. 단식을 계속하려 하나요?"

"목사님. 제 인생은 진퇴양난입니다. 꼼짝할 수 없는 상황이에요. 3천만 원의 빚을 아내와 아들에게 떠넘기지 않으려면 여기서 죽어야 합니다. 그래야 가족이 중국에서 살아갈 수 있습니다. 여기서 죽겠습니다. 살 소망도, 의지도, 꿈도 사라졌습니다."

몇 마디 말로 위로하고 자리를 떴다. 서울로 향하는 길에 박찬호 과장에게 전화를 걸었다.

"과장님, 이미 죽기를 각오한 사람입니다. 간단하게 끝날 문제가 아닙니다."

"소장님과 심각하게 의논했습니다. 목사님, 엄영광 씨와 관련해 상세한 진술서와 탄원서를 써서 출입국사무소로 오세요. 검토에 들어가겠습니다. 어쨌든 불상사를 막아야죠."

2003년 3월 3일 나는 필요한 서류를 준비해 박 과장을 만나 전달했다.

"목사님, 알고 있듯 외국인보호소에서 풀려나기는 현행법상 불가능해. 그래서 하나의 대안으로 중국으로 형식상 강제 추방했다가 곧 다시 한국으로 입국할 수 있는 방향을 검토하고 있어. 그런데 엄영광 씨가 이런 제안을 받아들일 수 있는지 모르겠네. 그 부분을 목사님이 엄영광 씨를 만나 설득해 주었으면 하는데."

"그러죠. 설득해 보겠습니다."

일이 급박하게 돌아가기 시작했다. 다음 날 다시 화성을 찾았다.

"엄영광 씨, 법무부에서는 중국으로 들어갔다 다시 나오는 것으로 문제를 풀려 하는데, 어떻습니까?"

"못 믿습니다. 저를 추방시키기 위한 속임수예요. 어차피 추방되면 그만이니 법무부가 꼼수를 부리는 겁니다."

잠시 후 다시 오겠다고 하고 나와서 박 과장과 통화했다.

"믿지 못한다…. 그렇게 생각할 수도 있겠지. 목사님, 주중 심양한국영사관에 법무부 파견 영사가 있어. 그 영사와 이야기해 놓을게. 엄영광 씨가 중국으로 가서 심양영사관에 가면 곧바로 한국행 비자를 받아 나올 수 있게 할게. 우리 출입국사무소에서 엄영광 씨에게 '입국확인서'를 떼서 주고. 엄영광 씨를 초청하는 것은 서울조선족교회가 초청자가 되었으면 해. 서울조선족교회 명의로 초청장을 만들어 주고. 그러면 엄영광 씨는 꼭 한국에 다시 올 수 있어."

"과장님, 이 안을 다시 엄영광 씨에게 전달할게요. 그런데도 그가 믿지 못하겠다고 하면 어떻게 하죠?"

"일단 면회부터 하고 다시 연락줘요."

다시 염영광을 면회했다.

"엄영광 씨, 내 판단에 이 제안은 확실해요. 믿어도 될 거라 생각합니다."

엄영광이 잠시 생각하더니 말했다.

"목사님, 그런데 중국 현실은 달라요. 우리 조선족 동포는 심양한국영사관에 들어가질 못해요. 못 들어가게 합니다. 그게 현실이에요. 아무리 입국확인서를 가져가도 영사를 만날 수 없습니다."

"그렇습니까? 그럼… 엄영광 씨가 먼저 중국으로 가면, 곧이어 나도 중국으로 가서 당신을 데려오도록 하겠습니다."

"목사님도 중국에요?"

"네, 확실하게 일이 되려면, 그렇게 해야 될 것 같네요."

엄영광이 고개를 들어 천장을 한참 바라보더니 말을 이었다.

"그렇게 하도록 하겠습니다. 목사님만 믿고 그렇게 하겠습니다."

"그럼 오늘부터 단식을 중단하고 몸조리하세요."

"예."

단식 16일째이던 그는 그날부터 단식을 중단했다. 면회를 끝내고 박 과장에게 전화했다.

"과장님, 엄영광 씨가 단식을 중단하기로 했습니다. 다만 저도 중국으로 가서 그를 데려오도록 했습니다."

"목사님, 그럼 빨리 초청장을 만들어 오세요."

"알겠습니다."

교역자회의에서 엄영광 씨 관련 진행 상황을 보고했다. 그간 수고 많았고 잘 되었다며 모두들 격려해 주었다.

첫 중국 방문

서 목사가 빙그레 웃으며 말했다.

"그런데 자네, 중국에 갈 수 있을까? 지금까지 중국 반체제 인사 돕고 있는 거, 중국대사관도 알 텐데 비자를 줄까?"

"그런 문제로 중국대사관이 비자를 주지 않는다면, 중국은 대국이 아니라 그야말로 소국이죠. 만일 제게 비자를 주지 않으면, 다른 교역자가 가면 됩니다."

3월 18일 엄영광 초청장을 작성해 박찬호 과장에게 전달했다. 3월 26일 엄영광이 중국으로 출국했다. 중국비자가 나왔다. 곧바로 나도 4월 7일 중국 심양행 비행기를 탔다. 처음으로 중국에 가보는 것이었다. 중국 가기 전에 동포들이 조언했다.

"목사님, 지갑 조심하세요. 중국은 어딜 가나 도둑이 있어요. 눈 깜짝하는 사이에 지갑 털립니다."

"알겠습니다. 또 조심할 게 있나요?"

"잠잘 때는 꼭 호텔급에 들어가야 합니다. 그래야 안전해요. 작은 여관이나 민박집에 가면, 외국인이기 때문에 무슨 일을 당할지 몰라요."

인천국제공항. 심양행 비행기가 구름사이로 날아오른다. 창밖으로 서해가 보인다. 이런 저런 상념들이 머릿속을 오간다.

육지가 보였다. 심양이다. 공항에서 나와 연길행 기차를 타기 위해 심양 기차역에서 기차표를 끊었다. 대합실에서 기다리다 큰일이 급해 공중 화장실을 찾았다.

'헉, 이게 뭐야.'

20여 명의 사람들이 앞 사람 엉덩이를 바라보고 앉아 일을 보고 있는 게 아닌가.

'나도 저렇게 해야 하나…?'

말로만 들었던 것이 바로 눈앞에서 전개되고 있었다. 이게 문화충격이라는 걸까. 나는 도저히 일을 보기가 어려워 화장실에서 나왔다. 주위를 보니 식당이 있어 그리로 들어가 간단한 요리를 하나 시켜놓고는 식당 화장실을 이용했다.

어스름 땅거미가 찾아왔다. 기차를 탔다. 2층 침대칸에 올랐다. 기차칸마다 사람들이 빽빽했다. 앉을자리가 없어 사람들이 바닥에도 앉았다. 연길까지 가려면 장시간이 걸렸기에 나는 잠을 청했다. 기차는 쉼 없이 내달렸다. 지갑을 조심하라는 말이 떠올라 잠을 자는 동안에도 손으로 자주 지갑을 확인했다.

어둑어둑하면서도 창밖으로 집들이 보였다. 길림성의 안도, 돈화를 지날 때 한국어 간판들이 눈에 띄었다.

'연변조선족자치주구나! 우리 조선족 동포들이 밀집해 사는 곳….'

한국어로 된 간판을 보는 순간, 가슴이 뛰었다. 중국 땅에 조선족을 형성한 민족 자치주에 들어서니 마치 고향에 온 것처럼 반갑고 편안했다.

'하나님! 200만 조선족을 축복하소서. 우리 민족에게 통일을 주소서. 8천만 겨레가 하나 되어 형제자매의 사랑을 나누며 살게 하소서. 분단의 고통이 치유되고 화평을 이루어 우리 민족이 세계

에 평화와 번영을 베푸는 거룩한 민족이 되게 하소서!'

어두움이 가시면서 더 선명하게 마을이 보였다. 연길역에 도착했다. 기차에서 사람들이 쏟아져 나왔다. 중국말은 거의 들리지 않고 여기저기서 한국말이 들렸다. 나는 역에서 일본제 '스즈키' 택시를 타고 대우호텔로 향했다.

호텔에 짐을 풀고 잠시 쉬고 있는데 갑자기 노크 소리가 들렸다. 그러고는 젊은 여성이 들어왔다.

"혼자 오셨죠?"

"네, 무슨 일이죠? 종업원인가요?"

"아니요, 여기 복무원은 아녜요."

"그런데 무슨 일로?"

"혼자 계시는데 적적하실까 봐…."

"?"

그러더니 이 여성이 입고 있던 옷을 벗는 것이 아닌가. 순간 속옷만 남았다.

"아니, 지금 뭐하는 겁니까?"

"선생님, 중국에 왔는데 적적함을 푸셔야죠."

"이보세요, 당장 나가세요, 어서."

"희한하네. 한국 남자들 이런 거 다 좋아하던데…."

여성이 힐끔 나를 째려보더니 옷을 입고 나갔다. 나는 곧바로 프런트에 전화해 항의했다.

연길시에 아는 동포 몇 명에게 전화를 걸었다. 서울조선족교회에서 만났던 동포들이었다. 점심 때 그들과 만나 함께 식사했다. 연길시장을 둘러보았다. 호텔로 돌아와 엄영광에게 전화했다. 용정에서 만나기로 하고 버스를 타고 용정으로 갔다. 그가 기다리고 있었다.

"엄영광 씨, 반갑습니다."

"목사님, 어서오세요."

"내일 출발하도록 하겠습니다. 준비해서 연길역에서 만납시다.

장춘으로 먼저 갔다가 하얼빈에서 일처리 하나 하고 심양영사관으로 가서 비자를 받아 비행기를 타고 한국으로 가겠습니다."

"네, 목사님. 내일 연길역에서 뵙겠습니다."

연길시로 다시 돌아왔다. 지인 동포의 차를 타고 연변일보사를 찾아가 구경했다. 연변일보는 조선족을 대변하는 민족지다. 연변대학을 찾았다. 연변대학은 민족의 인재를 길러내기 위해 세워진 민족대학이다. 뜨거운 교육열, 민족의 말과 혼을 지키려는 의지의 상징이다. 교정 여기저기에서 대화를 나누는 청년 대학생들의 모습에서 꿈과 희망이 느껴졌다.

4월 11일 저녁 연길역에서 엄영광을 만났다. 그의 아내와 여덟 살 된 아들도 나왔다.

"목사님, 저희 남편 잘 부탁합니다."

"아빠, 한국에서 돈 많이 벌어와. 아빠, 안녕…."

가족이 눈물로 작별 인사를 했다. 나도 코끝이 찡해졌다.

장춘행 기차가 출발했다. 침대칸에 누워 잠을 청했다. 맞은편 엄영광은 자다 깼다 했다. 그가 말을 건넸다.

"목사님, 그런데 심양영사관에서 정말로 비자를 줄까요?"

"법무부가 입국확인서를 떼어 주었으니 문제 없을 거예요. 걱정 마세요. 참, 용정으로 가는 길에 보니 해란강이 있던데, 그렇게 크질 않네요. 난 클 거라고 생각했는데. 용두레 우물도 말랐고…."

"한국인들, 용정으로 많이 찾아옵니다. 일송정도 보러 오고 윤동주 시인의 자취도 보러 오고…. 용정에 구舊일본영사관도 있습니다. 거기서 독립운동하던 사람들, 고문 많이 당했지요."

용정으로 가는 길에 나는 많이 놀랐다. 마을 마을마다 '항일열사의 묘'라는 하얀색 바탕의 나무비석이 여기저기 눈에 띄었기 때문이다.

"연변자치주에는 그런 묘가 가득합니다. 동북 만주는 항일독립운동의 기지였습니다. 우리 조선족은 여기에 대한 자부심이 대단히 큽니다. 만주는 우리 민족의 항일독립운동의 성지라 해도 과언이 아니에요."

"남과 북이 빨리 하나 되어 압록강, 두만강 건너 기차를 타고 자유롭게 오가야 할 텐데, 답답하네요."

"그러게요, 우리 조선족 동포도 북한 생각하면 한숨만 나옵니다. 용정으로도 탈북자들이 끊이지 않고 옵니다. 북한 인민 정말 불쌍해요. 북한에 친척을 둔 동포들도 많아요. 그래서 북한에 갈 때면 먹을 거, 입을 거, 돈 싸들고 갖다 주곤 하죠."

"그런데 저 북한을 유지시켜 주는 게 중국 아닙니까? 그러니 그거 믿고 저렇게 북한이 나대는 거 아닙니까?"

"목사님, 중국은 이이제이以夷制夷의 나라예요. 미국과 일본이 중국을 견제하잖아요. 남한은 미국과 군사동맹관계고. 그러니까 중국은 북한을 완충지대로 삼는 거죠. 순망치한脣亡齒寒이라고 하잖아요, 통일 한국이 되면 중국 턱 밑까지 미국의 영향이 치받고 올 테니, 중국이 북한을 버릴 수 없는 겁니다. 통일이 되면 고구려 영토 및 역사 문제로 한국과 분쟁이 일어날 것도 우려하는 거고요. 동북 3성에 사는 조선족도 아무래도 고국인 한국의 영향권 아래 들어가게 되죠. 신장위구르 자치구, 티벳 자치구에도 분리·독립운동이 끊이지 않잖아요.

중국이 가장 우려하는 것이 분리·독립운동이에요. 그래서 소수민족이 고개를 들면 무조건 때려잡죠. 중국은 한족의 나라입니다. 원래 진짜 한족 영토는 중원이에요. 중국을 지배했던 이민족은 결국 시간이 지나면 한족화되었어요. 징기스칸의 몽고도 광대한 내몽고 땅을 한족에 갖다 바친 셈입니다. 청나라의 만주족도 동북 3성을 한족에 갖다 바친 셈이고요. 현재 연변자치주에도 한족들이 계속 불어나고 있습니다. 한족들은 땅만 있으면 야금야금 먹어 들어옵니다. 소리장도笑裏藏刀, 웃으면서 칼을 품고 있는 민족이 한족입니다.

조선족은 중국의 소수민족 가운데 가장 똑똑한 민족이에요. 민족정신, 교육열이 가장 강해요. 우리 조선족은 한족들과 절대 결혼하지 않지요. 요즘은 더러 결혼하는 경우가 있지만."

일망무제의 땅

이른 아침 장춘역에 도착했다. 산도 없는 평원이다. 4월의 바람이 거셌다.

"목사님, 여기 만주평원의 봄바람은 유명합니다. 대지를 휩쓸고 가죠."

서울조선족교회에서 알던 동포를 만나 아침식사를 함께 했다. 장춘은 중국의 자동차 생산기지로 유명하다고 한다. 그가 잠깐 위만국박물관을 가보자고 했다. 위만국박물관은 청나라 마지막 황제 푸이가 살던 곳이다. 푸이는 대청제국을 잃고 일본의 꼭두각시가 되어 이곳에서 최후의 황제가 되었다. 공산군에 의해 포로가 되어 비참한 최후를 맞았다. 푸이가 타던 자동차, 푸이가 즐겨 보던 영화관 등을 둘러보았다.

하얼빈에서 처리할 일이 있어 택시를 잡았다. 기차를 타지 않은 이유는 장춘에서 하얼빈까지 가면서 동북평원을 보고 싶어서였다. 송화강이 굽이굽이 흐른다. 유장하다. 가도 가도 끝없이 펼쳐지는 평야.

"엄영광 씨, 말 그대로 일망무제一望無際입니다."

"일본인이 만주에 왔다가 이렇게 큰 땅은 처음 본다고 감탄했다고 합니다. 그러니 탐이 났던 게지요. 엄청난 곡창지대입니다. 여기 만주에서 처음으로 수경농사로 쌀 재배를 한 게 우리 조선 사람입니다. 이 황무지를 개간해서 논농사를 지었습니다. 이곳 만주는 조선 사람의 피와 땀이 녹아 있는 곳입니다."

'고구려와 발해가 떠오른다. 부여의 땅….'

하얼빈의 한 호텔에 짐을 풀었다. 동북항일열사박물관을 찾아 둘러보았다.

"목사님, 항일전쟁에서 조선인이 굉장히 많이 죽었습니다. 저 사진들 보세요. 거의 다 조선인입니다."

일본군이 사용하던 기관총, 대포, 총, 칼…. 진열된 무기를 보니 일본 무기는 대학생 수준이고 모택동 군대의 무기는 유치원 급이었다. 메이지유신을 통해 동아시아 최초로 근대문명을 이룩한 일본의 힘이 느껴졌다.

박물관을 나와 흑룡강성의 조선족 민족지 흑룡강신문사를 찾았다. 흑룡강신문사 관계자들은 민족의 말과 얼을 지키기 위해 혼신의 힘을 다하고 있었다. 도시화와 산업화, 코리안드림으로 무너지고 붕괴되는 조선족 마을, 조선족 학교를 지키려 머리를 싸매고 고민하고 있었다.

호텔방으로 돌아왔다. 잠자리에 든다. 하얼빈에서의 첫 밤이었다. 잠이 드는 듯하는데 엄영광이 뒤척였다. 잠이 안 오는 모양이었다.

"잠이 안 오나요?"

"예, 앞으로 한국에서 일해 돈 많이 벌어가야 하는데…. 아들놈 생각도 나고요."

다음 날, 심양에 있는 한국영사관을 찾았다. 영사관 입구에서 경비가 엄영광을 못 들어가게 했다. 만일 엄영광 혼자만 왔더라면 한국행 비자를 받는 일이 어려워질 수 있었겠다는 생각이 들었다. 영사관에서 법무부 파견 영사를 만나 엄영광의 비자 문제를 이야기하자 바로 한국행 비자가 나왔다.

심양비행장으로 향했다. 엄영광과 함께 한국행 비행기를 탔다. 심양비행장을 이륙해 얼마 후 서해가 보이자, 엄영광은 한국에 다시 들어오게 된 것이 믿기지 않는 듯 창밖을 보며 "서해다, 서해!" 하며 외쳤다.

인천국제공항을 빠져나왔다. 공항버스를 타고 서울로 향했다. 옆에 앉은 엄영광의 손을 잡고 말했다.

"이렇게 중국에서 데려오는 일을 완수했네요. 앞으로 모든 일이 형통하고 순리의 길이 되기를 빕니다. 덕분에 중국 구경 잘했습니다."

"목사님, 함께 동행해 주셔서 감사합니다. 열심히 돈 벌어 행복한 가정을 꾸리겠습니다."

4부

중국인과의 동행

한족 세 명과 시작한 서울중국인교회 창립예배를 마치고.
왼쪽부터 등원비, 우쩐룽, 필자, 우준량 씨. 2003년 9월 7일.

성폭행당한 중국 여성

주일 예배 후 광고시간에 서 목사가 조선족 교인들에게 소식을 전했다.

"교우 여러분, 지난 몇 달 동안 우리 교회는 화성외국인보호소에 갇혀 있던 엄영광 씨를 살리려 최선의 노력을 다했습니다. 하나님의 은혜와 도우심으로 그가 중국으로 갔다가 다시 한국에 오게 되었습니다. 법무부의 인도적 결정에 감사한 마음입니다. 그가 이제 한국에서 열심히 일해 빚도 갚고 행복한 가정을 만들어 가기를 다 같이 기원합시다."

교인들이 박수로 엄영광을 환영했다. 동포 몇 명이 와서 물었다.

"목사님, 중국에 갔는데 감상이 어떠세요?"

"동북 3성의 끝없는 동북평원, 정말 놀랍더군요. 흑룡강성에 굽이굽이 흐르는 송화강도 장관이더군요. 광활한 만주 땅을 개척한 우리 조선족 동포들의 모습이 눈에 그려졌습니다."

직접 중국 땅을 보고 오니 동포들과 더 가까워진 것 같았다.

한국에서 현장 일을 하다 다리가 골절되어 치료를 받고 있던 동포 허증걸 씨가 찾아왔다.

"목사님, 상담하러 온 사람이 있습니다."

"누군가요?"

"한족 여성이에요."

"들어오라고 하시죠."

20대 초반의 앳된 여성이었다. 그런데 두려움과 불안에 부들부들 떨었다. 눈도 제대로 뜨지 못했다.

"무슨 일인가요? 뭘 도와드릴까요?"

허증걸이 통역했다.

"목사님, 저는… 산동성에서 한국으로… 연수생으로 일하러 왔습니다."

머뭇머뭇하며 말했다.

"일단 자리에 앉으세요. 앉아서 이야기하시죠."

"혹시 여성 통역은 없나요…? 여자분이 통역을 해줬으면 좋겠는데…."

"알겠습니다. 알아보겠습니다."

사무실에서 나와 동포 여성을 찾아보았다. 마침 북경대학을 나왔다고 하는 동포 여성 김 모 씨가 보여 도움을 청했다. 나는 통역을 통해 한족 여성에게 물었다.

"이름이 어떻게 됩니까?"

"예, 저는 동궤롱이라 합니다. 산동성 청도가 고향이고 부모님도 거기 계세요."

"연수생으로 왔다고 했는데, 어디서 근무했나요?"

"김포공장에서 3년간 일했습니다."

대화 중간 중간 동궤롱이 한숨을 크게 쉬었다. 눈물도 비쳤다.

"이틀 전이었습니다. 연수 기간을 마치고 중국으로 출국하려고 하는데 회사 과장이 차로 비행장까지 데려다 준다고 해서 차를 탔습니다. 그런데 비행장으로 가지 않고 어딘지 모르는 산으로 차를 몰고 갔습니다. 좀 이상해서 '어디로 가느냐'고 물으니 '걱정 말라'고 했습니다. 그리고 인적이 없는 산속에 도착하더니 갑자기 저를 끌어안았습니다…."

"그리고요…?"

"저항했습니다. 그랬더니 그가 갑자기 돌변해 저를 주먹으로 때렸어요. 때리면서 칼을 들이댔습니다. '죽이겠다'고 하면서요…."

무슨 일이 벌어졌는지 예상이 되었다. 여성으로서 몹쓸 일을 당한 것이다. 동궤롱이 두 손을 부르르 떨었다. 그리고 어깨를 들썩이며 흐느꼈다. 김 씨는 그녀의 등을 토닥이며 위로했다.

"나이가 올해 몇인가요?"

"스물 둘입니다. 칼을 들이대니 무서웠습니다. 이러다 죽을 것 같았어요…. 저는 중국에 있을 때 남자를 몰랐습니다. 과장은 저를 성폭행 후 비행장으로 데려다 줬습니다. 그러고는 황급히 차를 몰고 가버렸습니다. 하늘이 무너져 내리는 것 같았습니다…."

'무슨 말을 하랴! 한 여인의 생애에서 상상할 수 없는 일을 겪은 것인데…. 그것도 회사 동료라는 사람에게.'

"동꿰룽 씨, 서울조선족교회는 어떻게 알고 찾아오셨나요?"

"김포공장에서 함께 일하던 조선족 언니가 있어요. 제가 한국말을 못하니까 일이 있을 때마다 통역을 도와줬습니다. 비행장에서 언니에게 전화를 걸어 제가 당한 일을 말했어요. 언니는 너무 놀랐습니다. 그 언니가 평소에 서울조선족교회를 다녔어요. 언니가 교회 전화번호와 주소를 알려 주면서 빨리 교회로 가서 도움을 청하라고 했습니다. 그래서 공항버스를 타고 여기로 온 겁니다."

"회사 주소와 전화번호, 과장 이름과 전화번호를 알고 있나요?"

"네."

핸드백을 열더니 중국제 작은 수첩을 꺼내 나에게 건넸다. 동꿰룽을 당분간 교회 여성숙소에 머무르게 했다. 나는 회사 사장에게 전화를 걸어 전후 사정을 알렸다.

"뭐예요? 그게 사실입니까? 어디서 이런 일이…. 이놈이 회사를 망치려고 작정을 했나! 이 찢어 죽일 놈."

얼마 뒤 누군가에게 전화가 왔다.

"목사님, 죽을죄를 지었습니다. 제 동생이 몹쓸 짓을 저질렀습니다. 제가 그놈 형입니다. 목사님, 시간 있으십니까? 찾아가서 뵙고 말씀드리겠습니다."

다음 날 가해자의 친형과 부인이 교회를 찾아왔다. 가해자의 형은 당혹스러운 표정이 역력했다.

"이 일을 어쩌면 좋을까요?"

"있어서는 안 될 일이 벌어졌습니다. 중국 여성이라 우습게 알고 그런 것 같기도 하고. 당한 여성이 얼마나 고통스럽겠습니까? 이 자리에서 피해자와 이야기를 나누시는 것이 좋겠습니다."

동궤롱을 데려왔다. 가해자의 형이 용서를 구했다. 그러나 동궤롱은 냉담한 반응이었다. 가해자의 형이 동궤롱 앞에 무릎을 끓고 용서해 달라고 빌었다. 동궤롱이 입을 열었다.

"저는 여자로서 견딜 수 없는 일을 겪었습니다…. 앞으로 제가 결혼한다 하더라도, 남편 될 사람에게 얼마나 마음의 짐을 안고 살겠습니까? 중국에 있는 부모님이 이 일을 알면, 충격으로 쓰러지실 거고요.

저는 가해자를 용서할 수 없습니다. 법에 따라 처벌을 원합니다. 한 인간을 짓밟은 짐승 같은 인간을 용서할 수 없습니다."

분노로 떨리는 목소리였다. 용서를 구하는 가해자 측과 용서를 할 수 없다는 피해 여성. 내가 중간에서 화해를 하도록 권하는 것이 현명한 것인지 판단이 서질 않았다. 가해자의 형이 용서를 구하는 모습은 '악어의 눈물'이 아니라는 느낌이 들었다. 진정성이 느껴졌다. 그러나 동궤롱의 모습에서는 한 맺힌 여인의 서슬이 느껴졌다.

"동궤롱 씨, 제 동생이 죽을죄를 지었습니다. 하지만 제발 처벌만은 하지 말아 주세요. 이런 말 참 염치없지만, 제 동생은 어린 두 자녀가 있습니다. 동생이 감옥에 가면 두 아이를 부양할 수가 없습니다. 제 동생을… 용서해 주세요."

동궤롱은 한참을 말하지 않았다. 나도 옆에서 지켜볼 뿐이었다. 이 험한 세상에서 여자로 살아간다는 것은 쉬운 일이 아니다. 왜 인간은 스스로의 욕망을 통제하지 못하는지. 충동에 의해 상대방의 고통을 생각지 않고 자신의 욕망과 욕구를 채우기 위해 상대를 해치는 일들이 끊임없이 일어나는 세상. 분명 인간 안에는 수성獸性과 마성魔性이 흐른다. 어둠과 빛이 내면에 공존하는 인간 실존. 개인만 그런 것이 아니라 집단과 인류도 마찬가지다. 인간의 내면은 날마다 선과 악의 싸움이 일어나는 전쟁터다.

동궤롱이 무겁게 입을 열었다.

"가해자가 와서 진심으로 사과하면, 처벌을 원치 않겠습니다…. 다만 보상을 원합니다."

가해자의 형이 말했다.

"동생이 사과하도록 하겠습니다. 고맙습니다. 보상은 어느 정도 원하나요?"

"3천만 원은 돼야겠어요."

가해자의 형이 난감해했다.

"목사님, 저희 집안은 김포에서 농사지으며 살아왔습니다. 겨우 입에 풀칠하고 사는데… 액수가 부담이 되어 어쩌면 좋을지 모르겠습니다."

곤혹스러웠다. 가해자 측의 형편을 이해해 달라고 동꿰롱에게 말하기도 어려웠다. 그렇다고 3천만 원은 도무지 만들 수 없다는 가해자 형의 호소를 마냥 외면하기도 그랬다. 더 이상 대화가 진전되지 않았다.

"오늘은 이만 하시죠. 좀더 당사자들이 시간을 갖고 생각해 보도록 하시죠."

가해자 형과 부인이 동꿰롱에게 머리 숙여 절하고 자리를 떴다.

뒤통수 맞다

교회 여성숙소에서 며칠을 보내던 동꿰롱이 찾아왔다.

"무슨 일인가요?"

"목사님, 숙소에서 더 이상 있을 수가 없습니다. 저를 두고 뒤에서 수군수군 댑니다. '저 년이 남자에게 꼬리를 쳐서 그런 거지, 무슨 강간이냐'고요."

귀를 의심했다. 동생이나 딸 같은 여성에게 교회에서 이런 소리를 한다니 도무지 이해되지도, 믿겨지지도 않았다. 환멸이 밀려왔다. 당장이라도 숙소로 내려가 누가 그런 말을 했냐고 따져 묻고 싶었다.

“동꿰룽 씨 일을 숙소 여성들이 어떻게 알게 되었나요?”

“목사님, 제가 한족이잖아요. 숙소에 있는 조선족 아주머니들이 어떻게 여기 왔냐고 자꾸만 물어 사실대로 말했어요. 같은 여성이고 언니 같고 엄마 같아서요. 그런데 그 이후로 자꾸 저를 뒤에 두고 수근대는 거예요.”

속에서는 불이 났지만, 그들이 신앙이 있어 온 것도 아니고 임시 거처가 필요해 온 것인데… 신앙으로 단련된 사람들이 아니라 생각하며 참았다. 나는 그 자리에서 김 씨에게 전화했다.

“혹시 지내는 곳에 동꿰룽 씨가 잠시 있을 수 있겠습니까?”

“제가 혼자 살기 때문에 괜찮아요. 제가 친여동생처럼 돌봐줄게요.”

“감사합니다.”

동꿰룽은 거처를 옮겼다. 가해자 형에게 전화가 왔다.

“동생이 용서를 구하겠다고 합니다. 언제 찾아가면 될까요?”

“사과도 해야겠지만 보상 문제가 정리되지 않고서는 해결이 안 되니, 이 문제를 정리해서 알려 주세요.”

“전에 말씀드린 대로 천만 원이 최대입니다. 우리 집안 형편이 정말 그렇습니다. 동생 놈 때문에 집안이 지금 난리가 났습니다. 저도 너무 괴롭습니다….”

동꿰룽에게 가해자 측 입장을 사실대로 전했다. 하루가 지나 동꿰룽이 찾아왔다.

“정말 억울합니다. 하지만 천만 원밖에 없다니, 그렇게 할게요.”

가해자 측에 동꿰룽의 결정을 전했다. 다음 날 가해자, 가해자 형과 부인, 동꿰룽, 그리고 김 씨가 교회에서 함께 만났다. 가해자가 무릎을 끓고 그녀에게 용서를 구했다. 배상금 천만 원을 가해자 형이 동꿰룽에게 건네주었다. 동꿰룽과 가해자가 합의서를 작성했다. 이로써 모든 게 정리되었다. 서로 인사를 나누고 헤어졌다. 동꿰룽을 불렀다.

"한국에 와서 끔찍한 일을 당해, 뭐라 위로해야 될지 모르겠습니다. 아무쪼록 용기를 잃지 말고 살아가세요. 한국말에 '세월이 약'이라는 말이 있습니다. 앞으로 좋은 일만 생길 겁니다. 동꿔롱 씨의 이후의 삶이 행복하기를 기원합니다."

"목사님, 감사합니다. 어려울 때 함께해 주셔서요. 중국으로 가기 전에 한번 찾아뵐게요."

며칠 후 동꿔롱이 중국에 간다며 찾아왔다.

"오늘 중국으로 가요. 황해 위를 지나면서 한국에서 있었던 일을 다 잊고 싶어요. 목사님, 제가 중국에서 새로운 인생을 살 수 있도록 기도해 주세요. 그동안 감사했습니다."

여행용 트렁크 하나가 전부였다.

"그동안 고생 많았어요. 부모님께도 안부 전해 주세요. 다시 만날 기회가 있었으면 좋겠습니다. 보상금 3천만 원을 다 받았으면 좋으련만, 그쪽 형편이 그렇지 못해 한편으론 내가 미안하기도 합니다."

"예. 그런데 김 언니가 300만 원을 달라 해서 줬습니다. 통역도 도와주고 잠도 재워줬다고 하면서…."

이 말을 듣고 나는 숨이 멎는 듯했다. 내가 확인차 물었는데 사실이었다. 인간에 대한 환멸감이 파도처럼 밀려왔다. 인간에 대한 배신감에 손이 떨렸다. 제 친동생처럼 돌봐주겠다던 사람이 300만 원을 뜯어먹은 것이다. 냉정함을 유지한 채 동꿔롱에게 말했다.

"알겠습니다. 그럼 부디 건강하고 하는 일마다 잘되길 바랍니다."

동꿔롱이 인사를 하고 떠난 뒤 참담한 심정에 일이 손에 잡히지 않았다. 김 씨에게 전화를 했다. 단도직입적으로 물었다.

"동꿔롱에게 300만 원을 받았다면서요?"

"네, 받았습니다."

"아니, 어떻게 그런 돈을 달라고 할 수 있습니까?"

"뭐가 문젠가요, 목사님? 세상에 공짜가 어딨나요? 통역 도와

주고 집에서 밥도 먹여 주고 재워 줬는데, 당연히 받아야죠."

말이 안 통했다. 분노를 가두고 싶지 않았다.

하지만 더 말해 봤자 소용없는 일이라는 생각이 들어, 전화를 끊었다.

서울조선족교회를 떠나다

한족도 동포와 마찬가지로 한국에서 지내면서 어려운 일들이 생길 때마다 교회를 찾았다. 그런데 나로서는 조금 납득이 안 되는 일을 겪었다. 조선족이 한족을 은근히 깔보고 무시하는 것이었다. 이들은 같은 중국에서 태어나 살았으면서도 물과 기름처럼 섞이지 않았다. 소위 민족 감정 때문이었다.

동포들에게 자세히 이유를 물어 보았다. 조선족 동포는 중국의 동북 3성에 살면서 주류 민족인 한족의 무시와 멸시를 받으며 살았기 때문이었다. 그 무시와 멸시는 우리가 상상하는 것 이상이었다. 조선족은 한족을 향해 '뙤놈', 한족은 조선족에게 '까오리 방즈'(고려 몽둥이)라며 서로 욕했다고 한다. '까오리 방즈'라는 말은 역사가 깊다. 고구려 때부터 생긴 말이다. 고대 중국인은 고구려 사람을 '고려인'이라 불렀는데 그 중국어 발음이 '까오리'다. 한족이 툭하면 조선족을 향해 하는 말이 "조선놈들이 조선 땅에서 살아야지 왜 중국 땅에 와서 사느냐"라는 것이었다. 이런 이유로 한국에 나온 동포들은 한족들에게 '너희도 한번 당해 보라'는 식의 마음이었다.

고민이 시작되었다. 동북 3성에 살고 있는 조선족 동포는 그야말로 우리 민족일 뿐더러 민족 통일과 한·중 관계를 위한 전략적 촉매 역할을 한다. 그러나 나에게 다가온 한족은 한국인이나 조선족에게 이리 치이고 저리 치이는, 목자 없는 양 같았다. 누군가는 한족을 위해 나서서 그들을 품고 보호할 필요가 있었다. 시간이 지날수록 고민은 깊어갔다. 한족만을 위한 공동체, 한족만을 위한 교회의 필요성이 느껴졌다.

생명의 계절인 5월이 시작되었다. 산과 들이 연둣빛을 띠며 말없이 약동하고 있었다. 만상, 만물, 만유가 서로 교통하며 공명하는 우주. 이 실상을 잃어버린 인간은 서로를 민족, 종족, 인종으로 나누고 분열하며 갈등하고 싸운다. 영겁의 빗자루가 대지를 쓸고 가면 다 흙으로 돌아갈 존재들인데 이 땅에서 민족이라는 우상을 섬기며 노예가 되어 산다. 조선족과 한족의 민족 감정도 우상일 뿐이다. 인류는 한 뿌리에서 나와 한 생명으로 살아가는 형제자매다. 뙤놈이 어디 있으며 까오리 방즈가 무슨 의미가 있단 말인가.

'동포와 함께 한반도를 바라보며 가고 싶었다. 그런데 내 앞에 한족들이 찾아온다. 한국의 어느 한 곳에는 한족이 쉬고 의지하고 시름을 덜 수 있는 빈 의자가 필요하다. 새들도 나무숲에 안겨 쉬듯 한족만을 위한 공간이…. 하나님, 우리 민족이 뙤놈이라 하는 한족의 친구가 되겠습니다. 조선족과 한족의 화합과 공존을 이루어 주소서!'

이렇게 나는 새로운 길을 결심했다.

서울조선족교회를 섬긴 지 4년이라는 시간이 지났다. 그 동안 정든 동포를 떠나자니 발걸음이 떨어지지 않았다. 그러나 동북 3성에서 앞으로 살아갈 동포들을 위해서라도 한족을 돕고 한족과 함께 가는 것이 의미가 있다고 확신했다.

서경석 목사를 만나 정중히 사임의 뜻을 밝혔다.

"아니, 최 목사, 사임이라니?"

"여기서 한족들을 지켜보면서 한족들을 위한 교회가 절실히 필요하다고 생각했습니다."

"그래…. 정말 아쉽네."

"그동안의 모든 일들, 깊이 감사드립니다."

5월 25일 예배 후 교인들 앞에서 인사했다.

"동포 여러분과 함께한 시간, 너무 행복했습니다. 여러분의 눈물과 고통을 함께한 시간들, 제 인생의 귀한 추억으로 남을 것입니다. 하나님께서 200만 조선족 동포를 축복해 주시고 인도해 주시길 빕니다. 저는 이제 한족을 위해 여러분 곁을 떠납니다. 안녕히 계세요."

"목사님, 왜 우리를 떠나는 거예요? 왜 하필 뙤놈들한테 갑니까?"

"뙤놈들의 친구가 되려고 갑니다. 아마 전생에 제가 뙤놈이었나 봅니다, 허허."

몇몇 동포들이 훌쩍훌쩍 운다.

"우리는 말이라도 통하지, 목사님은 중국어도 못하면서 뙤놈들하고 함께하려면 보통 어려운 일이 아닌데…. 우리 때문에 고생만 하다 가시네요."

동고동락한 교역자들도 걱정했다.

"예배당도 없으면서 어떻게 개척하려고 하는 거예요? 최소한 예배당은 있어야지, 참."

서울중국인교회 개척

잠시 정신적으로 시간적으로 여유가 생겼다. 가리봉동을 찾았다. 부동산을 통해 쪽방을 둘러보았다. 가리봉동은 조선족타운이 형성되어 있었고 이 타운 안에 한족들도 살아가고 있었다.

월세 15만 원짜리 쪽방을 하나 얻었다. 사무실로 쓰기 위해서였다. 이 쪽방은 가리봉3거리에서 좁은 골목으로 조금 들어가 있었다. 길옆에 술집이 즐비한데 밤마다 취객들이 골목 안으로 들어와 오줌을 눴다. 아침에도 그 냄새가 진동했다.

서울조선족교회에서 함께했던 동포 김일남 씨가 자주 와서 도와줬다. 의정부에서 알고 지내던 조영진 씨도 당시 신학을 하고 있었는데 중국인 선교에 관심 있다며 함께하기로 했다. 서울조선족교회에서 함께 일한 송명희 목사도 한족 선교를 위해 합류했다. 평소 알고 지내던 한족 세 명이 찾아왔다. 사무실을 보여 주니 낙담한 얼굴이었다.

중국 지도를 책상 위에 펼쳐 놓고 틈만 나면 들여다보았다. 그리고 중국어 교본을 사서 중국어를 익혔다. 중국의 역사와 문화, 정치와 사상과 관련된 책도 구해 틈틈이 읽었다.

한족을 위한 교회 이름은 '서울중국인교회'로 지었다. 국내 체류하고 있는 한족을 위해 서울중국인교회 소개글을 작성했다. 앞으로 서울중국인교회를 한족에게 알리는 문구가 될 것이었다.

서울중국인교회를 세우며

중국인 여러분, 안녕하십니까? 한국에는 대륙 출신 중국인(한족)이 전국 각지에 체류하고 있습니다. 아시아도 이젠 국경을 넘나들며 오가는 시대가 되었습니다. 13억 인구가 살아가는 중국은 사실상 아시아에서 중심에 선 나라이며 한반도와도 긴밀한 관계에 있습니다. 현재 중국은 꿈을 향해 달려가는 청년국가입니다. 청년정신은 새로운 세상을 향해, 미지의 세계를 향해 도전하고 모험하는 것입니다. 지금 한국에 있는 중국인 여러분도 새로운 세계를 향해 모험을 한 것입니다. 도전하는 자만이, 모험하는 자만이 꿈을 이루고 새로운 세계를 열어 갈 수 있습니다.

한국에 오신 중국인 여러분, 그래도 이곳이 고향이 아닌 타국이기에 고향처럼 편하지는 못할 것입니다. 이제 여러분 편에 서서 꿈과 우정을 나누고 기쁨과 슬픔을 나누기 위해 서울중국인교회가 창립되었습니다. 우리의 시작은 미약합니다. 그러나 우리는 두려워하지 않습니다. 서울중국인교회는 여러분과 함께 손을 잡고 함께 꿈꾸며 나아갈 것이기 때문입니다.

쪽방 지붕 위로 비가 내린다. 처마에도 빗물이 타고 내린다. 세

차게 쏟아져 내리는 빗소리를 들으니 처연한 심정이 되었다.

'예배당을 어디서 구할 수 있을까? 가리봉동에 있는 한국 교회를 찾아 예배드릴 수 있는 공간을 빌려달라고 할까? 가리봉 길거리에서 예배를 드릴까? 이 사무실에서 예배드린다면 얼마간은 몇 명을 놓고 할 수 있겠지만 장기적으로는 힘들 텐데…. 어떻게 한다?'

빗줄기가 더 세졌다. 6월의 장마가 시작되었다.

첫 예배

"형님, 접니다. 서울조선족교회 그만두었다고 하던데요."

김용필의 전화였다.

"응. 한족을 위해 교회를 세우려고."

"형님, 사무실에 제가 가서 일할 공간 좀 있나요? 조선족 동포를 위해 제대로 된 신문 하나 만들어 보고 싶어서요. 〈동북아신문〉을 떠나고 나서 늘 이런 생각이 마음속에 맴도네요."

"나도 동감이야. 책상 하나 더 놓을 공간은 되니 그러세."

그가 도착해 사무실을 이리저리 둘러보더니 우스갯소리를 했다.

"형님, 이건 마치 중국 공산당원들이 초창기 숨어서 공산주의 운동하던 때와 비슷한데요? 흐흐, 무슨 도원결의라도 할 참인가요?"

거듭 토론을 거쳐 우리는 일단 형편에 맞게 A3 한 장짜리 신문을 만들기로 했다. 사무실용 소형 인쇄기를 구입하기로 했다. 김용필, 김일남, 나 이렇게 셋이 카드를 긁어 550만 원 하는 일본제 인쇄기를 구입했다. 발행인이자 편집인은 김용필, 나는 주필을 맡기로 했다. 비록 한 장짜리 신문이라 하더라도 조선족을 제대로 대변하는 정론지를 만들겠다는 의지는 분명했다. 신문 제호는 〈중국동포타운신문〉으로 정했다. 신문의 표어는 '동포에 희망을, 민족에 희망을'이다. 우리는 신문을 제작해 토요일마다 가리봉동 조선족타운

삼거리를 지나는 동포들에게 나누어 주었다. 사무실에서 인쇄기가 "철크덕, 철크덕" 하며 고속으로 돌아가는 것을 보며 우리는 흐뭇한 미소를 지었다.

시간이 흐를수록 정론지에 목말라하던 동포들에게 이 신문은 큰 사랑과 지지를 받았다. 6, 70년대 산업화기지로 공단지대였던 가리봉동 일대는 쪽방들로 빽빽했다. 한 사람이 겨우 몸을 누일 정도의 방, 쪼그려 앉아 밥을 해야 하는 주방, 공용 화장실 하나. 아침마다 용변을 보기 위해 화장실 앞에서 줄을 서서 기다려야 하는 상황이었다. 가리봉시장 길은 온통 중국어 간판으로 즐비하다.

8월의 폭염이 기승을 부리던 무렵, 이순기 전도사가 사무실로 찾아왔다. 이 전도사는 서울조선족교회에서 1년간 전도사로 섬기다 가리봉동에 동포사랑교회를 개척했다.

"목사님, 요즘 어떠세요? 한족을 위해 교회를 개척했다고 해서 한번 들렀어요. 그런데 목사님, 중국어 가능하세요?"

"요즘 혼자 중국어 공부 하고 있는데, 사성四聲을 구분하는 게 무척 까다롭네요."

"목사님, 정말 무모한 건지 대단한 건지 모르겠네요. 듣자 하니 예배당도 없다던데. 목사님, 우리 교회가 여기서 얼마 안 떨어져 있잖아요, 우리 교회에서 오후에 예배를 드리시죠. 우린 오전에 예배를 드리니까요."

"전도사님, 정말 그래도 되겠습니까?"

"그럼요, 어려울 때 서로 도와야죠. 비록 우리 교회가 공간이 작고 지층에 있지만, 원하신다면 오후에 이용하세요."

"너무 고마워요. 그럼 그렇게 하겠습니다."

2003년 9월 7일 오후 2시, 서울중국인교회는 동포사랑교회에서 첫 예배를 드렸다. 한족 세 명, 그리고 내가 중국어를 못하므로 서울조선족교회 동포 이순덕 집사가 통역으로 함께했다. 첫 예배 설교를 했다.

"중국인 여러분, 보시다시피 우리가 처한 환경은 이렇습니다.

그러나 우리는 중국인을 위한 꿈을 품고 '신앙중국, 성서중국, 선교중국, 화평중국'으로 가는 대장정을, 갈릴리와 같은 이곳 가리봉동에서 시작합니다. 하나님께서 서울중국인교회와 함께해 주시기를 기도합니다."

복을 좋아하는 중국인

흑룡강성의 한 향촌에서 촌장을 해본 경험이 있는 동포 김일남이 조언을 주었다.

"목사님, 한족을 섬기기로 했으면 한족의 특성을 정확히 파악해야 합니다."

그는 나보다 열 살이 더 많았다. 때론 형님, 때론 좋은 친구 같았다.

"목사님은 중국에서 살아본 적이 없어 모릅니다. 한국인과 사고방식 자체가 달라요. 우리 조선족과도 다르고."

"어떻게 다르죠?"

"한족은 수동적입니다. 춘추전국시대의 전란을 수백 년 거치면서 체득된 DNA가 있어요. 그건 어떤 상황에서도 고개를 들지 않는다는 겁니다. 고개를 드는 순간 목이 달아나니까요. 한국은 자본주의 민주사회잖아요. 그러니 한국인은 창의성을 가지고 도전하고 치고 나갑니다. 한족은 그렇지 않아요. 그래서 강력한 리더십으로 이끌어 가야 합니다."

"네. 다른 특성은 없나요?"

"가장 중요한 특성은 배금拜金주의입니다. 머리끝부터 발끝까지 돈에 대한 생각과 집착으로 꽉 차 있죠. 이런 한족들이 주일에 일하지 않고 왜 교회에 나오겠어요? 이것이 현실입니다. 특히 한국에 온 한족들은 유학생 빼고는 다 돈 벌러 온 것입니다. 결혼해서 오게 된 한족 여성들도 다 일하는 형편입니다. 현실적으로 유학생들이 서울중국인교회에 온다는 것은 불가능합니다. 그러니 한국에 있는 '라오바이싱'(보통 사람) 한족을 상대로 목회해야 합니다."

"그럼 어떻게 시작하면 좋겠습니까?"

"소프트한 접근, 즉 간접적인 접근을 하는 게 현명합니다. 직설적으로 '하나님 믿어라' 하면 오지 않을 거예요. 중국에서 교회 다녔던 사람들도 한국에 오면 돈 버는 일에 미쳐 교회에 안 나가는 판입니다. 그러니 어려운 문제를 도와주면서 교회로 오게 해야 합니다. 목사님, 중국에 잠시 갔을 때 뭐 특이하게 느낀 거 없으셨나요?"

"…."

"혹시 한족의 가옥을 보셨나요? 집 대문을 봤나요? 한족들은 집 대문마다 '福'(복) 자를 거꾸로 해서 붙여 놓거든요."

"아, 그거 봤죠!"

"바로 그거예요. 그게 한족의 정신이요 문화입니다. 하늘에서 돈이 쏟아져 내리기를 간절히 염원하는 마음. 하늘의 도道니 진리니, 필요 없습니다."

나는 한족에 대해 더욱 알고 싶어 김일남 씨에게 거듭 물었다. 그가 설명했다.

"이건 중국의 일반적 특성입니다. 모택동은 대약진운동과 인민공사를 하면서 완전한 사회주의 국가를 건설하려 했습니다. 하지만 그 계획은 실패했고 수천만 명이 굶어 죽었습니다. 그는 중국 인민의 사상을 유물론, 무신론으로 바꿔 놓았습니다. 중국 5천 년 역사에 이런 일은 전무후무한 일입니다. 중국의 전통 사상과 문화를 뿌리째 뽑아 버렸습니다. 한족에게 신의 존재를 알리는 것은 생각만큼 쉽지 않습니다."

등소평이 비록 개혁 개방을 했더라도 그것은 경제, 곧 의식주 문제를 해결하기 위한 것일 뿐 정치와 사상, 언론과 종교에 대한 개방이 아니었다.

"그리고 중국인은 의심이 많습니다. 속을 알 수 없는 게 중국인이에요. 말 그대로 믿어서는 안 됩니다. 이건 직접 겪어 봐야 압니다.

속아도 보고 당해도 보면서 알게 됩니다."

교회의 두 바퀴

우쩐룽과 등원비가 사무실을 방문했다. 그런데 모르는 중국인 남성과 그 부인과 아들이 함께 왔다. 우쩐룽 선생이 세 명을 바라보며 소개해 주었다.

"원운리 씨는 중국에 있을 때 청년 시절부터 중국 민주인사들과 교류했습니다. 그런데 중국의 관리들이 비밀리에 중국 감옥에서 사형수들의 장기를 적출해 밀매하는 것을 보고 증거 자료를 모아 한국으로 탈출했습니다. 그리고 중국 최초 야당인 민주정의당을 이끄는 쉬원리 선생에게 자료를 보냈습니다. 쉬원리 선생은 영국의 BBC방송을 통해 이 문제를 전 세계에 알렸습니다."

"아, 저도 얼마 전 보도를 보고 충격을 받았는데, 원운리 씨가 한국에 와서 알린 거였군요!"

"네, 맞습니다. 원운리 씨는 가족과 함께 법무부에 난민 신청을 했습니다."

그가 입을 열었다.

"처음 한국에 온 날 어디 갈 데도 없고 두려웠습니다. 그래서 이름도 모르는 산에서 추위에 떨면서 하룻밤을 보내고, 그 뒤 가리봉동에 있는 중국동포교회 숙소에서 지내고 있습니다."

"중국에서 사형수 장기적출 밀매를 보았다고 했는데, 그게 정말입니까?"

"중국 정부는 인정하지 않으려 합니다. 그러나 이런 일들이 은밀하게 벌어지고 있지요. 인권 유린입니다. 나는 이런 천인공노할 악행을 세상에 알리기 위해 한국으로 탈출했습니다."

"많은 용기가 필요했을 텐데, 고생 많으셨습니다. 시간이 지나면 한국 생활에 익숙해지실 겁니다."

서로 인사를 나누고 그들이 사무실을 떠났다. 잠시 의자에 앉아, 양심의 소리를 따르는 사람들, 양심의 고통을 느끼고 진실을 말하는 중국인들에 대해 깊은 생각에 잠겼다.

동포사랑교회에서 오후에 건물을 빌려 예배드리고 활동하다 보니 동포사랑교회가 성경공부나 다른 모임을 갖는 데 지장을 주었다. 그래서 가리봉동시장 안에 선교 단체가 사용하는 건물 지층 공간을 구했다. 34평 되는 이곳을 보증금 천만 원에 월세 70만 원으로 계약해 2004년 초 이사했다. 조영진 집사가 고목을 주워다 십자가를 만들어 걸었다. 그는 전통 한옥집을 짓는 일을 했다. 설교단도 그가 갖고 있던 쌀뒤주로 했다. 족히 100년은 넘은 거라 했다. 쌀뒤주…. 하나님의 말씀은 생명의 양식이니 쌀뒤주를 설교단으로 하는 것이 의미 있다 싶었다. 한족들도 자신들만의 작은 예배당이 생기니 기뻐했다.

그런데 예배를 드릴 때 한족들이 안절부절못하고 자꾸 몸을 틀어 내가 이유를 물었다.

"혹시… 예배가 지루해서 그런 건가요?"

한족들이 웃으며 말했다.

"한족 문화는 의자에 앉아 생활하는 거랍니다. 한국인들은 책상다리로도 잘 앉는데, 우리는 식사도 늘 의자에 앉아서 하죠. 그래서 바닥에 앉아 예배드리려니 힘든 겁니다."

한족과 함께 생활하면서 몰랐던 사실을 계속 알아갔다. 서울중국인교회가 한족 사회에 서서히 알려지면서 어려운 상황에 처한 중국인들의 발길이 이어졌다. 나는 선교와 도움을 적절히 균형 맞추려 노력했다. 어려운 문제를 가지고 찾아오는 중국인들에게 신앙을 강요하지 않았다. 도움을 받고 떠나면 편안하게 가도록 했다. 한국에 와서 교회를 찾아 도움 받는 것에 대해 그들에게 어떠한 조건도 걸지 않았다. 언제든지 편안한 마음으로 의지하고 쉬었다 가도록 했다.

그렇다고 선교를 등한시하지도 않았다. 진지하게 신앙을 받아들이는 사람에게는 신앙적으로 교육하고 기독교 교리를 가르쳤다. 도움, 즉 인권만 생각하다 보면 일종의 인권단체 또는 봉사단체가 된다. 교회의 본질적 기능은 상실하는 것이다. 사실상 선교와 인권, 선교와 복지는 기독교 역사에서 늘 수레의 두 바퀴처럼 굴러왔다. 한국 기독교의 초기 역사를 보더라도 외국 선교사들은 고아와 과부들을 돌보며 고아원을 세우고 학교를 세웠다. 이 땅에서 소외되고 버림받은 사람들을 끌어안고 함께 갔던 것이다.

한족과의 동행이 본격적으로 시작되었다. 한 사람, 한 사람과의 동행이었다.

남자는 '땅', 여자는 '하늘'

강소성 출신인 20대 중반 한족 남성 진첸. 그는 3층 건축 현장에서 떨어져 등뼈에 철심을 넣어 고정시키는 대수술을 받았다. 평생 장애인으로 살아야 했다. 그나마 다행인 것은, 활동가들의 끈질긴 노력으로 이제 불법체류자도 산업재해 처리를 받을 수 있게 된 것이다.

그가 받지 못한 월급 3개월치를 받기 위해 함께 일산 신도시 건설 현장으로 갔다. 사장을 만나 이야기를 하니 다짜고짜 쌍욕을 하면서 내 멱살을 잡아끌었다.

"니가 목사라고? 웃기는 새끼, 왜 이런 일에 끼어들어? 노가다판을 몰라도 한참 모르는군."

일하다가 팔이 부러진 사람, 다리가 골절된 사람, 성폭행당한 여성… 이들 한명 한명의 이야기를 듣고 뒷처리를 위해 이리저리 뛰어다녔다.

어느 날 산동성 출신의 여성과 남성이 찾아와 말하기를, 30대 중반의 한족 여성이 수원출입국관리사무소에 잡혀갔다가 죽었다고 했다. 남성은 죽은 여성의 남편이고, 함께 온 여성은 죽은 여성의 친동생이었다. 언니의 사망 소식을 듣고 부리나케 한국으로 온 것이다. 두 사람은 눈물을 흘리며 괴로워했다. 사안이 사안인 만큼 김일남 씨와 함께 수원출입국관리사무소에 갔다.

출입국관리사무소 조사과 과장과 실장을 만났다. 내가 말문을 열었다.

"어떻게 된 겁니까, 일이?"

조사과 과장이 심각한 얼굴로 설명했다.

"참 당혹스러운 일이 발생했습니다. 사망한 여성은 불법체류 중국 여성입니다. 아시다시피 출입국사무소는 주기적으로 불법체류자를 단속합니다. 이번 단속에 이 여성이 잡혔고, 조사하기 위해 4층 보호실에서 3층으로 데려와 잠깐 대기하고 있으라 했는데, 갑자기 이 여성이 3층 창문을 열고 뛰어내린 겁니다. 순식간에 일어난 사건입니다."

김일남이 유가족에게 동시통역을 했다.

"119를 불러 아주대학교병원으로 옮겨 응급처치를 했습니다. 하지만 내부 장기가 파열되어 15일 만에 결국 사망했습니다."

유가족이 출입국공무원의 설명을 듣더니 믿지 못하겠다는 표정을 했다. 남편이 증오와 분노에 찬 얼굴로 말했다.

"출입국관리사무소에서 죽었으니 출입국에서 죽은 내 아내 살려 내시오. 대한민국 출입국관리사무소가 책임져야 합니다!"

여동생도 눈물을 뿌리며 언니의 이름을 외쳤다. 유가족이 냉정을 찾지 못하리라 보여 내가 말을 꺼냈다.

"법률적인 책임을 검토해 보셨습니까?"

"네, 변호사와 관련법을 검토했습니다. 이 사건은 출입국 공무원에 의해 발생한 것이 아니라 망자가 스스로 뛰어내렸기에, 법률적 책임을 질 부분이 없습니다."

"왜 뛰어내렸다고 보십니까?"

"아무래도 탈출해 도망가려 한 것이 아닌지 모르겠습니다. CCTV 동영상 자료가 있습니다."

현실과 법은 유가족의 생각과 180도 달랐다.

"그리고 목사님, 중환자실에서 집중치료 하느라 치료비가 총 5천만 원이 나왔습니다. 다행히 병원 측에서 2천만 원을 깎아 주었습니다. 치료비 3천만 원을 법률적으로 우리 출입국에서 부담해야 합니다."

망자의 남편이 말했다.

"보상을 해주십시오."

출입국 공무원이 법에 근거해 설명했다.

"우리가 부담해야 하는 건 치료비와 장례비용 일체입니다. 장례비용도 수원출입국사무소직원들이 십시일반 걷어서 감당하려고 합니다. 모금을 하면 장례비 빼고 300~400만 원이 남을 것으로 보입니다. 이 돈은 유가족에게 위로금으로 전달하려 합니다. 어쨌든 불상사가 수원출입국관리사무소에서 발생했으니까요. 이 사건으로 수원출입국관리사무소 직원들도 큰 충격을 받았습니다. 어쨌든 도의적 차원에서 우리가 해줄 수 있는 건 이뿐입니다. 이 이상의 것은 할 수가 없습니다."

과장이 설명을 하고는 목이 타는지 물을 들이켰다. 유가족이 강하게 반발했다. 내가 중간에서 어떻게 설명해야 할지 난감했다.

"우리 유가족은 장례식 거부합니다. 최소한 1억 원을 배상하지 않으면, 장례 거부, 시신 인도 거부하겠습니다."

입술을 앙다문 채 결연했다. 한 시간 이상 팽팽하게 평행선을 달렸다. 김일남이 유가족을 설득했다.

"유가족 심정이야 이해합니다. 그러나 출입국사무소가 어떤 책임도 없는데 어쩌겠습니까? 현실을 인정하고 받아들여야지요. 나도 중국에서 태어나 여러분 심정 이해합니다. 여기서 끝냅시다."

그러나 유가족은 받아들이지 않았다. 타협과 수용은 어려울 것 같았다. 김일남이 내게 말했다.

"목사님, 여기서 빠지겠다고 하세요. 한족은 돈에 대해 민감합니다. 괜히 중간에 나섰다가 자신들이 보기에 불리하게 결정되었다고 하면, 목사님을 평생 원망하고 저주할지도 모릅니다."

사실 이런 문제는 법률적 검토에서 시작해야 한다. 내 주관적 생각이나 판단과 법률적 판단이 다를 때가 많기 때문이다. 당사자는 법률적 판단을 받아들이기 어려워한다. 유가족에게 망자의 죽음은 사실 마른하늘에 날벼락 같은 일이기 때문이다. 김일남의 조언대로 나는 보상 문제에 관한 한 빠져야겠다는 생각이 들어 유가족에게 말했다.

"두 분이 출입국사무소 입장을 못 받아들이는 것, 충분히 이해합니다. 하지만 이미 법률적 판단이 나왔습니다. 이젠 유가족께서 결정을 하셔야 할 것 같습니다. 만일 결정이 어려우면, 신뢰할 수 있는 전문 변호사와 상담해 결정 내리는 것이 어떻겠습니까?"

유가족이 변호사 상담을 원해 함께 이 분야의 전문 변호사를 만났다. 결론은 출입국사무소의 입장과 같았다. 유가족은 그래도 못 믿어 했다. 그래서 주한중국대사관을 찾아가 대사관이 소개하는 변호사를 만나 상담했다. 역시나 동일한 답을 들었다. 수원출입국관리사무소 직원들이 십시일반 모금해 장례를 치러 주고 위로금을 주는 건 최대한의 인도주의적 처사라는 말도 들었다.

결국 유가족이 현실을 받아들임으로써 나머지 후속 조치가 신속하게 진행되었다. 장례가 치러졌다. 한족 여성은 이렇게 한 줌 재로 변하였다. 유골함을 든 남편은 먼 산을 보며 하염없이 눈물 흘렸다. 여동생도 목 놓아 통곡했다.

한번은 면목동에 산다는 한족 여성에게 전화가 왔다. 하남성 출신의 장춘옌이라는 여성이다. 급한 일이라 했다. 교회로 온 여성은 이마에 세로로 10센티미터가량의 상처가 있었다. 두려움과 공포에 몸을 떨며 내 앞에서 갑자기 무릎을 꿇고 두 손을 모아 울며 말했다.

"살려 주세요, 제발 살려 주세요. 오늘 새벽 남편이 휘두르는 칼에 찔려 죽을 뻔했어요."

나는 이 여성을 안심시키면서 일단 의자에 앉도록 권했다. 그러나 계속 무릎을 꿇고 호소했다.

"아무것도 걱정하지 마시고 자초지종을 말해 보세요."

"남편이 갑자기 칼을 들고 와서는 나를 내리쳤습니다. 오른손 팔목으로 막지 않았으면 전 죽었을 거예요…."

팔목에도 칼자국이 있었다.

"경찰에 신고했나요?"

"여긴 한국이잖아요. 그러니 제 말을 믿겠어요?"

"장춘옌 씨, 여긴 중국이 아닙니다. 중국은 그런지 몰라도 대한민국 경찰은 공정하게 일처리합니다. 경찰에 신고하는 걸 도와드릴까요?"

이 여성이 두 손을 크게 휘저으며 "뿌싱, 뿌싱"(안 돼요, 안 돼요) 한다.

"남편이랑 얼마나 같이 살았습니까?"

"6개월 살았습니다. 남편이 새벽에 술을 먹고 들어와 제 옷을 막 벗기려 했어요. 제가 생리 중이라 안 된다고 하니 부엌에서 칼을 가져와 내리친 겁니다."

대강 일의 전말이 그려졌다. 교회에 피난소가 없어 교회 근처에 살고 있는 내몽고 출신 김숙 자매에게 전화해 당분간 같이 있게 해달라고 부탁했다. 장춘옌에게 남편 전화번호와 시부모 전화번호를 달라고 했다. 남편에게 전화를 하니 받지 않았다. 아직도 술에 골아 떨어져 자는 모양이었다. 시부모와 전화가 연결돼 그 시어머니가 교회를 찾아왔다.

"어서 오세요. 앉아서 이야기 나누시죠."

"며느리 어디 있나요?"

"안전한 곳에 있으니 걱정 마십시오."

"아이고, 내 팔자야. 글쎄 아들놈이 마흔다섯 넘도록 장가를 못가 어떻게든 장가 보내려고 했는데 여자가 없습디다. 어쩔 수 없이 한족 며느리 구했어요. 며느리는 이혼해서 혼자 아이를 키우고 있었죠. 결혼 수속비도 천만 원이나 들었습니다."

"이번 일을 어떻게 수습하면 좋겠습니까? 며느리는 죽어도 못 살겠다고 하는데요."

"못 산다니요? 그 천만 원이 어떤 돈인데! 살다 보면 부부 싸움도 하는 거지, 아들놈한테 다시는 그러지 않겠다고 다짐 받고 며느리에게 사과하라 하겠습니다. 그리고 다시 살아야지요. 에이구, 그 놈 새끼가 술만 먹으면 개가 되가지고, 에이구, 내 팔자야!"

"그럼 지금 말씀 며느리에게 전하고 며느리 입장을 들어 본 뒤 연락드리겠습니다. 돌아가시면 될 것 같습니다."

시어머니가 돌아가고 옆에 있던 김일남이 말을 건넸다.

"목사님, 끝난 거예요. 며느리가 돌아가는 일은 결코 없습니다. 내가 장담하죠."

"왜 그런가요?"

"중국은 한국과 180도 달라요. 한국은 남자 중심, 즉 가부장적인 전통이 있잖습니까? 남자는 '하늘', 여자는 '땅'이라고. 그런데 중국은 완전히 달라요. 여자가 '하늘'이고 남자가 '땅'입니다. 한족 남자들은 아내를 여왕처럼 받들며 삽니다. 식사 준비도 남자가 해요. 심지어 빨래도. 그러니까 한국 남자들이 한족 여성이랑 결혼하면 피곤해서 못 삽니다. 부부싸움을 하다가 한족 여성이 남편에게 뺨 한 대라도 맞으면, 그 순간 끝납니다. 집을 나가든지 이혼하든지. 중국 TV 드라마를 보면 아내가 남편 뺨 때리는 장면도 자주 나와요."

장춘옌을 불러 시어머니 입장을 알렸다. 김일남의 말이 맞았다.

"같이 살라고요? 죽어도 살 수 없습니다. 절대 못해요. 이혼하겠습니다. 그리고 보상금 5천만 원도 받아야 하고요."

시어머니에게 전화해 며느리 입장을 전달했다.

"이혼이요? 5천만 원이요? 아니, 이년이 우리 껍데기까지 벗겨 먹으려고 작정을 했나? 아이고, 나 죽겠네, 전생에 내가 무슨 죄를 졌다고 이런 일이 생기나!"

쉽게 조정되기 어려웠다. 그렇다면 객관적으로 처리하는 길밖에 없다.

"장춘옌 씨, 서로 조정이 쉽지 않을 것 같습니다. 법에 근거해 처리해야 될 것 같은데요. 경찰에 신고하는 겁니다."

그녀가 고개를 갸웃거렸다. 그러더니 뭔가 결심한 듯했다.

"그렇게 하겠습니다. 경찰에 신고하겠습니다. 목사님이 도와주세요."

곧바로 시어머니에게 전화했다. 다음 날 시어머니와 남편이 교회로 찾아와 장춘옌과 만났다. 남편은 별로 말이 없었다. 한 눈에 봐도 내성적 성격이었다. 마을버스 운전기사 일을 한다고 했다. 남편이 고개 숙이며 말했다.

"내가 잘못했습니다. 다시는 그러지 않을 테니, 나를 용서하고 다시 살았으면 합니다."

장춘옌이 날카롭게 쏴부쳤다.

"흥, 살인마 같은 놈. 뭐, 같이 살자고?"

시어머니도 분위기를 보더니 더 이상 조정도, 화해도 불가능하다는 것을 직감했다.

"목사님, 5천만 원은 불가능합니다. 아들놈이 결혼할 때 2천만 원을 전세보증금으로 냈는데 그 전세금 빼서 2천만 원으로 합의되게 도와주세요. 제발 부탁입니다."

장춘옌과 시어머니의 밀고 당기기가 시작되었다. 계속 평행선이었다. 그러다 시어머니가 지나온 삶을 한탄하며 통곡하자 장춘옌이 수그러들며 2천만 원으로 합의했다. 이렇게 부부의 연이 끝났다.

목사가 뒷돈을 받아먹어?

며칠 후 중국어 신문 〈신화보〉 편집장인 조명권에게서 전화가 왔다. 그는 연변대학교 어문학과를 졸업하고 중국에서 기자 생활을 했던 동포다.

"목사님, 장춘옌 아십니까?"

"알죠. 얼마 전 교회에 와서 도움 받고 갔는데요."

"목사님, 장춘옌이 보도해 달라며 제보를 했습니다. 목사님이 자기와 남편 문제를 합의시키면서 돈 500만 원을 받았다는 겁니다."

조 기자의 입에서 황당한 말이 나왔다. 아니, 조 기자가 아니라 장춘옌이 해괴한 말을 하고 있었다.

"무슨 말입니까? 시어머니, 아들, 통역자도 옆에서 다 지켜보았는데 어떻게 그런 일이 있을 수 있습니까? 남편도 돈이 없어 전세방을 빼 보증금 2천만 원을 보상금으로 준 건데…."

"목사님, 그게 아니라 장춘옌은 자신이 남편을 살인미수죄로 경찰에 신고하려 했는데 목사님이 못하게 하고 대신 남편 가족으로부터 뒷돈 500만 원을 받았다는 겁니다."

"아, 황당합니다. 그래서 기자님이 뭐라 하셨나요?"

"제가 목사님을 하루이틀 안 것도 아니고 서울조선족교회에서 활동할 때부터 알지 않았습니까? 그래서 제가 호통을 쳤죠. 어디서 그런 말도 안 되는 소리를 하냐고, 당장 나가라고. 화장실 갈 때 나올 때가 다르다고 하는데, 이건 그보다 더 하네요. 목사님, 제가 중국에서 살아봐서 아는데, 한족들 돕다보면 이런 일 늘 겪을 겁니다."

한족들과 함께하는 시간이 쌓여가면서 나는 상식적으로 이해되지 않는 일들을 늘 겪었다. 중국에서 한족학교를 다녀 한국어는 읽을 줄 몰라도 말은 할 수 있는 조선족 동포가 가끔 내게 이렇게 말했다.

"목사님, 한족들이 뒤에서 목사님에 대해 말들이 많습니다."

"무슨 말이요?"

"목사님이 정규 신학교를 나오지 않아 한국인 대상으로 목회를 못하니까 한족 상대로 교회를 차렸다고요. 그리고 검은 마음, 흑심이 있어 돕는 거라고요. 도와주면서 돈을 벌려고 한다는 겁니다."

"그래요? 허허, 그리고 다른 말은 없던가요?"

나는 한족의 특성을 이해하기 위해 더 물어보았다.

"목사님이 헌금을 집에 가져가 쓴다는 겁니다. 교회를 위해 쓰지 않고."

너무 기가 막힌 말들이지만, 시간이 지나야 해결될 일이란 게 이런 것을 두고 하는 말이라 생각하며 그저 웃어 넘겼다.

산동성 청도가 고향인 한 중국 남성이 교회를 찾아왔다. 키도 크고 인물도 훤했다. 한국식으로 말하자면 '경찰대학'을 졸업해 중국 공안으로 근무하던 그는 잘나가는 엘리트였다. 그리고 청도에 온 한국 여성과 결혼했다.

"한국 여자, 처음 본 순간부터 세련되고 매력적이었습니다. 그녀가 제게 적극적으로 다가왔습니다. 얼굴도 예쁘고 매력이 넘쳤어요. 동거하다가 결혼까지 했습니다."

"그런데 무슨 문제가 있어서 온 건가요?"

그는 땅이 꺼져라 한숨을 내쉬었다.

"그 여자랑 결혼해 인생 망쳤습니다. 결혼하자 한국에 가서 살자는 거예요. 그래서 공안도 그만두고 한국으로 왔습니다. 그런데 이 여자가 술집을 들락거리더니 남자들을 홀리며 사는 겁니다. 그 일 그만두라고 해도 막무가내였습니다. 이혼도 해주지 않고요. 지금은 집에도 들어오지 않아요. 체류 연장을 해야 하는데 이것도 도와주지 않습니다. 어떻게 하면 좋을지 방법이 없습니다."

한국 남자들이 중국에 가서 중국 여자들을 눈물 흘리게 한다는 얘기는 들었어도, 이런 경우는 처음 보았다.

"그럼 전화는 받습니까?"

"전화는 받아요. 그런데 무슨 말만 하려고 하면 끊어 버립니다. 한국에 아는 사람도 없고 어디 가서 도와달라고 해야 할지 몰라 교회를 찾아왔습니다."

여자를 잘못 만나 구만리 같은 인생이 꺾였다. 그가 이혼소송을 하고 변호사를 통해 위자료를 청구했다. 그러자 여자가 태도를 바꿔 그를 붙잡고 늘어졌다. 순박한 남성은 그래도 부부의 연을 맺었다며 소송을 취하했다. 하지만 여자는 언제 그랬냐는듯 예전의 삶으로 돌아가 있었다. 결국 그는 이혼하고 중국으로 돌아갔다. 중국에서 그가 다시 새로운 삶을 살아갈 수 있기를 마음속으로 빌어 주었다.

무지렁이 인생 앞에서

2005년 가을, 30대 초반의 한국인 이무성 씨가 교회를 찾아왔다. 대구에서 대학을 다니고 중국어에 관심이 있어 중국어를 배우고 있었다. 낮에는 반도체 회사에서 일하는데 중국 수출 담당을 맡고 있다고 했다. 이후 그가 찬양 인도와 설교 통역을 담당해 주었다. 차츰 한국인들이 교회 봉사를 맡아 주면서 예배 분위기가 안정되어 갔다. 한족들도 한국인 봉사자들에 대해 신뢰하기 시작했다.

구로동에 사는 한족 여성을 만났을 때의 일이다. 어두운 눈빛을 한 그녀가 도무지 한국 남편과 살 수 없다고 했다. 이유를 물어보니 상습적으로 주먹을 휘두른다는 것이었다.

"갈 곳은 있습니까?"

"친구 집에 가려고요. 다시는 남편에게 가지 않으려고요."

남편은 전처와 이혼하고 아들을 데리고 살았다. 남편이 교회를 다녀 같이 한국 교회를 다녔다. 한국말을 몰라 알아듣지 못하지만 남편이 데려갔다. 남편은 교회만 가면 천사가 된다고 했다. 교인들에게 상냥하고 겸손하고 활짝 웃고 친절하고…. 그런데 집에만 오면 악마같이 변했다. 여성은 남편의 이중, 삼중적인 모습에 혼란스럽다고 했다. 이 여성의 동의를 구해 남편에게 전화를 했다. 오후 6시경 남편이 교회에 도착했다.

"부인께서 남편이 상습적으로 폭력을 행사해 너무 힘들다고 합니다."

그는 자기가 망신당한다고 생각했는지 무척 불쾌해했다. 옆에 있는 부인을 날카롭게 째려봤다. 중국 여성이 움찔하고 고개를 숙이며 남편의 눈빛을 피했다.

"목사님, 부부지간에 싸움이야 당연지사 아닙니까? 그런데 어떻게 교회까지 와서 고자질을 하는지 알 수가 없네요. 이건 사생활이니 관여하지 말아 주세요. 가겠습니다."

자리에서 일어서 부인의 손을 강압적으로 잡고 끌고나가려 했다. 여자가 울며 저항하더니, 여의치 않자 주저앉아 울부짖었다.

"선생님, 그렇게 힘으로 하지 마세요. 대화를 해야지요."

더 이상 끌고나가기 어렵다고 판단한 남편이 자리에 앉았다.

"부인께서 저렇게 두려워하는 걸 보니 보통 부부싸움 같지 않습니다. 부인에게 좀 부드럽게 대하면 안 되겠습니까?"

얼굴이 벌겋게 달아오른 남편이 눈알을 위아래로 부라렸다.

"중국 여자, 정말 고집 셉니다. 말을 안 들어 쳐먹어요. 여긴 한국 아닙니까, 한국. 그럼 남편 말에 순종해야지. 남자가 집안의 기둥인데 자기가 기둥이 되려고 합니다."

"그렇다고 하더라도 주먹을 쓰면 안 되죠. 그렇지 않습니까?"

거듭 대화했다. 결국 남편이 다시는 폭력을 휘두르지 않는다고 약속하면, 집으로 가겠다고 여성이 말했다.

"다시는, 어떤 일이 있어도 폭력을 휘두르지 않겠습니다."

두 사람이 교회를 나서서 집으로 향했다. 저녁 7시 반이 넘은 때였다.

"이무성 형제, 오늘 통역하느라 수고했습니다. 밤이 늦어가니 잘 들어가세요."

"예, 목사님."

이무성이 막 자리를 뜨려고 할 때였다.

"악! 아—악!"

"어, 이게 무슨 소리야? 웬 비명이지?"

이무성이 놀라 뛰쳐나갔다. 조금 전 교회를 떠났던 중국 여성이 한 남자에게서 일방적으로 맞고 있었다. 가까이 가보니 남편이었다. 주먹과 발로 닥치는 대로 때리고 있었다. 이무성이 몸을 던져 말렸다.

"선생님, 때리지 않는다고 약속했잖아요."

"넌 뭐야, 새끼야, 저리 비켜!"

이무성이 한발 물러서 "경찰에 신고하겠다"고 핸드폰을 들어 전화하자 남편이 줄행랑을 쳤다. 교회 근처 골목길에서 순식간에 발생한 일이었다. 이무성이 축 처진 여성을 부축해 교회로 데려왔다. 안정을 취하게 한 후 송명희 목사가 급히 교회 근처 정형외과로 데려갔다. 참담한 심정이었다.

잠시 뒤, 경찰차 사이렌이 요란하게 울렸다. 사람들이 웅성거리는 소리가 들렸다. 나가 보니 앰뷸런스도 도착했다. 교회에서 30여 미터 떨어진 곳에 수십 명의 사람들이 모여 수군거리고 있었다.

"사람이 죽었대. 떨어져 죽었대."

"언제?"

"방금 전에."

나는 궁금한 생각에 무전기를 들고 있는 경찰에게 물었다.

"무슨 일이 일어난 건가요?"

"아, 이 앞집 주인이 집에 도둑이 들었다고 해서 순찰차를 타고 왔습니다. 옥상 3층에 시커먼 남자가 서성댄다고 해서요. 여기 와서 후래쉬를 들고 3층으로 올라가니까 그 사람이 옆 건물로 뛰어 도망가다 그만 떨어져 의식을 잃었습니다."

들것에 들려진 사람이 앰블런스로 옮겨졌다.

다음 날, 병원에 입원해 있던 중국 여성이 허겁지겁 놀란 얼굴로 교회에 왔다.

"남편이 죽었다고 경찰에서 연락이 왔습니다. 어제 저녁에 죽었다는 거예요, 추락해서…."

"어디서 떨어졌답니까?"

"교회 근처 건물에서요."

경찰은 도둑이 들었다고 신고한 집주인을 불러 조사했다. 그 부인도 불러 그날 밤 행적을 조사했다. 경찰은 참고인으로 나를 불렀다. 조사에서 사실대로 진술했다. 경찰이 조사를 마친 뒤 사건에 대한 결론을 내렸다.

'이 사건은 건물 3층에서 다른 건물로 뛰어가다 떨어진 추락사다. 건물주가 도둑이 든 것으로 신고해 경찰이 출동해 잡으러 가는 도중 발생했다. 그러나 이 사람은 도둑이 아니라 자신의 아내를 골목에서 폭행한 후 도망갔다가, 다시 교회가 내려다보이는 30미터 정도 떨어진 건물 옥상에 올라가 아내가 나올 것을 기다리던 중 도둑으로 오인되어 발생한 사건이다.'

남편은 그렇게 무차별 폭행을 가했으면서도 분이 풀리지 않았는지 아내가 나오면 또 폭행하려다 이런 불상사를 당한 것이었다.

남편 가족은 '남편 죽인 년'이라며 그 부인을 저주하면서 장례식에도 참석하지 못하게 했다. 중국 여성은 충격을 받아 넋이 나간 듯했다. 하염없이 울었다.

예배당 십자가 앞에 우두커니 서서 묵상에 잠겼다.

'하나님, 우리 인생이 이런 겁니까? 싸우고 갈등하고 증오하다 떠나는 존재입니까? 서로 한을 품고 이를 가는 세상, 이런 세상에 행복이란 게 있는 겁니까? 서로 행복하자고 만나 결혼했던 두 사람의 결말이 이렇다니, 비통하기 이를 데 없습니다. 영성의 깊이에 이른 사람들은 인생을 순간순간이 신의 은총이요 생명의 축제요 환희라고 하는데, 무지렁이 인생은 그렇지 못합니다. 신앙의 경지에 이른 사람만이 생의 진정한 행복을 누릴 수 있다면, 이 시장바닥에서 잡초처럼 살아가는 민초들은 어디서 행복을 찾고 어디서 행복을 누릴 수 있는 것입니까? 저주의 화살을 맞은 저 중국 여성은 이제 어떻게 해야 합니까….'

교회 사무실에 앉아 있는 중국 여성을 바라보았다.

"힘내세요…. 힘을 내십시다. 우리 인생에 평탄한 길만 있겠습니까? 광야도 있고, 험산준령도 있고, 파도치는 바다도 있지 않겠습니까? 그래도 가야 하는 게 인생 아닙니까? 하나님의 자비와 은총이 함께하시길 바랍니다."

이어지는 발걸음

감사하게도 한족들의 발걸음이 교회로 계속 이어졌다.

요녕성 출신인 자오위메이. 심양에서 20년 넘게 미용실을 운영하면서 나름 번창했다. 하지만 남편의 외도로 이혼해 혼자 딸을 키우면서 살다 보니 인생의 동반자가 필요했다. 그때 마침 아는 사람 소개로 한국인 남성을 만났는데, 허우대도 멀쩡하고 키도 크고 매너도 좋았다. 서로 편지로 전화로 사귀다가 결혼을 결정했다. 남편은 자신이 화이트칼라 직장인이고 월수입 400만 원에 생활조건도 좋으니 그녀에게 몸만 오라고 했다. 한국에 오면 미장원까지 차려주겠다고 했다.

그녀는 한국행 비자를 받아 한국에 도착했다. 그런데 그를 만나고 보니 무일푼에 경제사범으로 수배령을 받은 도망자 신세였다. 하늘이 무너져 내리는 심정이 되었다. 그는 상습적인 사기범이었다.

교회에 온 여성은 정신적 충격이 컸다. 예배 도중에 갑자기 쓰러져 비명을 지르기도 했다. 몸이 정신적 충격을 감당하지 못한 것이다. 중국에 있는 가족들이 걱정할까 봐 알리지도 못했다. 생활을 위해 오산의 한 전자회사에 출근하면서 주일마다 예배드리러 왔다.

하루는 도피 중인 남편이 이 여성과 함께 교회에 왔다. 첫눈에 보아도 외모가 깔끔하고 세련되었다. 저런 사람이 어떻게 사기꾼인지 의아했다. 그런데 며칠 후 혜화경찰서에서 형사 두 명이 예고도 없이 찾아왔다.

"최 목사님입니까?"

"네."

"혜화경찰서 외사과 형사입니다. 중국 여성 자오위메이 씨를 아십니까?"

"네. 그런데 무슨 일이죠?"

"위장결혼 혐의로 조사를 해야 해서요."

"아니, 형사님. 내가 보기엔 이 여성이 사기결혼 피해자인데, 무슨 마른하늘에 날벼락 같은 말입니까?"

"자오위메이 씨 남편 친구가 위장결혼 브로커로 입건되었습니다. 이 사람이 한국 남성 25명과 중국 여성 25명을 국제결혼하게 했는데 그 가운데 한 명이 자오위메이 씨입니다."

경찰이 교회로 찾아온 것은 자오위메이가 외국인등록증을 만들 때 내가 신원보증을 서주었기 때문이다. 남편은 수배령이 떨어져 도피 중인 것을 형사들도 알고 있었다.

"형사님, 자오위메이 씨는 남편에게 사기결혼당해 심신이 힘든 상태인데, 위장결혼으로 조사를 받으라니 너무 가혹한 거 아닙니까?"

"모든 건 객관적으로 조사해 판단할 뿐입니다. 만일 조사에 응하지 않으면 자오위메이 씨에게 수배령이 떨어질 겁니다."

경찰의 태도는 단호했다.

"형사님, 알겠습니다. 언제 조사받으러 가면 됩니까?"

"자오위메이 씨와 연락해 날짜를 정해서 알려 주십시오. 정 걱정되시면 목사님도 함께 오시고요."

경찰이 명함을 주고 떠났다.

전화로 이 사실을 그녀에게 알리면 큰 충격을 받으리라 생각돼 주일까지 기다렸다가 조용히 불러 말했다.

"자오위메이 자매, 조사를 받아야 할 것 같아요."

그녀가 눈을 감고 눈물을 흘렸다. 두 손을 꼭 쥐고 가슴에 댄다.

"제 인생이 왜 이런지 모르겠습니다…. 이건 악몽이에요. 밤마다 악몽에 시달리는데, 눈을 떠도 그렇네요…."

'하나님, 이 영혼의 눈물을 보시옵소서! 부디 이 여성과 함께

해 주소서!'

날짜를 정하고 그녀와 함께 혜화경찰서로 향했다. 그녀는 전철 안에서 내내 두려움에 떨었다.

"자매, 하나님은 진실의 목소리를 들으십니다. 하나님마저 그 음성을 외면한다면 이 세상은 희망이 없는 지옥이 될 겁니다. 떨지 말고 있는 사실 그대로를 말하면 됩니다."

혜화경찰서 외사과 사무실로 들어갔다. 얼마 전 교회를 찾아왔던 형사가 우리를 먼저 알아보았다.

"어서 오십시오. 이쪽에서 조사하겠습니다. 통역자도 준비되었습니다."

형사가 외사과 과장을 소개했다.

"과장님, 반갑습니다."

"아, 목사님. 중국인들을 위해 수고가 많으십니다. 참 좋은 일 하십니다. 우리나라의 한 켠에서라도 이렇게 중국인들을 돕는 교회가 있는 게 중요하다고 봅니다. 한국과 중국의 관계를 위해서도 그렇고요. 수고가 정말 많으십니다."

조사가 시작되었다. 난 참고인이자 보호자로 옆자리에 앉았다. 경찰이 브로커의 진술서와 조서를 보며 질문했다. 자오위메이는 위장결혼이 아님을 강력하게 주장했다. 형사는 위장결혼임을 시인하라 다그치고 자오위메이는 눈물을 뿌리며 부인했다. 시인하라는 경찰과 아니라는 자오위메이의 주장이 평행선을 긋고 지속되었다.

1시간 반가량 조사하는 경찰을 향해 갑자기 외사과 과장이 소리쳤다.

"저 중국 여자 말야. 여기가 어디라고 거짓말을 하고 있는 거야? 중국 경찰서 같으면 벌써 몽둥이찜질을 당했을 텐데, 한국 경찰이 민주적이다 보니 우습게 보는군. 브로커가 이미 시인하고 불었는데 무슨 중뿔났다고 버티나! 불어, 불라고. 지금 안 불면 재 당장 처넣어."

옆에 있던 통역자가 그대로 통역했다. 외사과 사무실 전체가 과장의 고함과 기세등등한 태도 때문에 모든 것이 멈추어 버렸다.

고압적이고 위압적인 과장의 언사와 태도가 거슬려, 나는 일어서서 과장을 바라보며 말했다.

"과장님. 위장결혼이 아니니까 아니라고 하는 것 아닙니까? 그리고 '쟤'가 뭡니까? 서른이 넘은 성인에게. 중국 여성은 사람도 아닙니까? 이 여성이 앱니까?"

과장이 눈알을 부라리며 입을 실룩거렸다. 그리고 검지손가락으로 나를 가리키며 삿대질했다.

"목사면 다야? 어디서 경찰한테 따지는 거야?"

막 가자는 투였다. 나도 분이 나기 시작했다.

"과장님, 말 조심하세요. 경찰이 깡팹니까? 지금 주먹패보다 더 입이 험한데요."

"야, 너 목사라고? 여기서 이 인간도 쫓아내. 안 나가면 이 인간도 처넣어!"

"당신 말야, 어디서 배워먹어 그 모양이야? 경찰대학 나온 거야, 걸레대학 나온 거야? 이게 무슨 대한민국 경찰이야, 걸레민국 경찰이지, 참 더럽구먼."

조사하던 형사가 나를 막아섰다.

"목사님, 이러지 마시고 잠시 저랑 나가시죠. 저도 교회 다닙니다."

형사가 내 손을 잡고 끌고 나가다시피해 사무실 밖으로 나왔다. 형사가 멋쩍게 웃으며 말했다.

"목사님, 저희도 중간에서 참 괴롭습니다. 우리끼리 얘긴데, 외사과 과장 좀 또라이 기질이 있습니다. 그냥 오늘 또라이 만났다 생각하세요. 계속 맞대응해 봤자 목사님만 욕봅니다. 오늘은 그냥 돌아가시죠. 더 이상 부딪히면 저희도 힘듭니다. 조사는 정확하게 계속 진행하겠습니다."

"형사님, 그럼 자오위메이 씨를 집어넣을 겁니까? 이건 부당합니다. 있을 수 없는 일이에요."

"걱정하지 마세요. 그건 제가 알아서 하겠습니다. 불구속으로 조사할 테니 그만 돌아가세요."

자오위메이는 결국 검찰에서 '무죄'로 결론 내려졌다. 자오위메이 남편과 중간 브로커가 서로 짜고 그녀를 속여 데려온 것으로 결과가 나왔다.

그녀는 이국 타향에서의 원통함을 잊기 위해 신앙생활에 더욱 열심을 냈다. 나는 절망의 밤을 지나 하나님 품에 안긴 그녀가 복음의 씨앗이 되기를 기도했다. 지금 자오위메이는 한국 영주권을 취득해 사천성에서 미용실을 하면서 한국과 중국을 오간다. 화장품을 비롯해 한국 상품을 중국으로 가져가 팔면서 한류 전도사 역할을 하고 있다.

머리를 식힐 겸 가리봉동에 있는 초등학교에 갔다. 천주교당 옆에 있는 학교다. 생전의 김수환 추기경이 한 말이 생각났다.

'사제는 하수구통이 되어야 합니다. 온갖 쓰레기를 받아들이는 쓰레기통이 되어야 합니다.'

해가 서쪽으로 기울며 붉게 서녘을 물들였다. 벤치에 앉아 서쪽 하늘을 바라보았다. 새들이 V 자 형태로 날아간다. 안식처로 가는 길일 것이다. 밤이 오기 전에. 운동장엔 아이들이 해맑게 뛰어놀았다. 축구공을 차며 신나게 노는 아이들, 자전거를 타며 바람을 가르는 아이들, 엄마 손을 잡고 걷는 아이들…. 아름다운 생명의 꽃들이다. 그늘도 없고 지금 이 순간 놀이에 기뻐하는 얼굴…. 저 얼굴이 인간의 참모습일까? 아니면 탁류에 휩쓸려 죄악의 굴레에 허덕이는 것이 참모습일까? 세상의 탁류에 몸 담그지 않은 인생이 얼마나 될까?

'하나님, 제가 세상을 모르고 있는 것인가요? 세상을 안다는 것은 무엇을 안다는 것입니까? 제 마음에도 탁류가 흐릅니다. 인생은 일종의 가면극 같습니다. 이 세상은 한바탕 가면무도회입니다.

실상을 본다면 누가 누구를 죄 있다며 돌 던질 수 있겠습니까? 하나님, 저는 중국인을 위해 출항한 배입니다. 제가 해야 할 일은 탁류 속에서 아우성치며 눈물 흘리는 중국인을 건져내는 것이겠지요….'

밤하늘에 별들이 하나둘 반짝이기 시작했다.

'이 세상을 바라보시는 하나님의 마음은 어떨까? 이 세상에 오신 예수님의 마음은 어떠했을까?'

인간은 연약하다. 약한 그릇이다. 쉽게 상처받고 깨지기 쉬운 것이 인간이다. 안타깝게도 인생의 무거운 짐으로 주저앉고 일어서지 못하는 사람들이 이 땅엔 허다하다.

인간의 생은 생각대로 살아지지 않는다. 희망과 절망, 자비와 증오, 선과 악, 시련과 도전, 좌절과 용기, 넘어지다 일어섬으로 직조되는 것이다. 참 가련하다. 마음의 쓴 뿌리, 트라우마는 한 인간의 일생을 발목 잡는 늪이다.

마음 관리가 중요하다. 마음은 창조의 샘이 되기도 하고 절망의 늪이 되기도 한다. 마음은 열려 있다. 온갖 생각들이 들락날락한다. 마음은 밭이다. 온갖 생각의 씨앗이 떨어져 싹을 틔우고 열매를 맺는다. 사람은 생각의 열매를 먹고 산다.

마음은 자석과 같다. 부정적 생각은 부정적 환경을 끌어당긴다. 긍정적 생각은 긍정적 환경을 끌어당긴다. 마음은 몸을 지배한다. 우울한 마음은 몸의 100조 세포를 우울하게 하고 병들게 한다. 감사와 기쁨이 흐르는 마음은 세포들을 춤추게 하고 건강하게 만든다.

성경에서는 마음 관리를 이렇게 제시한다.

> 복 있는 사람은 악인들의 꾀를 따르지 아니하며 죄인들의 길에 서지 아니하며 오만한 자들의 자리에 앉지 아니하고 오직 여호와의 율법을 즐거워하여 그의 율법을 주야로 묵상하는도다 그는 시냇가에 심은 나무가 철을 따라 열매를 맺으며 그 잎사귀가 마르지 아니함 같으니 그가 하는 모든 일이 다 형통하리로다(시편 1:1-3)

모든 지킬 만한 것 중에 더욱 네 마음을 지키라 생명의 근원이 이에서 남이니라(잠언 4:23)

진리는 생수다. 진리에 대한 묵상이 마음을 지키는 첩경이다. 새싹이 큰 바위에 눌리면 질식해 죽는다. 마음에 큰 바위, 무거운 암반이 짓누르면 인생은 질식한다. 바위를 치워야 한다. 마음의 짐을 치우는 길은 진리에 대한 묵상으로 가능하다. 상담비가 드는 것도, 치료비가 드는 것도 아니다. 진리는 값이 없다. 선지자 이사야는 짓눌린 인생들을 향해 이렇게 부르짖는다.

너희 모든 목마른 자들아 물로 나아오라 돈 없는 자도 오라 너희는 와서 사먹되 돈 없이, 값없이 와서 포도주와 젖을 사라 너희가 어찌하여 양식이 아닌 것을 위하여 은을 달아 주며 배부르게 하지 못할 것을 위하여 수고하느냐 내게 듣고 들을지어다 그리하면 너희가 좋은 것을 먹을 것이며 너희 자신들이 기름진 것으로 즐거움을 얻으리라
(이사야 55:1-2)

진리만이 인간의 마음을 치유하고 소생시키고 회복시킨다. 위대한 영혼이란 고난과 시련, 절망과 고통 앞에서도 앞으로 나아가려는 영혼이다. 이것이 숭고한 생의 의지다.

〈신중국〉 창간

성경에 나오는 다윗은 이스라엘의 두 번째 왕이다. 초대 왕은 사울인데 인물도 준수하고 지혜도 있었다. 그런데 시간이 흐를수록 백성들을 섬기지 않고 교만하고 오만해져 패악스러운 왕으로 변한다. 백성들도 마음이 떠났다. 그때 다윗이 정치 지도자로 부상한다. 사울이 가만히 있을 리 없다. 시기와 질투로 부글부글 끓었다. 다윗

을 제거하려 했다. 다윗은 사울의 칼과 창을 피해 도망자가 된다. 살아남기 위해 미치광이 노릇도 한다. 다윗의 인생이야말로 파란만장하고 극적이다. 도망자 다윗이 아둘람굴에 피신했다는 소식을 들은 사람들이 하나둘 모여들었다. 그런데 그 모여든 사람들을 성경은 이렇게 소개한다.

> 환난 당한 모든 자와 빚진 모든 자와 마음이 원통한 자가 다 그에게 모였고(사무엘상 22:2)

바로 이와 같은 상황에 처한 한족들이 서울중국인교회에 모여들었다. 나는 우리 교회를 '아둘람교회'라고 말하곤 한다. 서울중국인교회로 오는 한족은 애달프고 억울하고 원통한 사람들이 대부분이다.

떠올리기조차 힘들고 입에 담지 못할 숱한 일들이 있는데, 그 가운데 돈과 관련해 사기당한 사람도 많다. 3억, 5억, 심지어 16억을 사기 당한 사람도 있다. 사기를 친 한국인들은 대개 무슨 '회장', '연맹회장' 등의 명함을 들고 다닌다. 그리고 한국의 대통령과 단둘이 찍은 사진을 갖고 다니면서 위세를 부린다. 그 사진이 합성인지 포토샵 처리한 것인지는 알 수 없다. 함께 합작하고 투자해서 대박을 터트리자고 하면서 투자금을 받아 튀는 것이다.

하루아침에 사기 당한 중국인들은 눈앞이 캄캄할 수밖에 없다. 회사나 공장을 부인이나 직원에게 맡겨놓고 무작정 한국으로 온다. 하지만 명함에 있는 주소나 전화번호는 다 틀리다. 합작투자 계약서에 있는 주소로 찾아가지만 사람이 없다. 경찰서에 고소해도 사기꾼이 돈이 없으면 받아낼 재간이 없다. 변호사에게 의뢰해 소송을 걸어도 뾰족한 수가 없다.

"목사 선생님, 이가 갈립니다. 그 돈이 어떻게 모은 돈인데…. 그놈 생각만 하면 잠을 못 잡니다. 인간의 탈을 쓴 악귀입니다. 잡히면 쳐죽일 텐데, 아이고 어쩌나, 어째."

묵묵히 들으며 고개를 끄덕이는 것 외엔 할 말이 없다. 가능성이 없으니 빨리 잊으라 하기도 그렇고, 사기꾼을 꼭 잡도록 도와주겠다 하기도 어렵다.

조선족 동포에게 돈을 뜯긴 한족들도 있다. 사기꾼은 변호사 연결해 준다, 이렇게 저렇게 해결해 준다 하면서 500만 원, 700만 원, 천만 원을 뜯어 간다. 한족은 한국말을 제대로 못하기 때문에 한국말을 할 줄 아는 조선족을 같은 중국인이라고 인식하고 믿었다가 당한다. 당한 사람들 감정이 고울 리가 없다. 중국으로 가면 똑같이 보복하겠다고 벼른다.

한족들이 한국 사회를 제대로 이해하고 잘 적응하도록 돕기 위해 중국어 신문을 만들어 배포해야겠다는 생각이 들었다. 내가 중국어로 글을 쓸 수 없기 때문에 중국 현지에서 번역해 이메일로 보내 줄 사람을 수소문해 찾았다. 조선족 동포 박종석 선생이 돕기로 했다.

2007년 4월, A3용지 크기의 한 장짜리 창간호가 나왔다. 제호는 '신중국新中國'으로 정했다. 한 달에 두 번 인쇄해 배포했다. 서울과 경기 지역에서 조선족 동포와 한족이 밀집해 사는 곳마다 들어서 있는 국제전화방에 이미 〈중국동포타운신문〉이 배포되고 있었는데 〈신중국〉도 함께 배포했다.

신문에는 한국 근현대사를 소개해 한국 역사에 대한 중국인들의 오해를 바로잡고자 했다. 그리고 마음의 양식이 될 만한 글도 실었다. 3D 업종에서 일하느라 책 읽을 여유가 없는 이들에게 사색할 여유를 주기 위함이었다. 결혼이민 중국 여성들을 돕는 글, 아이들 육아에 도움이 되는 글도 지속적으로 실었다. 매월 두 차례 4,500부씩 찍어 배포했다. 교인들도 신문이 나올 때마다 50부씩 들고 가 자신들이 사는 곳에 배포했다. 신문을 보고 교회로 도움을 요청하는 중국인들이 이어졌다.

배신은 증오를 낳고

2007년 4월 법무부는 난민 신청을 한 중국 민주인사 다섯 명에 대해 난민 인정을 불허한다는 결정을 내렸다. 나는 이 결정을 받아들일 수 없어 서울지방변호사협회를 찾았다. 무료변론요청을 위해서였다. 조영선 변호사와 연결되었다. 행정소송을 했다. 나는 법무부 결정에 반박하는 사실증명서와 증거자료를 수십 장 모아 법원에 제출했다. 지루한 공방전이 시작되었다.

어느새 찾아온 여름 장마가 지루하게 이어졌다. 교회가 지하이다 보니 더욱 습했다. 장마가 끝나고 폭염이 내렸다. 가리봉동의 폭염은 중국 음식 냄새와 섞여 특유의 향을 거리 가득 풍겨낸다. 뜨거운 여름도 서서히 물러가는 10월 초, 한 중국 여성에게 전화가 왔다.

다급한 목소리였다. 울먹거리며 교회로 오겠다고 했다. 눈이 잔뜩 충혈된 여성이 10개월 된 아들을 등에 업고 왔다. 이야기를 나누려고 마주 앉자마자 홍수 같은 눈물을 흘렸다. 그녀의 이름은 자오리훠. 한참을 흐느끼던 그녀가 말을 꺼냈다.

"목사님, 저 이제 어떻게 살아야 하나요? 한 남자만 믿고 일생을 바쳤는데, 이 남자가 저와 아기를 버렸습니다."

"한국엔 언제 왔습니까?"

"이틀 전에요."

"그럼 아기는 중국에서 나았겠군요."

"네. 남편이 먼저 한국에 왔습니다. 남편이 먼저 한국 국적을 얻고 나서 결혼비자로 저를 초청했어요. 그런데 살가운 말도, 표정도 없어요. 냉기만 싸늘히 흐릅니다."

"남편이 한국에 와서 국적을 취득했다면 원래 한국 사람은 아닌 것 같은데요."

"남편은 탈북자입니다. 함경북도에서 탈출했어요. 제 남동생이 공장을 운영하고 있는데 그 공장으로 숨어 들어와 일했습니다. 동생은 그를 탈북자라고 불쌍히 여겨 잘 대해 주었지요. 남편이 아주 성실하게 일하고 머리도 똑똑했습니다. 제게 중국어를 가르쳐 달라고 해서 가르쳐도 주었답니다. 남편은 제가 이혼하고 혼자 산다는 것을 알고 구애했습니다. 당연히 전 거절했죠. 북조선 상황을 우리 길림성에 사는 사람들은 다 알아요. 도와는 주어도 결혼한다는 것은 있을 수 없는 일이에요. 제가 탈북자랑 결혼한다고 하면 동네 사람들이 모두 저를 미쳤다고 할 거예요.

그런데 그의 생활을 보니 참 모범적이고 책임감 있고 성실했어요. 전 남편은 바람둥이고 가정에 충실하지 않았습니다. 그래서 제 마음이 흔들렸어요. 그의 신세가 불쌍하기도 했습니다. 그래서 큰 맘 먹고 결혼을 결정했습니다. 결혼식은 하지 않고 혼인등기하고 동거를 시작했습니다. 8년을 함께 살면서 남편을 위해 정말 정성을 다 했어요. 그런데 결국 저를 버렸습니다."

자오리훠의 남편은 혼자가 아니라 누나와 여동생과 함께 탈출했다. 자오리훠는 탈북 삼남매를 돌봐준 것이다. 하루는 남편이 인터넷에서 탈북자들을 한국으로 가게 도와주는 선교단체를 알게 되었다. 그는 자오리훠에게 남한으로 가고 싶다고 밝혔다. 사랑하는 남편이 한국으로 가고 싶다기에 그런 남편을 도와야 한다고 생각했다. 남편은 한국행을 돕는 단체와 접촉해 중국에서 비밀리에 활동하는 조력자를 만났다. 한국행 비용 수백만 원을 선불로 주고 나머지는 추후 지불하기로 했다. 물론 모든 비용은 자오리훠가 댔다.

2003년 겨울, 한국행을 시도했다. 기차를 타고 운남성까지 갔다. 자오리훠도 남편의 장도를 빌기 위해 함께 갔다. 그런데 운남성의 비밀 루트로 가는 길목에서 그만 공안에 잡혀 버렸다. 그들은 운남성 공안국에서 조사를 받고 내몽고의 감옥으로 보내졌다. 난방이 제대로 되지 않는 감옥에서 극심한 추위에 떨었다.

한 달 뒤 자오리훠는 중국인이라 석방되고, 남편은 두만강 쪽의 탈북자수용소로 보내졌다가 북한으로 강제송환되었다. 남편은 북한의 감옥에서 폐결핵에 걸렸고, 전염이 우려돼 감옥에서 내보내졌다. 그는 자오리휘에게 편지를 써서 그리운 마음을 담았다. 그리고 약을 보내줄 것을 부탁했다. 그녀는 그가 살아 있다는 소식을 듣고 너무도 기뻐하며 인편을 통해 약을 전해 주었다. 그는 다시 극적으로 탈북해 자오리휘를 찾아왔다. 그녀는 남편을 병원으로 데려가 치료받게 하고 건강을 회복하기까지 정성껏 돌봐주었다. 그는 이번에는 누나와 여동생과 함께 한국행을 결행해 결국 성공했다.

그런데 한 달이 되고 두 달이 되고 넉 달이 지나도 남편에게서는 감감 무소식이었다. 그러다 어느 날 밤, 그에게서 전화가 왔다. 그간 연락을 못한 건 한국에서의 적응생활에 여유가 없었기 때문이라고 했다. 자오리휘는 그에게 기쁜 소식을 전했다.

“여보, 우리 사랑의 결실이 뱃속에서 자라고 있어요. 당신 떠나고 나서 얼마 뒤 임신 사실을 알았어요.”

그도 함께 기뻐했다. 그런데 시간이 흐르면서 남편의 전화가 뜸해져 갔다. 자오리휘가 남편에게 전화를 하면 ‘일하느라 바쁘고 피곤해서 그렇다’고 했다. 남편은 한국 국적을 얻었고 국제결혼 수속을 해서 자오리휘에게 초청장을 보냈다. 자오리휘는 그 사이 아들을 낳았는데 남편 반응이 시원찮았다. 불안한 마음, 걱정이 커진 그녀는 한국으로 와 남편을 만났는데, 아니나 다를까 그가 이혼을 요구했다. 알고 보니 그가 한국에서 젊고 예쁜 탈북 여성을 알게 되어 동거하고 있었다.

남편의 마음을 돌릴 수가 없었다. 애원도 협박도 통하지 않았다. 결국 이혼소송을 했다. 그간 있었던 일과 남편이 북한에 송환되었을 때 그에게 받은 장문의 중국어 편지를 증거로 제출했다. 이에 남편의 답변서가 왔는데 자오리휘의 이야기와는 정반대였다. 그는 자신이 중국으로 탈출했을 때 자오리휘와 남동생이 자신을 노예처럼 부려먹고 착취했다고 했다. 자신의 신분이 탈북자임을 알고서 갖은 수단을 다 써서 부려먹었다고 주장했다. 남편의 답변서를 본 자오리휘는 환멸감으로 치를 떨었다. 모든 서류를 검토한 판사는 재판정에서 남편을 꾸짖고 이혼선고를 내렸다.

사랑의 배신은 증오를 타오르게 한다. 생의 의미를 상실케 한다. 자오리휘의 생의 끈을 이어주는 유일한 것은 등에 업힌 열 달 된 아들이었다. 죽고 싶어도 아이 때문에 죽을 수 없는 것이다. 교회가 이제 그녀의 집이 되고 피난처가 되었다. 교인들이 함께 자오리휘를 감싸 주고 생활비도 보태 주었다.

어둠과 박해의 땅 북한을 탈출해 중국으로 숨어든 탈북자들이 중국인들에 의해 인신매매, 노동착취, 불법감금, 성매매 강요 등 인권을 침해받는 현실은 그동안 많이 알려져 왔다. 그러나 거꾸로 탈북자들이 생존을 위해 중국 본토의 한족을 이용하고 버린 사례들이 속속 생겼다.

'꽌시'를 세우다

한 중국 여성이 남편의 상습적 폭력으로 교회를 찾아와 상담한 적이 있다. 남편을 불러 폭력행사를 하지 말라고 했다. 남편은 알겠다고 하고 부인을 데려갔다. 그러나 며칠 후 그녀는 얼굴이 시퍼렇게 붓고 온 몸 여기저기에 상처와 멍자국이 있는 상태로 왔다. 상태가 심해 교회 피난소에 그녀를 머물게 했다.

며칠 후 주일 예배를 마치고 여전도회에 참석 중이었다. 예배당 문이 '쾅' 하고 열리더니 그녀의 남편이 나타났다. 함께 있던 그녀가 사색이 되었다.

"야, 목사 새끼! 너 왜 내 마누라 도와줘. 여기 있었네, 그렇지니 년이 어디로 도망가. 너 이 새끼, 오늘 내가 너 손 좀 본다."

그가 나에게 달려와 주먹을 휘두르려 했다. 그때 함께 있던 20여 명의 중국 여성들이 모두 일어나 그를 에워싸고 팔을 잡고 발을 잡았다. 화가 난 그는 소리를 지르며 자신을 붙들고 있는 여성들을 예배당 바닥에 내동댕이쳤다. 중국 여성들은 나뒹굴어지고서도 또 일어나 그에게 매달렸다.

"뿌싱, 뿌싱!"(안 돼, 안 돼!)

난장판이 벌어졌다. 30여 분을 이러다 그가 진이 빠져 헉헉거렸다. 그 사이 부인은 남편을 피해 달아났다. 상황이 진정되었다. 그가 나를 폭행할 의지를 상실한 듯 보였다. 또 나에게 달려들려 하면 죽기 살기로 매달리는 중국 여성들을 어찌 할 수 없음을 안 것 같았다.

"내 마누라 어디 갔어?"

"선생님이 난리 칠 때 도망갔습니다. 이제 그만하고 돌아가십시오. 부인은 아마 우리 교회 더 이상 오지 않을 겁니다."

그는 쌍욕을 내뱉고는 예배당을 나갔다.

나는 저 무지막지한 사람에게 맞는구나 싶었다. 중국 여성들이 두려움에 다 도망갈 줄 알았다. 그런데 목사를 지키려고 자신들의 몸을 던져 제지한 것이다. 난 무슨 꿈을 꾸는 줄 알았다. 목사를 보호하기 위해 결사적으로 막아선 그들을 보면서 말할 수 없는 감동이 일었다.

중국인들을 위해 일하면서 가장 힘들었던 것은 '꽌시'(관계) 형성이었다. 그들이 잘 믿지 않고 의심이 많기 때문이었다. 언어장벽은 사실 그다음 문제였다. 이 사건을 겪으며 '아, 이제 꽌시가 만들어졌구나!' 하는 생각이 들었다. 중국 여성들에게 '고맙다'고 마음을 전했다. 서로 인사를 하고 다들 집으로 돌아갔다. 예배당에 홀로 남아 우두커니 서서 십자가를 바라보았다.

'하나님, 감사합니다. 제 수고가 헛되지 않게 해주셔서 감사합니다. 길을 잃고 헤맬 그 부인을 부디 지켜 주시기를 바랍니다. 고통의 짐을 지고 교회를 찾는 중국인들을 불쌍히 여겨 주시고 지켜 주시옵소서!'

가정폭력으로 상담했던 또 다른 중국 여성이 있었다. 한동안 연락이 없고 교회에 오지 않았다. 그러다 도저히 남편과 살 수가 없어 이혼소송을 했다며 사실증명서를 써달라고 요청해 왔다. 나는 내가 본 대로 남편의 폭력에 대해 사실증명서를 써주었다. 그리고 잊고 지냈다. 한 달 후 그녀의 남편에게 전화가 왔다.

"목사님이 제 아내에게 사실증명서를 써주셨습니까?"

"네, 맞습니다."

"그 사실증명서를 취소해 주십시오. 그것 때문에 재판이 불리하게 돌아가고 있습니다. 이 여자가 위자료까지 청구했는데 3천만 원이나 요구합니다. 아이들에 대한 친권까지 요구합니다. 취소해 주십시오."

한번 써준 것을 취소할 순 없었다. 잠시 생각하고 입장을 전했다.

"선생님, 미안하지만 난 사실대로 썼을 뿐입니다. 취소하기는 어렵습니다. 이해해 주십시오."

지금까지 점잖았던 그가 1초도 안 걸려 180도로 변했다.

"야 이 새끼야, 좋은 말로 할 때 취소해. 교회 어디 있는지 내가 다 알아. 취소해, 빨리."

"선생님, 말씀을 점잖게 하셔야죠. 취소는 못합니다."

"야, 니가 뭔데 내 마누라 도와줘? 내가 누군지 알아? 너 밤길 조심하는 게 좋아!"

나는 그대로 전화를 끊었다. 또 핸드폰이 울린다. 받지 않았다. 또 울린다. 계속 받지 않자 문자 메시지로 온갖 협박과 욕설이 왔다. 이런 일을 수차례 겪었음에도 그때마다 피곤하고 당혹스러운 것이 사실이다. 그러나 어쩌겠는가, 감당해야 할 일인 것을.

그는 교회까지 찾아와 온갖 행패를 부렸다. 내 얼굴에 거의 닿을 정도로 자기 얼굴을 들이대고 눈알을 부라리며 침을 튀겨가며 욕설을 퍼부었다. 얼굴을 뒤로 빼면 더 들이댔다. 사람 괴롭히는 수법도 가지가지였다.

"선생님, 이렇게 행패를 부리니 부인이 도망간 거 아니겠습니까?"

"뭐? 너 이 새끼, 지금 뭐라고 했어? 내 가만히 안 두겠어."

그가 주먹을 들려던 차, 중국인 남자 성도들이 들어왔다. 상황판단을 순간적으로 했다. 그들의 얼굴이 순식간에 일그러졌다. 목사에게 주먹을 날리는 순간 가만있지 않겠다는 자세였다. 그러자 주먹을 들고 공갈을 치던 남자가 스르르 꼬리를 내렸다.

"아, 목사님… 중국인들을 위해 수고가 참 많으십니다. 계속 수고 좀 부탁드립니다…."

"선생님, 그만 가보시죠. 난 중국 여성의 생명과 인권을 지킬 것입니다. 계속 도울 겁니다."

그가 슬며시 자리를 떠났다. 성도들 가운데 한 명이 말했다.

"목사님, 저희 때문에 고생 많으세요. 저 사람이 목사님에게 손가락 하나라도 댔다면, 저희가 가만 있지 않았을 겁니다."

떨리는 영혼의 목소리

2007년 10월 중순. 경기도 안산에서 한 중국 여성이 교회를 찾아왔다. 이름은 왕평와. 얼굴빛이 어두웠다. 얼빠진 사람의 모습이 저런 게 아닐까 하는 생각이 들었다. 드디어 입을 연다.

"저는 한국 남자와 결혼해 이곳까지 왔습니다. 그런데 남편이 하룻밤을 지내더니 저를 마사지 업소로 넘겼습니다. 그저 호통치고 윽박지르면서 하라는 대로 하라고 했어요. 마사지 업소에서 꼼짝 못하고 손님들을 받았습니다. 일주일 일했는데 도무지 이게 무슨 날벼락인지 모르겠더라고요. 탈출해야겠다 싶어 감시가 소홀해진 틈을 타 여권만 챙겨 도망쳐 나왔습니다."

참으로 황당한 일이다. 남편은 외국인등록증도 만들어 주지 않았다. 남편에게 전화해서 외국인등록증을 만들어 달라 하니 '남의 가정사에 상관 말라'고 한다. 경찰서를 찾아가 사실을 말하자 경찰이 그에게 전화를 했다.

"아니, 중국에서 부인을 데려왔으면 당연히 외국인등록증을 만들어 줘야 하는 것 아닙니까? 당신 같은 사람들 때문에 우리나라가 욕먹는 겁니다. 빨리 외국인등록증 만들어 주세요."

전화를 받은 그가 정신이 드는지 발 빠르게 외국인등록증을 만들어 주었다.

몇 달 뒤 왕평와가 교회를 찾았다. 대전경찰서에서 조사를 받으러 오라고 했다고 한다. 대전경찰서로 가니 위장결혼혐의가 있다고 했다. 그녀는 조사 과정에서 자신은 위장결혼이 아니라 했지만, 경찰은 남편과 브로커가 이미 위장결혼이라고 시인했으니 시인하라고 다그쳤다. 나는 참고인으로 가서 남편과 브로커에 대한 조사 기록을 보여 달라고 요구했으나 경찰은 거부했다. 경찰은 검찰로 조사 기록을 올렸고 검찰도 위장결혼이라 결론 내렸다. 그녀는 이 사실을 받아들일 수 없었다. 출입국관리사무소에서도 연락이 와서 체류를 허가할 수 없다고 하니 더 이상 억울함을 호소할 데가 없었다.

나는 그녀가 거짓말을 한다고 생각하지 않는다. 이 영혼의 호소를 어떻게 해야 하는가! 하늘은 사람의 원통한 소리를 듣는다. 그러나 세상은 들으려 하지 않는다. 어떻게 이 원통함을 풀 수 있을까 생각해 봐도 마땅히 떠오르는 길이 없었다.

서초동에 있는 정대화 변호사를 찾아 문제를 의논했다. 그리고 정 변호사의 제안대로 헌법소원을 하기로 했다. 대한민국 결혼이민 역사상 최초의 헌법소원을 한 것이다. 과연 대한민국 헌법재판소는 이 중국 여성의 영혼의 호소를 들어줄 것인가…. 소제기증명서(소송증명서)를 떼어 서울출입국관리사무소에 가서 체류 연장을 하려고 하니 창구 직원이 나를 빤히 쳐다봤다.

"헌법소원을 했다고요?"

"네, 그렇습니다. 이 여성의 원통함을 풀기 위해서죠."

"원통함이요? 뭐가 원통합니까? 이건 완전히 쇼네, 쇼. 체류 연장을 위해 헌법소원까지 하고. 이건 뻔한 거예요."

나는 속에서 부아가 치밀었다.

"여보세요, 무슨 말 하는 겁니까? 나는 이 여성의 원통함이 반드시 풀려야 한다고 생각합니다. 체류 연장을 위해 소송했다는 말입니까? 말 함부로 하지 마세요."

직원이 마뜩치 않은 표정으로 3개월 체류연장을 해주었다. 외국인등록증을 받아 들고 왕평와와 함께 발걸음을 옮기는데 직원이 뒤에다 대고 들으라는 듯 말했다.

"대한민국을 호구로 보네. 헌법소원을 해?"

마지막 보루인 헌법재판소가 공정하고 정의롭게 판결해 주길 바랄 뿐이었다. 3개월 체류 기간이 끝나갈 무렵 소제기증명원을 떼어 체류 연장을 하러 갔다. 30대 후반의 남자 직원이 자료를 보며 입술을 실룩거렸다. 눈빛에 냉소가 흘렀다.

"체류 연장을 해줄 수 없습니다."

"무슨 소립니까? 지금 소송이 진행되고 있는데 당연히 소송 중엔 체류 연장을 허가하는 거 아닙니까?"

그가 옆에 서 있는 왕평화를 힐끗 쳐다보더니 무슨 관계냐고 물었다. 내가 목사라고 답하자 출입국 직원이 조롱조로 비아냥댔다.

"나도 교회 다니는데, 목사님이라고요? 오죽 능력이 없으면 이런 중국인 데리고 다니며 쇼를 합니까? 중국인 도와주면서 돈은 받지 않는지 모르겠네. 아무래도 선생님을 조사해 봐야할 것 같습니다. 다시 알려드립니다만, 헌법소원의 동기가 불순하기 때문에 체류 연장을 허가할 수 없습니다."

"받아들일 수 없습니다. 이건 공권력의 횡포고 폭력입니다. 정당하게 체류를 요청하는데도 거부한다는 것은 공권력 남용, 중국 여성에 대한 인권침해입니다."

"인권침해요? 중국이 어떤 나라인지 모르세요? 중국은 한국 정부가 한국인 마약사범을 사형시키지 말라고 그렇게 간곡히 요청해도 눈 하나 까딱하지 않고 총질 해대는 나랍니다. 동북 3성의 탈북자들 보세요. 공안이 잡으면 다 북한으로 강제 송환하지 않습니까? 우리 정부가 한국으로 보내달라고 그렇게 부탁해도 마이동풍입니다. 중국은 인권이 없는 나라예요. 그런데 일개 중국인 여성 인권을 보호한다고 감히 헌법소원을 해요? 대한민국이 무슨 봉입니까? 중국식대로 이 여성, 중국으로 돌아가야 해요."

"중국이 그렇다고 한국도 중국식대로 해야 합니까? 말도 안 되는 소리 하지 마세요. 체류 연장시키세요."

"못합니다. 내가 법무부 공무원인데 국가 기강을 세우기 위해서도 체류 연장 허가 못합니다. 정 못마땅하면 체류 연장 거부에 대해 법무부를 향해 행정소송을 내세요."

분한 마음이 드나 요지부동이니 어쩔 수 없었다. 체류 연장을 거부당한 그녀는 불법체류자로 숨어 살기 시작했다. 낮에는 잡힐까 봐 움직이지 않고 밤에 자동차부품회사에서 야간작업을 했다.

중국 민주인사, 최초 난민 인정

2008년 11월 14일 교회에서 중국인들과 담소를 나누며 점심을 먹고 있었다. 중국 음식에는 기름기가 많다. 그러나 선교를 하려면 음식이 입에 안 맞아도 맛있다는 시늉이라도 하면서 먹을 수 있어야 한다. 기름으로 범벅이 된 요리가 영 거북하더라도 엄지손가락을 치켜 올리고 "하오츠, 하오츠!"(맛있다, 맛있다!) 하며 먹을 줄 알아야 한다. 중국인들의 문화와 습성을 있는 그대로 수용하면서 나아가야 선교가 가능하다.

중국인과의 만남에서 식사는 가장 중요하다. 함께 먹는 자리에서 꽌시가 형성된다. 중국인 앞에서 중국 음식을 놓고 '이렇다, 저렇다' 하며 도리질하는 사람은 꽌시 형성에 실패한다. 요리를 한 자매가 오늘 음식이 어떠냐고 묻는다. 나는 진정성 있는 표정으로 "하오츠, 쩐더 하오츠, 워예스 중궈런"(맛있습니다, 진짜 맛있습니다, 나도 중국인입니다) 하니, 함께 식사하던 중국인들이 "하하하" 웃으며 "무스 쩐더 중궈런"(목사님은 진짜 중국인입니다) 한다.

핸드폰이 울렸다. 모르는 번호였다. 전화를 받아보니 중국인이 아니라 한국인의 다급한 목소리가 들렸다.

"저는 KBS1 9시 뉴스 취재기자입니다."

"무슨 일로 전화하셨습니까?"

"지금까지 목사님이 한국으로 탈출한 중국 반체제 민주인사들을 도운 것으로 알고 있습니다. 오늘 대법원 확정 판결 소식 들으셨습니까?"

"아직 못 들었는데요?"

"조금 전 대법원에서 중국인 다섯 명을 난민으로 인정하라는 확정 판결을 내렸습니다."

이 말을 듣는 순간 머리부터 발끝까지 전기가 흐르는 듯한 전율이 일었다. 나도 모르게 벌떡 자리를 박차고 일어섰다. 함께 식사하던 중국인들이 깜짝 놀라 나를 쳐다봤다.

"기자님, 그게 사실입니까!"

"네, 목사님. 지금 어디 계십니까?"

"교회에 있습니다."

"지금 당장 취재하러 가겠습니다. 중국인 난민 인정은 한국에서 최초의 사건입니다. 특별취재입니다. 중국 반체제 인사들도 교회로 불러 주실 수 있나요?"

"네, 연락해 보겠습니다."

급히 다섯 명에게 연락해 보니 두 명이 교회로 올 수 있다고 했다. 꿈인가 싶었다. 내가 만났던 모든 사람들이 "헛고생 마라", "쓸데없는 일 마라", "자기 앞가림이나 하라"고 했다. 국제 관계, 중국과의 관계를 몰라도 한참 모른다는 조롱과 비아냥도 들었다. 한국에서 중국 민주인사들이 난민으로 인정받은 것은, 한마디로 하늘에서 별을 따는 것과 같고 나무에서 물고기를 구하는 것과 같다는 이야기를 귀에 못이 박이게 들었다. 내 생애에서 가장 감격스러운 날처럼 느껴졌다. 어둠의 긴 터널을 지나 환한 빛이 비쳐 들어오는 출구를 바라보는 심정이었다. 마음속에서 감사의 기도가 나도 모르게 흘러나왔다.

'하나님, 하나님의 승리입니다. 하나님이 주신 승리입니다!'

전화가 계속 울렸다.

"MBC 뉴스 기자입니다. 지금 어디 계십니까?"

"SBS 뉴스입니다."

"YTN입니다."

방송사 차량들이 가리봉동의 작은 교회 건물로 몰려들었다. 주민들이 무슨 큰일이 났나 싶어 교회 문을 열고 두리번거렸다.

한꺼번에 인터뷰할 수 없어 도착한 방송사 순서대로 인터뷰를 시작했다. 인터뷰 주인공은 중국인 우쩐룽과 등원비였다.

"대한민국 대법원에서 공정하고 정의로운 판결을 내려 주심에 깊은 경의를 표합니다. 외교 관계를 초월해 인도주의의 정신에 따라 판결을 내려 주신 대한민국 대법원은 아시아 인민의 존경을 받을 것입니다."

피난소에서 거하고 있던 중국 여성들이 다 교회로 달려 나와 축하해 주었다. 그날 밤, 이 소식이 주요 뉴스로 전국에 보도되었다. 다음 날 국내 모든 일간지가 신문 제1면에 '중국인 최초로 난민 인정'이라는 제목으로 대서특필해 보도했다.

내가 알기로 일본과 호주, 그리고 태국 등의 동남아 국가들도 중국 민주인사들에 대한 난민 인정을 기피한다. 중국 정부를 은근히 신경 쓰기 때문이다. 대한민국 대법원은 공의로운 잣대로 판결했다. 대한민국 국격을 높였다. 인간의 생명과 인권이 무엇보다 우선이라는 인류 보편의 정신과 가치가 대한민국에서 판결로 확정된 것이다.

순간 타고르의 시가 떠올랐다. 타고르가 1929년 일본을 방문했을 때 조선의 한 신문사 기자가 타고르를 찾아가 조선 방문을 요청했다. 하지만 일정상 조선을 방문할 수 없다고 하면서 타고르는 기자에게 시 한 수를 써주었다.

동방의 등불

일찍이 아시아의 황금시기에
빛나던 등불의 하나 코리아,
그 등불 다시 한 번 켜지는 날에
너는 동방의 밝은 빛이 되리라.
마음에 두려움이 없고
머리는 높이 쳐들린 곳,
지식은 자유롭고
좁다란 담벼락으로 세계가
조각조각 갈라지지 않는 곳,
진실의 깊은 곳에서 말씀이 솟아나는 곳,
끊임없는 노력이 완성을 향해 팔을 벌리는 곳,
지성의 맑은 흐름이
굳어진 습관의 모래벌판에 길 잃지 않는 곳,
무한히 퍼져나가는 생각과 행동으로
우리들의 마음이 인도되는 곳,
그러한 자유의 천국으로
내 마음의 조국 코리아여 깨어나소서.

물론 정부는 정치·외교적인 고려와 계산을 해야 한다. 그러나 순수하게 난민이라는 것을 인정해야 하는 사례에 대해서도 외교적 부담으로 이를 거부하는 경우가 있다. 난민 문제는 외교적으로 민감할 수 있지만 생명은 이해타산을 초월하는 것임을 잊어서는 안 된다.

단지 한국에 체류하기 위해 의도적으로 난민 신청을 하는 외국인도 있는 것으로 안다. 물론 이런 경우는 난민 인정이 이루어져선 안 된다. 그러나 본국으로 송환되면 박해나 고문, 처형 가능성이 있는 난민 신청자들은 대한민국이 받아 주고 보듬어 주어야 한다.

중국 민주인사들을 보호하고 도울 때 사람들이 물었다.

"중국인교회 목사이면서 어떻게 그들을 보호하고 돕습니까? 중국 정부가 두렵지 않나요? 중국의 현실을 보세요. 저렇게 크게 부상한 중국 아닙니까? 실리를 따져야죠."

내 답변은 이렇다.

"이 세계에 인도주의가 없다면, 한국에 인도주의가 없다면, 세상은 희망이 없습니다. 중국이 대국이라고 해서 인도주의를 무시한다면, 그런 중국은 진정한 대국의 길을 갈 수 없습니다. 세계인이 존중하고 따를 만한 대국이 못 됩니다. 언젠가 중국도 동북 3성으로 숨어든 탈북자들을 보호하고 난민으로 인정해야 합니다. 그것을 한국 정부와 한국 사회가 요구하기 위해서도 중국인들에게 난민 인정을 해야 합니다. 그럴 때 우리도 당당하게 중국 정부에게 요구할 수 있습니다."

중국 민주화가 갖는 의미

난민들은 비교적 한국을 선호한다. 그 이유는, 한국이 제2차 세계대전 이후 생겨난 신생 독립국가들 중 유일하게 경제적 기적과 민주화 실현이라는 세계사적인 불멸의 금자탑을 우뚝 세운 모델이기 때문이다. 원조를 받던 나라에서 원조의 손길을 펴는 기적 같은 일을 한국인들은 이루었다. 산업화와 민주화를 위해 피와 땀과 눈물, 그리고 생명까지 바친 우리 선조들은 진정으로 애국적이고 헌신적인 세대였다.

일본은 국민이 자발적으로 민주주의를 쟁취한 나라가 아니다. 미국에 의해 민주주의가 이식되었다. 만일 일본이 국민들의 손으로 민주화를 이루었다면, 지금처럼 역사를 왜곡하거나 부인하지 않을 것이다. 과거 동북아와 동남아에 저지른 만행에 대해 깊이 반성하고 사죄할 것이다.

2015년 9월 2일 유럽으로 향하는 조각배에 탔다가 난파당해 숨진 세 살배기 아일란 쿠르디의 주검이 터키 해변에서 발견되어 전 세계에 충격을 주었다. 법무부에 따르면 1994년 이후 2015년 7월까지 한국에 난민을 신청한 이들은 1만 2,208명에 이르지만 난민으로 인정받은 사례는 522명(4.3퍼센트)에 불과하다. 난민 신청자 100명 중 95명이 본국으로 강제 송환된다. 우리가 더 따듯한 나라가 될 수는 없는 걸까? 난민 인정이 되더라도 한국에서 살아가는 것은 천근 바위를 어깨에 지고 가는 것과 같다. 여러 사회적 환경들이 말할 수 없는 중압감과 스트레스를 초래하기 때문이다. 중국 관리들이 사형수들의 장기를 적출해 밀매한다는 사실을 한국에 와서 전 세계에 알린 중국인 원운리는 2009년 골수암으로 사망했다. 원인은 스트레스다. 이국 타향에서 외롭게 생을 마감하고 부인과 이들을 남겨둔 채 한줌 재가 되었다.

중국의 미래는 어떻게 전개될 것인가? 워싱턴 컨센서스(Washington Consensus, 미국의 자유주의적 정치체제)냐 베이징 컨센서스(중국이 주도하는 권위주의체제하의 국가경영)냐의 논쟁도 있다. 중국은 자신만의 체제 및 정책을 주변 국가에 강요하는 길을 갈 것인가? 중국은 자신만의 세계관으로 아시아와 세계를 빨아들이는 블랙홀의 길을 갈 것인가? 서부 대개발, 남미대륙 횡단철도 건설, 대륙의 실크로드와 해상의 바닷길을 연결해 총 인구 44억, 경제 규모 21조 달러에 달하는 중국 중심의 메가 경제권 건설 등 중국 경제에 대한 뉴스나 이야기가 넘쳐난다. 그러나 중국의 미래에 대한 다른 각도의 관점이 필요하다. 그래야 균형 잡히고 정확한 판단이 가능하기 때문이다.

중국 민주화를 갈구해 온 우쩐룽의 이야기를 들어보자. 그와 나눈 문답을 소개한다.

— 중국인으로서 한국에서 처음으로 난민 인정을 받은 소감은?

이 일은 우리에게 참으로 값진 결과다. 정의롭고 공정한 판결을 내려 준 대한민국 대법원에 감사한다.

— 28년간 글을 써왔다고 하는데.

총 30권 분량의 원고를 썼다. 다 합해서 중국어 약 800만자 분량이다. 중국에서 이 원고들을 출판하려는 생각을 안 한 것이 아니다. 문제는 출간을 할 수 없다는 데 있다. 만일 내가 책을 출간하고 발표했다면, 그 결과는 상상할 수 없다.

— 어떤 내용인가?

연구서다. 학술 범주에 속한다. 엄격히 말하면, 학술 작품이다. 하지만 전제주의 중국에는 학술의 자유가 없다. 이 원고는 정치적 고압선을 건드렸다. 중국의 전제주의(독재)에 물든 사람들이 내 작품을 보면 '위험사상'이라 판단할 수밖에 없다.

— 중국인 대다수가 현재 공산당의 지도를 지지하고 있다. 중국은 개혁개방, 중국식 사회주의를 통해 상전벽해의 경제 발전을 이루었다. 그런데 민주화가 왜 필요한가?

중국인들이 중국 공산당 독재를 지지하는 것이 아니다. 공산당 독재는 중국의 역사 발전 과정에서 태어난 산물이다. 중국의 인민들은 실은 마음속으로 민주를 응원하고 지지한다. 중국 경제가 발전했지만, 그 결과 이제 인민들의 정치적 요구가 더 높아졌다. 이에 따라 중국은 민주제도가 들어서지 않으면 안 된다. 한국인들도 생각해 보라. 박정희 시대에 한국 경제가 발전하지 않았나? 그렇지만 당시 한국 국민들은 민주에 대한 요구도 강렬하지 않았나? 민주와 자유는 세계적 조류다. 민주는 인류문명 발전 과정에 있어 필연적 결과다. 중국이 예외가 될 수 없다.

— 중국 지도부는 서방의 민주주의가 중국에 맞지 않는다고 말한다. 중국식 민주주의가 있다고 한다. 어떻게 생각하는가?

민주주의가 서방의 제도이기 때문에 중국 현실에 맞지 않는다고 하는 것은 터무니없는 소리다. 한국과 일본도 모두 아시아 국가 아닌가? 그렇지만 두 나라 모두 민주제도를 실행하고 있지 않나? 민주제도가 비록 서방에서 태어났지만 그 운용 가치는 세상 사람들이 다 인정하지 않는가. 한마디로 민주제도의 실행은 나라와 민족이라는 한계가 없다.

민주제도는 세계 보편적인 것이다.

최근 나는 영국의 마지막 홍콩 총독(펑딩캉)이 쓴 글을 읽었다. 그는 "중국은 위험한 선례를 시작했다. 그것은 중국이 민주화의 길을 걷지 않으면서도 경제가 발전하는 것이다"라고 했다. 중국의 민주화를 염원하는 중국 민주인사들은 그 나쁜 선례에 온 힘을 다해 반대한다. 만일 중국에서 민주제도가 지지받지 못하고 실현되지 않는다면, 중국 경제 발전의 과실은 중국 인민들에게 부의 분배 문제를 일으키고 거대한 불공평을 초래할 것이다. 이런 결과는 이미 중국에서 일어나고 있다. 중국의 부는 극소수에게 집중되어 있다. 이런 상황을 민주제도로 교정하지 않는다면, 필연적으로 중국 사회에 대동란이 일어날 수밖에 없다.

— 중국은 5천년 역사 가운데 한 번도 민주 정부를 세워 본 적 없는 왕조 중심의 전제국가였다. 이런 중국이 민주주의를 실현할 수 있다고 보는가?

중국 문화의 뿌리를 보면 그 안에 민주라는 희미한 흔적이 있다. 사실 한국의 단군조선 시기에 중국은 역사적으로 고증할 수 있는 공화제도(BC 841년)가 있었다. 춘추전국 시대에 이르러서는 공자의 계승자인 맹자가 명확하게 이렇게 제시했다. "백성이 가장 중요하고 사직은 두 번째이며 왕은 가장 가벼운 존재다." 또한 캉유웨이(청나라 말기 사상가, 정치가)가 광서제에게 청원서를 올릴 때 이미 그 안에 민주사상이 들어 있었다.

20세기 초 국민당 혁명과 공산당 혁명이 일어났다. 그 후 중국에는 인민들이 광범위하게 참여한 민주운동이 여러 차례 일어났다. 이런 모든 것을 근거로 해서 볼 때, 중국에는 민주사상과 민주적 씨앗들이 곳곳에 존재했다. 하지만 불행히도 이것이 근대 중국에 민주제도로 발전할 기회가 없었다.

— 한국의 민주화가 중국 민주화에 어떤 영향을 끼치는가?

1982년 내가 인민해방군 정치교관으로 근무할 때 이런 제목으로 강의했다. '한국의 민주화: 한국을 떠들썩하게 한 양김'(김영삼, 김대중 전 대통령을 일컬음). 한국의 민주화운동에 대해 나는 적극적인 평가를 했다. 강의 후 학생들에게도 좋은 평가를 받았다. 한국이 민주혁명을 실현한 후 중국 정부 측에서는 침묵을 유지했지만, 중국의 많은 청년들에게 커다란 인상을 남겼다.

10여 년 전 중국에 있을 때 주변 사람들에게 말했다. 한국은 아시아에서 용의 머리에 해당하는 국가라고. 나는 지금도 이 관점을 견지하고 있다. 일본은 아시아 국가로서 민주제도를 실현하고 있지만, 한국과 같은 그릇이 못 된다. 한국과 같은 장구한 민주화항쟁도 없었고 전 세계가 우러러보는 5·18민주화운동 같은 것도 없었다. 세습을 하는 일본 정치가들은 한국 정치가들처럼 평민적 배경이 없다. 2차 세계대전 시기 아시아에 저지른 만행에 대한 반성과 사과도 부족하다. 한국인들은 자부심을 가져야 한다. 한국은 서구 사회에 비해 민주화가 훨씬 늦게 이루어진 나라다. 하지만 중국에는 '늦게 온 사람이 높은 자리에 앉는다'는 말이 있다. 한국의 경제 발전과 민주 발전, 이 두 가지는 이미 세계 속 '높은 자리'에 앉아 있다.

— 만일 중국에 민주화가 실현될 경우, 중국의 정치·경제·문화·과학 등 모든 방면에 한층 더 깊은 발전이 이루어진다고 보는가? 중국 인민들은 어느 정도까지 민주제도를 받아들일 수 있는가?

좋은 질문이다. 민주화가 이루어지면 중국의 문화는 대발전을 하게 된다. 마찬가지로 경제·과학·교육 등 모든 분야가 신속한 발전을 이룰 것이다. 위대한 사상가, 철학가, 정치가, 기업가들이 더욱 가시적으로 나타날 것이다. 1966년 이후 중국에서는 민주화를 요구하는 운동이 몇 년에 걸쳐 주기적으로 일어났었다. 이 점에서 중국은 북한과 쿠바와 다르다.

나는 중국 인민이 민주주의를 받아들이는 데 있어 그 수준이 매우 높다고 말하고 싶다. 이것은 결코 빈말이 아니다. 1966년 일어난 문화대혁명, 1976년 천안문운동, 1979년 자유화운동, 그리고 1989년 6·4대학생민주화운동은 세계적으로도 잘 알려진 운동이 아닌가? 이를 볼 때 중국 인민이 민주를 받아들이지 않는 것이 아니다. 공산당의 전제주의가 민주를 억누르고 있다는 것이 문제다.

— 현재 세계 국가들이 중국과의 경제무역 관계로 중국 민주화에 침묵하는 상황이다. 세계는 거대한 중국시장을 통해 먹고사는 문제를 해결하려 한다. 이것이 현실이다. 이런 상황에서 민주 중국은 경제무역 차원을 뛰어넘는 유익을 어떻게 끼칠 수 있는가? 중국 민주화가 한국에는 어떤 유익을 줄 수 있는가?

중국은 13억 대국이다. 중국 민주화는 인류 평화를 위해 절대적이다. 아울러 중국 민주화는 세계사적 '대사변'이다. 첫째, 중국 민주화는 한반도 통일의 지름길이다. 현재 북한의 무모한 억압과 독재, 북한 민중을 노예로 만들어 기아에 시달리게 하고 핵무기로 세계를 위협하는 북한의 후견인이 누군가? 그러므로 중국이 민주화되면 북한은 자연적으로 민주 통일 한국으로 통합될 것이다. 그러면 민주 중국과 민주 통일 한국, 민주 일본, 민주 미국은 서로 손잡고 세계 평화를 세워 갈 수 있는 길이 열린다. 지구촌에 민주와 자유, 인권이 보장되는 세계를 만들어 갈 수 있다. 인류는 지구라는 하나의 운명공동체 속에서 살아간다. 환경오염이 얼마나 심각한가? 인류의 역사는 전쟁의 역사 아니던가. 그러므로 온 인류의 항구적 평화, 공동 번영, 자유와 민주, 인권을 위해 중국 민주화는 절대적으로 필요하다. 뜻을 함께하는 한국인들이 중국 민주화를 돕고 지지해 주기를 바란다.

— 중국의 기독교는 어떤 상황인가?

명목상은 종교의 자유가 있지만 실질적으로 없다. 중국 공산당의 압박을 받는 중국 가정교회의 수난을 보라. 삼자교회는 중국 공산당의 하수인에 불과하다. 진정한 기독교라 할 수 없다. 가정교회는 무수한 순교의 피를 뿌리며 희생했다. 사실 이것이 진정한 기독교의 맥이다. 서방의 민주와 자유는 기독교 정신에서 비롯되었다. 한국도 구한말, 일제강점기, 6·25전쟁 속에서 기독교가 온갖 희생을 치르며 헌신하지 않았나? 그렇기에 한국 기독교가 위대한 것이다. 민족의 고난의 십자가를 어깨에 짊어졌고, 민족을 일깨웠다.

나는 중국의 기독교인들이 진정 중국을 변화시킬 누룩이요 그루터기라 본다. 기독교인들의 섬김, 나눔, 희생, 헌신은 중국의 진정한 변화를 가져올 것이다. 현재 중국인들은 배금주의에 휩싸여 있다. 독분유 사건을 보라. 신생아들이 죽어도 돈만 벌면 그만이란 말인가. 시궁창에 흐르는 썩은 기름을 다시 모아 팔기도 한다. 가짜, 짝퉁이 판을 친다. 이것은 대국으로서 중국의 수치다. 고위 관리의 부패는 하늘을 찌른다. 모든 일들이 뇌물로 해결된다. 중국 인민의 정신을 새롭게 개조하는 길은 유물론과 무신론이 아니라 하나님께로 돌아가는 것이다. 이렇게 되도록 하는 것이 중국 기독교의 역할이다. 그러기 위해 중국 민주화가 필요하다.

조선왕조 때 조선인들은 중화사상에 물들어 있었다. 조공을 하며 소중화小中華를 자처했다. 결론이 무엇인가? 일본의 식민지배 아니었나. 서학을 받아들인 조선의 천주교인들은 수만 명이 목이 잘려 순교의 피를 뿌렸다. 기독교가 조선에 들어왔을 때 엄청난 핍박을 받았다. 이것이 조선 기독교사요 한국 기독교사다. 그런데 그런 한국 기독교가 왜 중국을 향해서는 꼬리를 내리는가? 한국 기독교가 정통 중국 기독교의 순교와 고난에 눈감을 수 있는가? 한국 기독교는 아시아의 희망이요 전 세계 기독교의 희망이다. 이 위상을 알고 행동했으면 하는 바람이다. 한강의 기적, 민주화의 기적을 이룬 한국은 세계사의 희망이요 모델임을 한국인이 더 깊이 인식했으면 한다.

"중국인교회는 우리 중국인들의 힘으로 세우겠습니다"

중국에서는 교회 다니는 사람들이 무식자, 인생 낙오자들이 모이는 곳으로 인식되곤 한다. 공산당 당원들에게는 그런 인식이 더 강하다. 공산당 당원이 되는 건 쉬운 일이 아니다. 당원이 되어야 성공으로 쭉쭉 뻗어나가는 출셋길이 열린다. 밑바닥 인생들이 모이는 교회가 성공에 어떤 도움이 될 수 있을까 하는 게 교회를 바라보는 당원들의 시선에 깔린 의식이다.

공산당 당원으로 활동했던 한족 여성과 이런 대화를 주고받은 적이 있다.

"우리 공산당 당원은 자부심이 있습니다. 하나님은 인간이 만들어 낸 환상입니다. 힘없고 빽 없는 민중들이 자신의 고통을 잊기 위해 꾸며낸 아편과 같습니다. 공산주의의 창시자 칼 마르크스는 그래서 종교를 아편이라 했지요. 착취계급이 피착취계급을 노예로 만들고 저항의지를 꺾기 위해 종교라는 아편을 먹이는 겁니다. 그런 종교, 그런 하나님을 제가 왜 믿습니까? 저는 제 생의 의지를 믿습니다."

"유머 한마디 하겠습니다. 이제는 그만 공산당 탈당하시죠. 그리고 한국에 왔으니 새 당에 가입하세요."

"새 당이 무엇인가요?"

"예수당이라 합니다."

"그럼 예수당의 주석은 누군가요?"

"하나님입니다."

"그럼, 목사님은 예수당 당원이십니까?"

"네, 일반당원이 아니라 골수당원이죠. 예수당에 가입하면 늘 웃으며 삽니다."

2003년 8월 창간한 〈중국동포타운신문〉이 6년째 접어든 2009년에는 타블로이드판 24면으로 증면해 조선족 동포들이 애독하는 신문으로 성장했다. 1949년 10월 1일 천안문광장에 30만 중국인들이 운집했을 때 모택동이 천안문 망루(관망대)에 올라 특유의 카랑카랑한 목소리로 중화인민공화국 수립을 선포했는데, 중국 건국 60주년 되는 해가 2009년이기도 했다.

서울중국인교회 쪽방 사무실에서 이 일을 함께 시작한 김용필은 시간이 좀 흐른 뒤 별도의 사무실을 얻어 나갔다. 그는 동포를 대변한다는 사명감으로 헌신의 땀방울을 흘렸다. 취재, 기사 작성, 인쇄와 배포를 비가 오나 눈이 오나 쉬지 않고 이어갔다. 그는 마치

조선족 동포를 위해 태어난 한국인 같았다.

2009년 후반기로 접어들면서 마음에 근심이 더해 갔다. 서울시 계획대로라면 2010년부터 재개발을 위해 서울중국인교회가 있는 가리봉동에 철거가 시작될 예정이기 때문이었다. 교인들과 함께 교회 이전을 위해 늘 기도해 왔다. 한편으로는 이전 비용이 늘 부담이 되었다.

어느 날 누군가가 교회 사무실 문을 두드렸다. 문을 열어 보니 예전부터 알던 동포 김진성 씨가 찾아왔다.

"오랜만입니다, 반갑습니다. 지금도 서울조선족교회에 다니시죠?"

"아니요, 지금은 대림동에 있는 교회 다닙니다. 그런데 목사님, 제가 지금 다니는 교회가 교인이 두세 명밖에 없어 교회가 문을 닫을 판이에요."

"그렇군요. 우리 교회도 지금 어디론가 이전해야 하는데 고민입니다."

"그러세요? 그럼 지금 제가 다니는 교회로 이전하는 건 어떠실까요? 여기 예배당보다 세배 이상 크고 예배당도 예쁜데요. 거기 목사님이 여성이신데 5년째 교회를 이끌고 있지만 지금은 더 이상 유지할 수가 없는 상황입니다. 한번 저랑 같이 가보시죠."

하지만 나는 공간이 세 배 이상 크다는 게 부담되었다. 그러면 월세를 지금보다 더 내야 한다는 생각이 들었기 때문이다. 이미 대림동 여기저기를 다니며 교회 공간을 물색해 봤지만 마땅한 데가 없었다.

"그럼 거기 월세가 한 달에 얼마나 되는지 아세요?"

"150만 원이라고 해요. 여기는요?"

"70만 원이에요. 배 이상이네요."

송명희 목사가 대림동에 있는 그 교회를 찾아가 보았다. 의자도 있고 주방도 있고 유아실도 있고… 예배당다운 예배당이라고 했다. 나도 찾아가 그 교회 목사님을 만나뵈었다.

"목사님, 실례가 되는 질문일 수 있지만, 여기 보증금 얼마인가요?"

"5천만 원입니다. 교회 시설비, 그러니까 권리금은 4천만 원이고요."

"아… 권리금을 좀 낮출 수는 없나요?"

"고려는 해보죠."

우리 형편으로는 어렵겠다 생각하고는 목사님에게 인사하고 교회를 나섰다. 그리고 일주일 뒤 주일 예배를 마치고 중국인 교인들이 할 말이 있다고 했다.

"우리 서울중국인교회가 없었다면, 저희가 한국에서 기댈 곳이 없었습니다. 목사님이 저희와 동고동락해 왔는데 그 은혜 잊을 수 없어요. 이번 교회 이전을 우리 중국인들이 감당해서 하겠습니다. 목사님, 교회 이전 하시죠."

나는 속에서 울컥 하는 마음이 들어 잠시 말을 잇지 못하다가 입을 열었다.

"여러분의 생각, 감사합니다. 하지만 1억 가까운 돈을 우리 교인들이 어떻게 감당할 수 있겠습니까? 한국에서 힘들게 일하며 살고 있는 현실인데요."

진지한 표정으로 교인들이 힘주어 말했다.

"목사님, 서울중국인교회는 우리 중국인들에게 아둘람교회입니다. 원통하고 고통당하는 중국인들의 피난처요, 방패입니다. 돈이 뭐가 중요합니까? 당연히 우리 힘으로 교회를 세워야지요. 목사님, 아무 걱정 말고 진행하세요. 우리 중국인들 돕다가 모욕과 수치를 당하고 살해 위협까지 당하신 거 옆에서 다 지켜보았습니다. 목사님은 우리 중국인들의 진정한 친구입니다. 저희가 교인들에게 이미 다 전화했습니다. 이번 교회 이전은 우리 힘으로 하자고요. 다들 기쁘게 동의했습니다. 진심입니다."

"여러분의 뜻이 정말 그렇습니까?"

"예."

"좋습니다. 그렇게 해봅시다."

2010년 1월 24일 예배 후 대림동으로 교회를 이전하기로 공식 선언했다. 교인들이 창의서倡義書를 작성해 돌렸다. 다음은 창의서 요약문이다.

> 한국에 살고 있는 사랑하는 화인華人 동포 여러분. 새해의 봄이 우리에게 다가오고 있습니다. 우리는 화하華夏의 자손입니다. 우리 동포 형제자매들이 이국 타향인 한국에서 말할 수 없는 고통과 학대와 폭력을 겪을 때, 서울중국인교회는 지난 6년간 우리 중국 형제자매들의 고통과 함께해 왔습니다. 서울중국인교회는 우리의 피난처가 되어 주었습니다. 중국인들의 눈물을 닦아 주었습니다. 우리는 중국인입니다. 중국인을 위한 우리 교회를 우리 스스로의 힘으로 세웁시다.

교회 이전을 위한 헌금이 시작되었다. 교인들이 50만 원, 100만 원, 200만 원을 교회 이전 헌금으로 냈다. 열기가 느껴졌다. 진실이 느껴졌다.

어두컴컴한 예배당에 홀로 섰다.

'하나님, 저는 제 인생을 중국인을 위해 바치고자 결심하고 지금까지 왔습니다. 제가 한 것은 그저 중국인들의 동행자가 되고 친구가 되려 한 것인데 우리 교인들의 이런 모습을 보니 눈물이 납니다. 하나님, 저는 앞으로도 중국인과 함께 가겠습니다. 서울중국인교회가 한·중 두 나라의 화평의 길을 가게 인도해 주십시오. 한국에 와서 고난당하는 중국인들이 응어리진 증오를 발하지 않고 화해와 화평의 길을 가게 해주시옵소서.'

교회 이전을 위한 헌금이 시작되고 나서 두 달째인 3월, 6천만 원이 모였다. 교인들이 최선을 다한 것이다. 이런 상황 속에서 감사하게도 권리금이 2천만 원으로 조정되었고, 추가시설비 600만 원이 필요하게 되었다. '나머지 1,600만 원은 어떻게 해야 하나' 생각에 잠겼다. 서울중국인교회가 소속된 영등포노회에 도움을 요청하기 위해 전화를 하니 노회 소속 미자립개척교회위원회 담당 목사에게 전화를 해보라고 했다. 전화를 해서 상황을 설명하였으나 그쪽 사정도 어려워 도움을 줄 수 없다고 했다. 그때 한 중국인 교인으로부터 전화가 왔다.

"목사님, 돈이 부족한 걸로 아는데 제가 통장에 저축해 놓은 천만 원이 있습니다. 생각 같아서는 교회 이전을 위해 쓰고 싶지만 제 현실이 여의치 않아, 교회에서 우선 빌려 쓰시고 천천히 갚으세요."

가슴이 뭉클해졌다. 하지만 차마 그렇게 할 수는 없었다.

"형제, 그 돈은 형제의 피와 땀이 녹아 있는 건데 내 양심상 그렇게 할 수는 없습니다. 너무 고마워요."

그러다 문득 아이디어가 떠올랐다. 2004년 초에 가리봉동 언덕배기에 위치한 하나은행 관계자가 찾아와 중국 동포와 한족을 위한 전용창구를 만드는 데 협조해 달라고 해서 우리 교회가 연합해 적극적으로 도운 일이 있다. 중국 동포 전용창구 개설식에 하나은행 본부에서 부행장도 오고 동포들 단체 대표와 동포들, 우리 교회 교인들도 함께 참석해 축하했다. 이후 가리봉동에 밀집해 사는 동포들의 발걸음이 하나은행으로 물밀듯 이어졌다.

나는 그때 만났던 하나은행 차장을 찾아가 보기로 했다. 혹시 대출을 받을 수 있을까 하는 기대를 가지고서.

"목사님, 어서 오세요."

교회 이전 상황을 설명하고 부족분 1,600만 원을 대출할 수 있는지 물어보았다. 차장은 안색이 변했다. 내 신용 조회를 해보더니 대출을 해줄 수 없다고 했다. 나는 실망감을 안고서 은행을 나올 수밖에 없었다.

답답하고 갑갑해졌다. 3월 말이 되었다. 매일 아침 가까운 공원을 걸으며 묵상하는데 이른 아침 핸드폰이 울렸다.

"황규? 나 명철이 형이야."

"아, 형님. 아침에 무슨 일이세요?"

"어, 내가 얘기 들었어. 교인들이 6천만 원을 모았다며?"

"예, 맞습니다."

"한족들이 6천만 원을 모았다니, 참 대단한 일이야. 1,600만 원이 모자란다고 하는데, 도림교회 당회 앞으로 청원서 써서 오늘 내 이메일로 보내. 내용은 무이자로 1,600만 원을 빌려달라고 하고."

"형님, 정말 교회에서 빌려 줄 수 있나요?"

"확답은 할 수 없어. 이번 주일 예배 마치고 당회 열어서 이 문제 의논해 볼게. 잘되게 해 달라고 기도해."

"예, 형님. 감사합니다."

정명철 목사는 장로회신학대학 신학과 선배다. 가슴이 따듯하고 사람들의 허물을 늘 감싸 주고 좋은 점을 보는 선배다.

3월 마지막 주일 예배 때였다. 예배를 마치고 교인들에게 광고를 하려고 하는데 양복 안에 둔 핸드폰이 진동했다. 정 목사 전화였다. 잔뜩 기대감을 가지고 전화를 받았다.

"황규야, 결정됐어. 무이자로 빌려주는 게 아니라 당회에서 장로님들이 그냥 지원하는 걸로 결정했어. 이거 도림교회가 주는 게 아니라 위에 계신 분이 주시는 거야."

"아! 형님, 너무 감사합니다. 그런데 위에 계신 분이라뇨?"

"목사가 그것도 모르냐? 위에 누가 계셔, 하나님이지, 허허."

"이 은혜 잊지 않겠습니다. 도림교회와 장로님들께도 감사드립니다."

먹구름이 잔뜩 꼈던 마음에 순식간에 찬란한 태양이 비치는 심정이었다. 교인들에게 이 기쁜 소식을 알렸다. 교인들이 다 일어나 환호했다.

"완세이, 완세이, 완세이! 서울중궈런죠회 완세이!"(만세, 만세, 만세! 서울중국인교회 만세!)

교회 이전 문제가 신속히 진행되었다. 임대차계약을 맺고 시설비 2천만 원도 건넸다.

“비결이 뭔가요?”

4월 9일, 교회 짐을 트럭에 실어 대림동으로 옮겼다. 대부분의 교인들이 하루 휴가를 내서 이사를 도왔다. 서울중국인교회 개척 6년 7개월 만에 일어난 일이었다. 4월 11일 대림동에서 첫 예배를 드렸다. 대림동은 우리나라 최대의 차이나타운이 형성된 곳이다. 그 한가운데 서울중국인교회가 세워진 것이다.

〈중국의 새벽 5시〉라는 찬양을 하나님께 올렸다.

쭝궈더짜오천우디앤중, 촨라이치다오셩 中国的早晨五点钟, 传来祈祷声
츄션다이라이푸싱허핑츠샤허이더셩 求神带来复兴和平赐下合一得胜。
쭝궈더짜오천우디앤중, 촨라이징바이셩 中国的早晨五点钟, 传来敬拜声
런런또우시앤추쩐청디아이, 이신이이웨이중궈 人人都献出真诚的爱, 一心一意为中国
쭝궈더짜오천우디앤중, 촨라이치다오셩 中国的早晨五点钟, 传来祈祷声
페이위에러완수이치엔샨, 롱화빙링디신링 飞越了万水千山, 融化冰冷的心灵
짜이메이요우쿤수오, 짜이메이요우잔정 再没有捆锁, 再没有战爭
웨이쭝궈주푸뉴좐러밍윈, 짜이이거하오쇼우청 为中国祝福扭转了命运, 再一个好收成.

중국의 새벽 5시에 들리는 기도 소리,
부흥과 화평으로 하나 되게 축복을 주시옵소서!
중국의 새벽 5시에 들리는 경배 소리,
사람마다 진정한 사랑으로 일편단심 중국을 위하네.
중국의 새벽 5시에 들리는 기도 소리,
수많은 산과 강을 지나 얼음장 같은 마음을 녹이고
더 이상 속박 없고 더 이상 전쟁 없이,
중국을 축복하셔서 운명을 바꾸어 주십시오.

더욱더 좋은 열매를 거두게 하소서.

교인들 눈에서 감격의 눈물이 흘렀다. 나는 마음을 가다듬고 설교 말씀을 전했다.

사랑하는 형제자매 여러분, 오늘은 우리 중국인들의 헌신으로 교회를 이전하고 첫 예배를 드리는 날입니다. 가리봉동의 교회는 성경의 아둘람굴 같은 교회였습니다. 인생의 무거운 짐과 고통을 짊어진 중국인들이 모여들었습니다. 서울중국인교회가 걸어온 6년 7개월이라는 시간은 중국 공산당혁명으로 비유하자면, 장개석이 70만 대군으로 정강산을 중심으로 한 공산당 해방구를 포위했을 때 홍군이 포위망을 뚫고 시작한 그 대장정과 같습니다. 결국 탈출에 성공한 홍군은 1935년 10월 서북부의 섬서성 연안에 도착했습니다. 전 중국의 젊은이들과 지식인들이 '신중국'의 꿈을 품고 연안으로 모여들었습니다.

중국공산당은 혁명에 성공했습니다. 그러나 이 혁명은 절반의 성공이었습니다. 인민을 물질에 가두고 땅의 일에만 관심 갖게 만들었습니다. 땅의 일이 무엇입니까? 무엇을 마실까, 입을까, 먹을까, 다시 말해 육신만을 위한 일입니다.

그러나 보십시오. 대우주를 창조하신 만유의 주 하나님을 보십시오. 우리가 사는 이 지구는 우주 안에서 먼지보다 작은 존재입니다. 천체물리학과 우주망원경을 통해서도 다 알 수 없을 만큼 우주는 광대무변합니다. 인간에게는 영혼이 있습니다. 하나님은 영이십니다. 생명의 근원, 평안과 기쁨의 근원이 하나님이십니다.

중국은 이제 제3의 혁명, 제3의 운동을 필요로 합니다. 제1혁명은 공산당혁명이요 제2혁명은 개혁·개방이요 제3혁명은 하늘나라운동입니다. 잃어버린 하늘의 세계를 찾는 운동입니다. 이것이 바로 우리가 이루어야 할 사명입니다.

우리 교회는 한국에 체류하는 중국인들에게 계속해서 진리의 생명수를 전하는 일을 할 것입니다. 궁극적으로 중국 대륙에 복음의 생수를 흘려보내는 것입니다. 여러분은 한국으로 흘러온 황하의 물결입니다. 황하의 물결은 생명의 복음을 싣고 다시 중국 대륙으로 흘러갈 것입니다.

교회에서 발행하는 〈신중국〉에 교회 이전 소식을 상세히 보도했다. 제목은 '서울중국인교회 중국인 교인들, 새로운 역사를 쓰다'. 이 소식은 한국에 사는 중국인들에게 큰 화제가 되었다. 한국의 대형 교회 중국어 예배부에 다니는 중국인들도 소식을 듣고 교회를 찾았다. 찾아오는 사람마다 "쩐더마?"(진짜냐?) 하고 묻고 눈으로 확인했다. 중국어 예배부를 이끄는 다른 교회 목사와 전도사가 찾아와 물었다.

"비결이 뭔가요? 따로 진행하는 신앙훈련 프로그램이 있습니까?"

무슨 특별한 비결이나 프로그램이 있는 게 아니라 말 그대로 '중국인과 동행하는 길', 이것 외엔 없었다.

과거에 예배당을 빌려 쓰게 해주었던 이순기 목사가 방문했다.

"와, 목사님, 한족 교회 대단합니다! 이건 한족들이 사실 6억을 헌금한 것과 같은 거예요. 아니, 교회를 새로 건축한 것이나 다름없어요."

9월 5일 교회 창립 7주년 및 교회 이전 감사 예배를 드렸다. 영등포노회 노회장 권순택 목사, 부노회장 김선규 목사, 서기 김상룡 목사 등 노회 회장단이 참석했다. 권순택 목사가 설교 말씀을 전했다.

"저는 20여 년간 중국 선교를 해왔습니다. 한중수교가 이뤄지지 않았을 때부터 홍콩을 통해 중국에 들어가 동북 3성에서 선교하고 도왔습니다. 그럼에도 여기 서울중국인교회처럼 스스로 헌금을 해서 교회를 세우는 중국인들을 본 적이 없습니다. 선교 역사에 이런 일이 없습니다. 이런 교회가 진정한 교회 아니겠습니까. 참으로 여러분이 자랑스럽습니다. 하나님의 축복이 서울중국인교회에 앞으로도 가득하기를 기도합니다."

헌법소원을 통해 억울함을 벗다

2010년 10월 초, 정대화 변호사에게서 전화가 왔다. 위장결혼이라는 억울함을 풀기 위해 헌법소원을 낸 왕평화에 대한 헌법재판소의 결정을 알리기 위해서였다.

"목사님, 2008년 11월 17일 헌법재판소에 제출한 헌법소원 결과가 나왔습니다. 헌법재판소의 결정은 9월 30일에 났고 결정문을 오늘 받았습니다."

"변호사님, 결론이 무엇인가요?"

"헌법재판소 재판관 전원 일치로 위장결혼 무죄라고 결정 났습니다. 정의의 승리입니다."

"변호사님, 정말입니까?"

나는 감격해 마음이 부풀어 올랐다.

"목사님, 이 승리는 결혼이민 여성들에게 역사적 의미가 있습니다. 헌법재판소 결정문을 곧 팩스로 보내겠습니다."

나는 헌법재판소 결정문을 한장 한장 정독했다. 결정문 4쪽에 헌법재판소가 경찰 수사기록을 인용했다.

"국제결혼 중개인 김홍○의 처인 진영○는 한국에서 마사지 업소를 운영하던 중 종업원 조달에 어려움을 겪어 왔고(수사기록 Ⅱ-502), 김홍○은 김만○에게 '중국 여자와 혼인신고를 해주면, 그 여자를 데리고 들어올 수 있고, 그 여자를 마사지 업소로 넘겨 종업원으로 마사지 일을 시켜 돈을 벌게 하면 매달 100만 원가량을 주겠다'는 취지로 말하여(수사기록Ⅱ-520, 수사기록Ⅲ-747)"

김만○는 이 제안을 받아들여 중국에 가서 결혼이라 속이고 중국 여성 왕평화를 데려와서는 마사지 업소로 넘긴 것이다. 경찰과 검찰에 수사기록을 보여 달라 했을 때 완강히 거절한 이유를 알게 되었다. 천인공노할 인신매매인 것이다. 헌법재판소가 검찰에 조사기록을 요구하니 검찰은 어쩔 수 없이 제출한 것이다. 경찰과 검찰은 이 중국 여성이 인신매매 피해자임을 수사 초기부터 인식했으면서도 위장결혼이라 누명을 씌운 것이다. 공권력의 있을 수 없는 인권침해였다.

'하나님, 이런 공의로운 판결을 한 헌법재판소를 축복하소서. 이런 정의로운 판결을 내릴 수 있는 대한민국을 축복하소서. 억울한 중국 여성의 누명이 하나님의 도우심으로 풀렸습니다. 승리를 주신 것 감사합니다.'

왕평화에게 이 소식을 알렸다. 왕평화가 말을 못하고 울기만 한다.

헌법소원 승리는 한국의 국제결혼 이민 20년 역사 가운데 최초의 사건이다. 이 소식은 중국 현지 언론에도 보도되어 대륙에 알려졌다. 왕평화에 대한 헌법재판소의 결정문을 가지고 서울출입국관리사무소를 찾았다. 외국인 체류 연장을 총괄하는 관리과 과장을 만났다.

"과장님, 왕평화 씨의 위장결혼 혐의는 헌법재판소에 의해 무죄 판결이 났습니다. 인신매매 희생자입니다. 합법화와 체류 연장을 해주십시오."

과장이 뜨악한 표정으로 나를 쳐다보며 말했다.

"우리 출입국도 그 소식 다 알고 있습니다. 헌법재판소 결정이요? 우린 그거 듣지 않습니다. 우리가 분명히 왕평화 씨에게 중국으로 가라 했는데 가지 않았습니다. 대한민국의 명령을 거부한 거 아닙니까? 합법화와 체류 연장 해줄 수 없습니다."

"대한민국의 최고 재판소 결정을 무시하겠다는 겁니까?"

"우린 법대로 합니다. 돌아가세요."

"법대로 하자면 헌법재판소 결정이 최종적인 거죠. 그렇지 않습니까?"

"뭘 그렇게 중국인 한 명 때문에 뛰어다닙니까? 중국은 인권이고 뭐고 없는 나라 아닙니까? 최근 류샤오보 사태 아시죠? 노벨평화상 수상자 아닙니까? 지금 어딨어요? 감옥에 있지 않습니까? 중국이 그런 나라예요. 그런데 그런 나라에서 온 여성 하나 살리자고 헌법소원을 해 나라 망신을 시킵니까? 대한민국이 지금 인신매매 국가처럼 된 거 아녜요? 목사님은 한국 사람 아닙니까? 나라 체면도 좀 생각하며 일하셔야죠. 아실 만한 분이 거 왜 이렇게 합니까?"

"과장님, 참 생각이 단순하십니다. 중국은 중국이고 한국은 한국입니다. 뭐가 국제 망신입니까? 바꿔놓고 생각해 보세요. 과장님 딸이 중국으로 시집가서 이런 일 당했다면, 어떻게 할 겁니까? 그래서 중국의 한 변호사가 과장님 딸을 위해 중국 헌법재판소에 소송해서 무죄를 입증했다면, 과장님은 중국의 판결에 어떤 반응을 보이실 겁니까?"

"뭐요? 내 딸이 중국으로 시집간다고요? 그런 시커먼 나라에 왜 내가 딸을 시집보냅니까?"

"예를 든다면 그런 겁니다. 그렇지 않아요? 이번 헌법재판소 결정은 오히려 대한민국의 국격을 높인 겁니다. 본질을 제대로 보셔야 합니다."

"목사님, 너무 고상한 척하지 마세요. 세상은 그런 게 아녜요. 중국인들은 인권이니 뭐니 없어요. 그리고 법에 인신매매 피해자를 보호하는 규정도 없습니다."

"그럼, 법무부가 그런 걸 만들어야 하는 것 아닌가요? 그것이 공무원이 해야 할 일 아닙니까?"

"목사님, 지금 나랑 싸우자는 겁니까!"

"싸움요? 난 과장님과 싸우는 게 아니라 비인간적이고 비인도적인 대한민국 출입국관리사무소와 싸우는 겁니다. 아니, 싸움이 아니라 중국인도 사람이라고 부르짖는 겁니다. 왕평화 씨에 대한 출입국당국의 처사는 심각한, 용납할 수 없는 인권침해입니다."

"목사님, 정 그렇게 왕평화 씨를 살리고 싶으면 법을 만들어서 오세요. 그러면 구해 주겠습니다."

허탈한 마음으로 서울출입국관리사무소를 나왔다.

주일 예배에 모인 교인들에게 이 문제가 잘 해결되도록 기도하자고 했다. 그리고 시편 146편을 함께 나누었다.

> 야곱의 하나님을 자기의 도움으로 삼으며 여호와 자기 하나님에게 자기의 소망을 두는 자는 복이 있도다 여호와는 천지와 바다와 그 중의 만물을 지으시며 영원히 진실함을 지키시며 억눌린 사람들을 위해 정의로 심판하시며 주린 자들에게 먹을 것을 주시는 이시로다 여호와께서는 갇힌 자들에게 자유를 주시는도다 여호와께서 맹인들의 눈을 여시며 여호와께서 비굴한 자들을 일으키시며 여호와께서 의인들을 사랑하시며 여호와께서 나그네들을 보호하시며 고아와 과부를 붙드시고 악인들의 길은 굽게 하시는도다 (시편 146:5-9)

서울조선족교회 이호형 목사를 찾아갔다. 미국에서 박사학위를 받은 그는 외국의 이민제도와 법률에 밝았다.

"미국 같으면 왕평화에게 당장 영주권을 주거나 시민권을 줍니다. 목사님, 법무부장관 앞으로 청원서를 보내세요. 참조는 서울출입국관리사무소 소장으로 해서."

"네, 그렇게 해보겠습니다."

왕평화에 대한 청원서를 상세히 써서 서울출입국관리사무소 관리과 과장을 찾았다. 청원서 접수 자체를 받지 않으려 했으나 강하게 항의했다.

"검토해 보겠으니 돌아가십시오."

"검토 후 연락 주셨으면 좋겠습니다."

"가서 기다리세요. 한 달 정도 걸릴 겁니다. 요즘 출입국사무소 일이 많아서."

"알겠습니다. 기다리겠습니다."

한 달이 되고 두 달이 되어도 연락이 없어 다시 찾아갔다.

"과장님, 소식이 없어 왔습니다."

"아, 그 왕평화 청원서요? 자료가 어딨드라…. 이런, 잃어버린 것 같습니다. 다시 한 번 써오시겠습니까?"

청원서를 다시 써서 제출했다. 한 달이 되고 두 달이 되어도 연락이 없었다. 과장을 찾아가니 여자 과장으로 바뀌었다.

"과장님, 전임 과장님이 왕평화 청원서 건네주지 않았습니까?"

"모르는 일입니다. 그런 자료 건네받지 않았는데요."

다시 청원서를 써서 전달했다. 한 달 후 찾아가니 체류 연장을 해줄 테니 그동안 불법체류 기간 동안의 벌금을 내라고 했다. 소송 중인데도 체류 연장을 해주지 않은 출입국의 잘못이라 항의했으나, 빨리 해결하려면 벌금을 내는 것이 좋을 거라 하기에 물러섰다.

벌금 150만 원을 내기 위해 왕평화와 함께 출입국에 갔다. 그러자 그녀가 불법체류자이기 때문에 형식적으로라도 출입국 보호시설에서 최소한 한 시간은 잡혀 있어야 한다고 했다. 어이가 없었다. 그래도 일이 빨리 진행되길 바라며 우리는 조치에 따랐다. 한 시간 뒤 보호소 문이 열렸다. 사범과에 가서 벌금을 냈다. 관리과 과장을 찾았다.

"과장님, 이제 마지막 절차만 남았습니다."

"체류 연장은 해줄 수 없고요, 가사정리 시간으로 6개월만 연장해 주겠습니다. 왕평화 씨는 6개월 안에 중국으로 가야 합니다."

이런 경우를 웃으면서 따귀 때린다고 하는 건가. 해도 해도 너무했다. 더 이상은 참을 수 없었다.

"이제 더 이상 출입국에 와서 해결해 달라고 하지 않겠습니다. 다시는 출입국에 와서 이렇게 비굴하게 부탁하지 않겠습니다. 출입국과 정면으로 싸우겠습니다."

"마음대로 하세요. 지금 법무부 출입국을 향해 협박하는 겁니까?"

"무슨 협박입니까? 국제결혼 피해, 그것도 인신매매 피해를 당한 중국 여성이 물건입니까? 사람을 사람으로 대해야 합니다."

9월부터 무기한 항의시위에 들어가기로 하고 양천경찰서에 가서 서울출입국관리사무소 규탄 집회신고를 했다.

서울출입국관리사무소 사무관에게 전화가 왔다. 집회신고를 취소하면 왕평화 체류 연장을 해주겠다고 했다.

"지금 무슨 애들 장난하는 겁니까? 합법화하고 체류 연장해준다고 해서 벌금도 내고 보호소에도 갇혀 있었어요. 그런데 손바닥 뒤집듯 그렇게 쉽게 뒤집어엎습니까? 내가 그동안 청원서를 몇 번이나 가져갔습니까? 지금 무슨 똥개 훈련시키는 겁니까? 더 이상 대화는 없습니다. 출입국공무원의 이런 안하무인적 태도, 용납하지 않겠습니다. 반드시 억울한 중국인들 문제를 해결할 겁니다."

다급해진 사무관이 겸손 모드로 전환한다.

"목사님, 저도 교회 다닙니다. 아니, 목사님이 예수님처럼 온유하고 평화로운 방법으로 대화를 하셔야지 왜 시위를 하려고 합니까?"

전화를 끊었다.

민족 반역자?

법무부 출입국외국인 정책본부 과장에게 전화가 왔다.

"목사님, 대화로 풉시다, 대화로요. 이거 시끄럽게 되면 나라 망신 아닙니까?"

또 국가 체면 타령이다. 귀에 못이 박히도록 들은 말이다. 출입국 공무원도 이 사안의 민감성과 폭발성을 감지하고 있는 것이었다.

"과장님, 대화의 단계는 지났습니다. 억울한 사람들을 보호하지 않는 나라는 내가 생각하는 대한민국이 아닙니다. 참된 국가는 억울한 외국인도 따듯하게 보호해 주는 나라입니다. 이게 나의 국가관입니다."

나를 아는 모 목사를 통해서도 회유가 들어온다.

“최 목사님, 이번에 시위를 한다고 하니 법무부에서 상당히 우려하고 있습니다. 본부 과장이 저에게 전화해 데모 내용이 외신으로 보도되면 법무부가 무척 난처해질 거라 염려합니다. 법무부가 잘 해결할 테니 시위를 취소해 달라는데, 그러시는 게 좋겠습니다.”

나는 일언지하에 거절했다. 본부 과장이 또 전화했다.

“반드시 해결할 테니 시위 취소해 주세요.”

“더 이상 법무부 말은 어떤 말도 신뢰할 수 없습니다. 대화는 이제 의미가 없어요.”

“목사님, 그럼 하루만 더 생각해 주세요. 내일 다시 전화드리겠습니다.”

혼자 생각해 보았다.

‘한 번 더 속는 셈치고 대화를 해?’

다음 날 과장이 전화했다.

“목사님, 생각이 결정되셨습니까?”

“… 속는 셈 치고 대화를 하겠습니다. 결혼이주민 관련 단체와 만나 이야기했으면 좋겠습니다.”

“예, 좋습니다. 감사합니다.”

평소 국제결혼 피해자를 돕는 문제로 내왕하던 이주여성인권센터 강성의 처장, 서울조선족교회 이호형 목사와 함께 본부 과장을 만났다. 그리고 국회에서 공개토론회를 하기로 합의했다.

민주당 김춘진 의원 주관으로 11월 28일 국회 입법 조사처 대회의실에서 ‘결혼이주민의 체류권 보장을 위한 토론회’가 열렸다. 중국인 피해자 10여 명과 함께 대회의실로 들어섰다. 인신매매 피해자 왕평화도 함께 갔다. 그런데 초청 대상이 아닌 남성들 30여 명이 줄줄이 들어오는 것이 아닌가. 쌍심지가 눈에 이글거리고 분노로 일그러진 표정들이었다. 토론회 시작 10분 전, 사회자가 안내를 시작하는 순간, 갑자기 토론회장이 술렁거렸다.

“야, 내가 누군지 알아? 난 카자흐스탄에서 마누라 데려왔는데 이년이 하룻밤도 지나지 않고 도망쳤어. 천만 원이나 들여 데려왔는데 말야. 이런 한국 남자들은 왜 안 돕고 외국 여자들만 피해자라는 거야? 오늘 토론회 끝났어!"

30여 명의 한국 남성들이 "옳소! 옳소!" 했다. 극도의 분노를 발하며 고함을 질렀다.

"내 마누라는 애들까지 낳고 도망쳤어! 국적 나오자마자 사라진 거야. 나 같은 피해자는 왜 안 돕는 거야! 씨팔 개새끼들."

"우린 어디 가서 호소할 데도 없어. 우리 같은 사람들 위해서 토론회 한 번이나 했어? 왜 맨날 외국 여자들만 인권 타령이야? 우린 사람이 아냐? 국회의원들, 우리가 내는 세금으로 처먹고 살면서 왜 우리 얼굴은 쳐다보지도 않아? 다 낙선시켜야 돼, 이런 개나발 국회의원들."

"아, 나 오늘 꼭지 돌았어. 나 건드리는 새끼, 오늘 끝이야, 캬아악— 퉤!"

소란이 아니라 난동이었다.

토론회 참가자들이 걱정스러운 눈길로 의논을 했다. 강행하기로 했다. 마이크를 뺏고 난동을 부리는 사람들 때문에 진행이 어려웠다. 하지만 한국인 남성들도 토론회 후 발언할 기회를 주기로 하자 장내가 진정되었다.

왕평화의 증언이 시작되었다. 인신매매당한 자신의 상황을 진술했다. 내 발제 순서가 와서 마이크를 잡고 발언했다.

"국민의 귀책 사유로 가정이 파탄이 난 경우…."

그런데 갑자기 고성이 들렸다.

"야! 넌 목사가 아니라 민족 반역자야. 국민의 귀책사유? 외국 여자 귀책 사유는 왜 말 안 해? 야, 우리 한국인은 사람도 아냐?"

그러고서 나에게 달려와 마이크를 뺏었다.

"선생님, 내가 말 좀 합시다. 반박을 하려면 다 듣고 나중에 하세요. 그리고 그렇게 위협적인 언사 하지 마세요. 그건 폭력입니다. 입이 왜 있습니까? 말하라고 있는 거 아닙니까? 힘으로 위압해 말

못 하게 하는 건 깡패나 하는 행동 아닙니까?"

수십 명의 한국 남성들이 들고 일어났다.

"뭐, 우리가 깡패라고? 허, 저 목사새끼, 겁대가릴 상실했네."

뭔가 한 판이 벌어질 기세였다. 목에서 넥타이를 풀었다. 넥타이를 잡히면 모든 게 끝나기 때문이었다. 잘못하면 목숨도 부지하기 어렵다. 푼 넥타이를 책상에 내려놓고 말했다.

"선생님들, 좀 앉으세요. 선생님들이 깡패라는 말이 아니라, 겁주고 위협해 말을 못하게 하는 게 깡패라는 말입니다. 우리 좀 점잖게 대화합시다. 앉으세요."

흥분한 남성들이 씩씩거리며 앉았다. 발제를 다 마쳤다. 법무부를 대표해 본부 과장이 국제결혼 피해자들의 문제를 풀 수 있도록 최선을 다하겠다고 하고 토론회가 끝났다.

토론회가 끝나고 나서도 법무부에서는 아무런 소식이 없었다. 문제를 해결하겠다고 공개적으로 공언하고도 흐지부지였다. '또 속은 건가?' 하는 생각이 들었다. 법무부 본부 과장에게 전화하니 지금은 바빠서 나중에 해결하자고 했다. 더 이상 기다린다는 건 무의미했다.

무기한 항의시위에 들어가다

서울중국인교회, 이주여성인권센터, 서울조선족교회가 연합으로 시위에 들어가기로 했다.

양천경찰서로 가서 집회신고를 했다. 경찰이 물었다.

"아니, 지난번에 집회신고 취소해서 문제가 해결된 줄 알았는데 다시 오셨네요?"

"속았습니다. 크게 속은 거죠. 그때 시위를 했어야 하는데."

매주 목요일마다 서울출입국관리사무소 정문 앞에서 시위를 하기로 했다.

2012년 2월 16일, 20여 명의 중국인 피해자들과 함께 서울출입국관리사무소로 갔다. '출입국당국의 심각한 인권 유린을 규탄한다'고 쓰인 큰 현수막을 펼쳐들었다. 칼바람이 불었다. 나, 이호형 목사, 강성의 처장이 돌아가며 규탄 구호를 외쳤다.

그다음 주에도 시위를 했다. 서울출입국관리사무소 국장, 조사과 과장, 심사과 과장, 관리과 과장과 만났다. 양천경찰서 정보과 형사도 동석했다. 여기서 나는 최후통첩을 했다.

"이 싸움은 문제가 완전히 해결될 때까지입니다. 미봉책으로 또 입을 막으려 하지 마세요. 법무부 출입국이 이들 피해자들을 보호하지 않으면 국제 여론에 호소하겠습니다. 다음 주 목요일에는 여기서 시위하지 않겠습니다. 중국인 결혼피해자들을 데리고 명동에 있는 중국대사관으로 진입해 장기 농성에 들어가겠습니다. 더 이상 질질 끌지 않고 일도양단一刀兩斷, 한 칼로 끝내겠습니다. 이후의 폭풍은 법무부가 감당해야 할 몫입니다. 가겠습니다."

출입국 직원들의 얼굴이 하얗게 질렸다. 일어서서 나가는 나를 막아섰다.

"목사님, 정말 중국대사관 갈 겁니까?"

"네. 이렇게 질질 끌지 않겠습니다. 구질구질하잖습니까? 이 일 때문에 나도 다른 일도 못하고."

"중국대사관은 제발 가지 마세요. 이후 일들이 눈에 훤합니다…. 목사님, 진정하시고 대화로 풉시다."

"그런 걸 알면서 국제결혼 피해자들에게 이런 고통을 줍니까? 무슨 대화요? 끝났습니다."

자리를 박차고 나왔다.

교회로 돌아와 함께 갔던 중국인들과 예배당 의자에 앉았다.

"여러분, 이렇게 압박을 넣지 않으면 법무부는 꿈쩍도 하지 않을 겁니다. 우리 다 같이 중국대사관으로 들어갑시다."

한 중국인이 손을 들어 이리저리 저었다.

"목사님, 중국대사관을 몰라서 그런 말 하는 거세요. 중국대사관은 우리 중국인들의 이런 문제에 관여하지 않습니다. 들어가려 해도 못 들어오게 막을 거예요. 가봤자 소용없어요."

다른 중국인들도 "꿰, 꿰, 꿰"(맞습니다, 맞습니다, 맞습니다) 한다.

"여러분, 중국대사관으로 들어가는 건 단지 중국대사관을 활용하기 위한 겁니다. 들어갈 방법도 있습니다. 그리고 자국민이 타국에서 피해를 입고 원통한 일을 겪고 있는데도 나 몰라라 하는 건 대사관의 직무유기입니다."

중국인들이 맞장구를 치며 "스, 스, 스"(그렇습니다, 그렇습니다, 그렇습니다) 한다.

"그런데 목사님, 중국대사관에 어떻게 들어갈 수 있다는 건가요?"

"여러분, 탈북자들 아시죠? 심양엔 한국영사관이 있습니다. 거기도 탈북자들이 들어가기가 쉽지 않지요. 그래서 탈북자들을 돕는 단체에서 중국에 있는 외국 언론사들을 불러 오게 한 후 한국영사관 진입을 시도합니다. 마찬가지예요. 광화문에 프레스센터가 있는데 전 세계 언론사가 와 있습니다. 중국대사관에 들어가기 전에 영국의 BBC, 미국의 CNN, 일본의 NHK, 독일 언론 등에 알리고 오게 하면, 중국대사관은 어쩔 수 없이 우리를 받아줄 수밖에 없습니다.

중국대사관도 체면이 있지 않습니까? 아마 내가 알기로, 중화인민공화국 건립 후 타국에 사는 중국인들이 자신들의 원통함을 풀어 달라고 대사관으로 진입하는 건 최초의 사건이 될 겁니다. 그런데도 대사관으로 못 들어간다고 하면, 주한중국대사관은 전 세계적으로 체면이 구겨지게 될 것입니다."

중국인들이 한목소리로 "꿰, 꿰, 꿰" 합창을 했다.

퇴근 후 검도장을 찾았다. 죽도를 들고 결의를 다졌다.

'검을 뽑은 이상, 베어야 한다. 베겠다. 국제결혼 피해를 당한 중국인들, 이들은 보호되어야 한다. 우리나라가 그 눈물을 닦아 주어야 한다. 나는 중국인교회 목사다.

하나님, 이젠 행동해야 할 때라고 여겨집니다. 여러 괴로운 일들을 뒤로 하고 성경 말씀을 생각합니다. 이방인과 고아와 과부를 압제하지 말라(예레미야 7:6), 이것이 하나님의 마음이요 뜻입니다. 검수심법신劍手心法神, 하나님의 이 말씀이 반드시 이 땅에 이루어지게 해주십시오. 제가 정말 이 나라를 망신 주는 민족 반역자입니까? 애국과 반역의 기준이 무엇입니까? 저도 이 땅의 부모님을 통해 한국인으로 태어났습니다. 제가 왜 중국인들을 위해 싸워야 합니까? 우리 민족은 저 중국인들에게 참을 수 없는 고통을 겪어 왔습니다. 민족사만 본다면 증오의 대상이요, 복수의 대상입니다. 그러나 하나님의 눈으로 보면 이 세상 인류는 하나님이 창조하신 한 형제자매 아닙니까? 누구를 향해 돌을 던지고 싶지 않습니다. 하지만 행동하겠습니다. 하나님의 마음, 하나님의 뜻을 외치겠습니다.'

집에 와서 피곤한 몸을 누이고 잠을 청했다.

'하나님, 제 영혼은 평화와 환희를 갈구합니다. 하나님으로 인해 영혼의 환희에 휩싸여 살고 싶습니다.'

반걸음밖에 못 걷는 사람들

태양이 떠올랐다. 중국대사관으로 진입해 농성에 들어갈 준비를 하나하나 진행했다. 목요일이 다가왔다.

'이 사회가 잠시 시끄러워지겠지만 피할 수 없다…. 중국대사관을 잠시 활용해 법무부를 움직이자. 단호하게, 흔들림 없이 가자.'

출입국본부 과장에게서 전화가 왔다.

"목사님, 난리가 났습니다. 국무회의에서 대통령이 법무부장관에게 이런 일이 어떻게 대한민국에서 있을 수 있느냐며 질책했다고 합니다. 장관님이 이 문제를 빨리 해결하라고 지시했습니다. 이제 그만 시위하십시오."

"주사위는 던져졌습니다. 한두 번 속습니까? 출입국 당국이 지금까지 약속하고 뒤집고를 얼마나 반복했습니까? 이번엔 속지 않습니다."

오후가 되어 이호형 목사에게 전화가 왔다. 이번만큼은 다른 것 같으니 시위를 연기하고 법무부 본부가 약속한 것을 믿어 보자고 설득했다.

"이 목사님, 조금 생각해 보고 가부를 알려드리겠습니다."

예배당에 앉아 침묵 속에 생각에 잠겼다. 그리고 이 목사에게 시위를 연기하고 만나 보겠다고 했다. 강성의 처장, 이호형 목사와 함께 과천 법무부 본부에서 과장, 사무관 세 명과 만나 국제결혼 피해자들의 명단을 보며 검토해 나갔다.

인신매매를 당한 중국 여성 등 국제결혼 피해자들에 대한 합법화와 체류 연장이 확정되었다. 본부 과장이 말했다.

"앞으로 전국 출입국관리사무소에 지시해, 다시는 이런 일이 발생하지 않도록 하겠습니다."

과천 법무부 본부 직원들이 교회로 와서 중국인들에게 결과를 알려 주었다. 모두 합법화와 체류 연장 수속을 밟았다. 외국인 등록증을 받아든 중국인들이 내게 감사하다는 인사를 전했다. 나는 답했다.

"워먼스 퉁루런"(우리는 같은 길을 걸어가는, 동로인同路人입니다.)

중국인들이 웃음 가득한 얼굴로 대답을 대신해 주었다.

나는 한때 목사의 길을 포기하고 시골에 묻혀 지낼 때, 우주에 대한 사색에 침잠한 적이 있다. 밤하늘을 보며 우주를 그려 보면서 느껴지는 경이감이 좋았다. 그러면서 이 땅과 역사에 대한 내 생각을 글로 정리했었다. 이 땅에서 한 생명으로 어떻게 살아갈 것인지 생각했다.

우리가 100보 전진을 유토피아 또는 이상적 세계로 설정한다면, 그 목표에 이를 수 있는 사람은 성자이거나 종교적 천재 또는 소수 엘리트

집단이다. 또 50보 전진을 목표로 한다면 어느 정도의 지성과 환경을 갖추고 안정된 삶을 누리는 중산층 이상의 집단일 것이다. 그러나 이러한 목표 설정은 이 세계의 낮은 곳에 처해 있는 이들이 감히 바라볼 수 없는 것이며 그들로 하여금 오히려 깊은 좌절감에 빠져들게 한다. 만일 그들에게 100보 또는 50보를 전진해야 세계의 정상적 일원으로 통합될 수 있다고 한다면, 그들은 이 세상에서 영원히 주변부 인생으로 탄식하며 일생을 소외와 고통 속에서 지내게 될 수도 있다.

역사가 시간의 흐름을 타고 가면서 이들은 그 물결에 치여 쓰러졌고, 몸부림치며 다시 일어서려 해도 그 도도한 흐름에 또다시 넘어져 갔다. 하늘이 내린 생명의 의미를 상실한 채 비탄의 어둠에 잠겨 주저앉았다.

절망인에게는 1보 전진도 요구할 수 없다. '반걸음Half-Step운동'은 바로 이들에게 꿈과 희망과 비전을 주는 철학적 운동이요 사상적 운동이며 구체적인 실천운동이다. 이 운동은 이데올로기적 운동이 아니며 인간 본성의 한 속성인 선한 마음, 잠들어 있는 그 작은 가능성의 씨앗을 싹 틔우는 운동이다. 편견과 차별, 냉소와 멸시라는 우상을 타파하는 운동이다. 소외와 분열의 장벽을 넘어 모든 이들이 한 생명 공동체로 어울려 사는 세상을 만드는 운동이다. 온 우주와 자연 그리고 인간이 함께 생명의 춤을 추는 율려律呂의 세계요 정신이며 철학이다.

역사는 반걸음밖에 나아갈 수 없는 이들에 대해 언제나 잔인한 결별, 잔혹한 버림의 길을 택해 왔다. 그들이 흘린 눈물과 설움과 고통을 온 우주와 이 땅이 목격하고 있었다. 땅도 눈물을 흘리며 괴로워하는 세계로 변해 갔다. 그러나 이제 우리는 인류 역사의 방향과 그 발자취에 대한 근본적 반성과 성찰을 통해, 반걸음밖에 전진하지 못하는 이들과 손잡고 어울려 존재와 생명의 기쁨을 함께 나누는 길을 걸어가야 한다. 그들이 낮아진 열등감과 자존감을 극복하도록 존엄한 생명이요 인격이라는 자각을 하게 함으로써, 내적 상처를 치유하고 역사와 인류를 위해 반걸음이나마 기여하도록 해야 한다. 이것이 바로 역사가 그 가던 길의 방향을 트는 반성이요 회개다.

나는 바람이 불면 몸을 누이는 풀잎 같은 생명이지만, 비바람과 햇빛을 받으며 기뻐하며 생명의 축제에 참여할 것이다. 이 축제의 참여에 어떤 장애물도 있어서는 안 된다.

반한감정, 반중감정 고조

2007년 말부터 2008년 초 중국의 동북공정工程 사실이 한국 사회에 구체적으로 알려졌다. 고구려와 발해의 유적을 중국 지방 정부의 것으로 특정하고 곳곳마다 동북공정의 의지를 드러냈다. 한국 사회의 반발이 커졌다. 교회를 찾는 중국인들 대다수가 한국 사람들에게 상처를 받았으니 중국인들도 그 감정이 좋을 리 없었다. 동북공정에 대한 반발이 확산될 때 교회로 항의 전화가 몰려왔다.

"거기 교회가 한족들이 모이는 교회죠? 이 뙤놈들, 어떻게 고구려를 자기들 역사라고 합니까? 그런 뙤놈들을 교회에서 왜 도와줘요? 다 추방해야 합니다. 에이, 더러운 중국놈들."

"목사님은 민족 반역자예요. 어떻게 그런 중국 놈들을 도와요? 정신 차리세요!"

2008년 북경올림픽을 앞두고 4월 27일 서울올림픽공원에서 출발하는 성화봉송 달리기가 열렸다. 그때 시민단체들이 모여 인권 유린 국가인 중국이 올림픽을 개최할 수 없다며 시위했다. 그런데 이 단체들에 대항하기 위해 중국인 유학생들이 1만 명가량 모여들었다. 오성홍기를 펄럭이며 '독도는 한국 땅, 티베트는 중국 땅'이라 쓰인 현수막을 펼쳐 들고 "중궈 자요우, 중궈 자요우!"(중국 파이팅, 중국 파이팅!)를 외쳤다.

그러다 중국인 유학생들이 북경올림픽을 비판하고 반대하는 한국의 민간 시위대를 향해 각목, 쇠파이프, 음료수, 물병, 돌멩이, 보도블록, 스패너, 쇠망치 등을 마구 던졌다. 서울 한복판 대한민국 심장부에서 중국인 유학생 1만 여 명이 폭도로 변한 것이다. 심지어 유학생들이 각목을 들고 호텔까지 쳐들어가 난동을 부렸다. 한국인들의 여론이 들끓기 시작했다. 격분한 한국인들이 교회로 항의 전화를 했다.

"한국을 동북 3성으로 보나, 아주 안하무인이네. 이놈의 중국 새끼들을 왜 도와줍니까?"

"선생님이 흥분하실 만합니다. 저 중국인 유학생들, 아주 잘못된 행동을 한 겁니다. 그렇다고 한국에 사는 중국인들을 다 저렇다고는 생각지 마셨으면 합니다."

중국 유학생들의 이런 난동은 한국에서만 있었다. 우리와 가까운 일본에서는 이런 난동을 부리지 않았다. 중국인들의 의식 속에 한국은 아주 작은 나라이기 때문일까. 저들은 아직도 한국을 속국으로, 조공을 바치는 나라로 생각하는 걸까. 이것이 중국인의 DNA인가.

북경올림픽을 앞둔 중국은 전 세계에 중국의 부상을 알리고 아편전쟁 후 와신상담하면서 일어선 대국의 위상을 보란 듯이 드러내기 위해 준비에 여념이 없었다. 문명운동도 전개했다. 담배꽁초 버리지 않기, 가래침 뱉지 않기, 신호등 지키기 등 전 세계 손님을 불러놓고 중국의 부족한 면을 보이지 않기 위해 애썼다.

"불심판이 내려질 것이다!"

북경올림픽 열기로 대륙이 달아오르던 시점, 전 중국을 강타한 비극이 발생했다. 5월 12일 사천성에서 리히터 규모 8.0의 대지진이 발생해 대륙이 비탄에 잠겼다. 사망자 6만 9천여 명, 부상자 37만 4천여 명, 행방불명자 1만 8천여 명. 인민들은 통곡했다. 특히 부실한 학교 건물들이 붕괴해 교사들과 어린 학생들이 시멘트와 흙더미에 깔려 생명을 잃었다.

인류의 고통과 비극 앞에 전 세계는 애도를 보냈다. 중국의 인권 유린과 탄압을 비난하던 자유세계 국가들도 지원 행렬에 동참했다. 한국 사회도 들끓던 반중감정에서 벗어나 함께 짐을 나눴다.

교회 피난소에서 대지진 소식을 접한 중국 여성들이 교회로 몰려왔다.

"목사님, 사천성 대지진 뉴스 봤어요?"

"네, 너무 끔찍한 사건이…. 올림픽을 앞둔 중국에 왜 이런 일이 있어났는지, 참으로 안타깝습니다."

"목사님, 우리 교회가 중국인교회잖아요. 사천성 대지진 이재민들을 위해 성금을 모금했으면 해요. 꼭 했으면 합니다. 비록 우리는 한국에서 살지만 중국의 재난에 동참해야 한다고 생각해요."

"그래요, 그런데 여러분들 형편이 다 어려운데 가능하겠습니까?"

"할 수 있습니다. 앞으로 계속 일하면서 어려움들 극복하며 살면 되잖아요. 걱정 마세요."

2008년 5월 18일 주일 예배 후 사천성 대지진 사망자들을 위해 애도하고 성금을 모았다. 그리고 중국 국가를 불렀다.

치라이! 부위앤줘누리더런먼! 起来!不愿做奴隶的人们!
바워먼더쉬에로우, 주청워먼신디창청! 把我们的血肉, 筑成我们新的长城!
쭝화민주다오러쭈이웨이시앤더스허우, 中华民族到了最危险的时候,
메이거런베이포저파추쭈이허우더허우성. 每个人被迫着发出最后的吼声。
치라이! 치라이! 치라이! 起来!起来!起来!
워먼완쫑이신 我们万众一心,
마오저디런더파오훠, 치앤진! 冒着敌人的炮火, 前进!
마오저디런더파오훠, 치앤진! 冒着敌人的炮火, 前进!
치앤진! 치앤진! 진! 前进!前进!进!

일어나라! 노예가 되기를 원치 않는 사람들이여!

우리의 피와 살로 새로운 만리장성을 세우자!
중화민족에 가장 위험한 시기가 왔을 때,
억압받는 한 사람마다 마지막 함성을 외친다.
일어나라! 일어나라! 일어나라!
우리 모두 하나 같은 마음으로,
적의 포화를 용감히 뚫고, 전진하자!
적의 포화를 용감히 뚫고, 전진하자!
전진하자! 전진하자! 나가자!

중국인들이 모두 흐느끼며 준비해 온 성금을 성금함에 넣었다. 현장 노가다, 공장, 야간 일을 하면서 번 돈이다. 계산하니 295만 원이었다. 나는 중국인 교인들의 눈물을 보았다. 민족과 국가의 대참사에 함께하려는 중국인들의 마음을 보았다.

예배가 끝난 뒤 중국인 세 명이 할 이야기가 있다며 나를 찾았다.

"목사님, 오늘 모금한 돈, 중국으로 어떻게 보낼 건지 문의드립니다. 중국 관리들한테 보내면 다 꿀꺽할 겁니다."

"무슨 말인가요?"

"아시잖아요. 중국 공무원들은 틈만 나면, 기회만 생기면 자기 지갑으로 넣습니다. 한국하고는 달라요."

모금한 돈을 정확히 전달할 창구를 찾아야 한다는 말이었다.

"여러분 걱정이 이해가 됩니다. 지금 한국 교회도 사천성 대지진 이재민들을 위해 모금하고 있습니다. 그러니 한국기독교총연합회를 통해 전달하도록 하겠습니다."

이틀 후 중국인 교인 다섯 명과 함께 한국기독교총연합회를 방문해 성금을 전했다. 이 성금은 사천성 지진 피해자와 이재민들에게 한기총의 직접 방문을 통해 잘 전달되었다.

2008년 8월 8일 개최될 북경올림픽의 성공을 기원하는 예배를 드리기로 했다. 손에 들 작은 오성홍기와 태극기를 준비했다. 그날은 중국인 교인들이 특별히 중국의 '당장'(당나라 시대의 옷, 우리의 한복과 같은 의미)이나 '치파오'를 입기로 했다. 교회에 다니지 않는 중국인들도 초청했다.

7월 27일 주일 예배 시간에 예배당이 중국인들로 가득 찼다. 나는 설교 말씀을 전했다.

"북경올림픽은 중국이 세계 속에 자신의 존재를 새롭게 알리는 기회입니다. 중국은 역사적인 대국이지만 세계 조류에 눈뜨지 못해 청나라 말 서구 열강의 침략을 받았습니다. 특히 아편전쟁은 중국인들의 가슴과 자존심에 큰 상처를 냈습니다. 중국은 다시 일어섰고 그것이 바로 이 올림픽입니다. 중국이 진정 대국으로 다시 일어서서 올림픽 정신대로 세계 평화에 기여하기를 소망합니다. 중국인 교인 여러분도 자부심을 가지고 세계 평화를 이끄는 중국이 되기를 기도하시기 바랍니다."

서울중국인교회는 한국에서 살아가는 중국인들 사이에 진정 중국을 사랑하고 중국인을 헌신적으로 돕는 교회로 알려지게 되었다.

드디어 지구촌 평화 축제인 북경올림픽이 열렸다. 아시아에서 일본, 한국 다음으로 세 번째 열리는 올림픽이었다. 중국은 공자를 앞세워 세계인을 맞이했다.

'멀리서 친구가 오니 어찌 기쁘지 아니한가有朋自遠方來不亦樂乎!'

사달이 났다. 한국과 다른 나라가 축구 경기를 할 때마다 경기장에 온 중국인들이 한국 선수들을 향해 야유를 보내며 상대 국가를 일방적으로 응원했다. TV를 보던 한국인들 심사가 편할 리 없었다. 아침에 출근하니 교회 담벼락에 어지럽게 낙서가 쓰여 있었다.

'뙤놈들 돕는 교회, 당장 문 닫으라. 더 이상 도우면 불심판이 내려질 것이다. 중국인교회 목사 양반, 민족 반역 행위를 멈춰라. 이 경고를 듣지 않으면 불 질러 버리겠다.'

지우려 했지만 잘 지워지지 않았다. 교회 문을 박차고 들어와 노골적으로 윽박지르던 한국인도 있었다. 일제강점기 때 만주에서 중국인들에 의해 조선인이 집단적으로 살해된 사건이 있었다. 그때 조선 사람들이 한반도에 사는 화교들에게 집단 보복한 사건이 문득 연상되기도 했다.

화평의 손을 잡고서

그간 서해에서 중국 어선 수백 척이 불법적으로 한국 영해에 들어와 싹쓸이하듯 고기잡이를 해가는 일이 빈번하게 발생했다. 어선 옆구리에 쇠창살들을 달아 놓고 한국 해경들이 접근하면 쇠칼과 몽둥이로 공격한다. 이런 모습들이 TV나 신문을 통해 알려질 때마다 무도한 중국 어부들의 행동에 한국인들의 심기가 불편하기 짝이 없다.

그해 9월 25일 전남 신안군 흑산면 가거도 서쪽 73킬로미터 해상. 한국의 배타적 경제수역EEZ을 넘어와 불법으로 조기잡이하던 중국 어선떼가 있었다. 목포해양경찰서 소속 해경이 불법어로를 단속하기 위해 출동했다. 불법어로 중국 어선들은 단속하려는 한국 해경을 향해 맹렬하게 저항했다. 그러다 박경조 경위가 삽에 수차례 가격당해 바다에 떨어져 숨지는 사건이 발생했다. 한국 사회는 격앙했다. 한국인들의 분노에 기름을 부은 격이 되었다.

2008년 성탄절을 맞아 '한·중 양국민의 화해와 용서를 위한 성탄절 예배'를 드렸다. 서울중국인교회는 이때부터 매년 이 주제로 성탄절 예배를 드려 왔다. 그리고 성탄절 헌금 전액을 고 박경조 해경의 유족에게 보내고 있다. 첫해 헌금 액수는 140만 원. 한국 교회에 헌금에 비하면 작은 액수지만 한·중 간 화평을 소망하는 중국인 교인들의 진실된 마음이 녹아져 있다.

서울중국인교회는 초창기부터 예배당 십자가 좌우에 태극기와 홍기를 걸어 놓았다. 이것이 우리 교회의 상징이다. 십자가를 중심으로 한국과 중국이, 한국인과 중국인이 영원히 화평의 손을 잡고 나아가자는 취지다.

2010년 새해 마음속에 담고 있던 바를 교인들에게 밝혔다.

"우리는 중국인입니다. 한족 중심의 교회입니다. 역사적으로 한족과 조선족의 미묘한 민족 감정과 갈등이 있는 것이 사실이고 현실입니다. 그렇다고 이런 상황을 방치해서는 안 되겠습니다. 먼저 사랑합시다. 한족이 먼저 나서서 조선족에게 화합의 손을 내밀었으면 합니다. 조선족 노인정에 계신 할머니 할아버지들을 모시고 설날에 떡국도 대접하고 세배도 하면서 '한족과 조선족의 화합과 공존'을 위해 노력했으면 합니다. 매년 설날을 이렇게 보냅시다. 금년 설날부터 우리 교인들이 1인당 1만 원씩 모아 이 행사를 해나가십시다."

중국인 교인들은 이 같은 제안을 받아들였다. 그러나 두 명이 반대의사를 표명했다.

"목사님, 왜 우리가 그런 행사를 해야 합니까? 한국에 살면서 조선족에게 당한 일이 얼마나 많은데요. 게다가 돈까지 내라고요? 못합니다."

나는 묵묵히 듣고만 있었다. 이 일로 결국 그 두 명은 교회를 떠났다. 안타까웠다.

그러나 나는 동요하거나 물러서지 않았다. 서로 무시하고 멸시하는 그런 관계를 풀고 싶었다. 다문화, 다인종시대에 들어선 한국에서 화합과 공존을 모색하는 일이 꺾이거나 포기되어선 안 된다고 생각했다.

2월 15일, 제1회 '한족과 조선족의 화합과 공존을 위한 설날 행사'가 열렸다. 중국인들이 조선족 어르신들에게 정성스레 떡국을 만들어 대접했다. 중국 여성들이 어르신을 향해 "새해 복 많이 받으세요"라며 세배를 드렸다. 교인들이 쌀 열 포대를 노인정에 전달했다. 조선족 노인정 김시진 회장이 발언했다. 그의 증조할아버지, 할아버지, 아버지 모두 만주에서 항일독립투쟁을 했다.

"중국인 여러분, 이 노인들을 이렇게 초청해 따듯하게 맞이해 주어 감사합니다. 우리는 다 같이 중국에서 태어나 자랐습니다. 한족과 조선족 간에, 특히 한국에 사는 한족 여러분이 더러 우리 조선족으로 인해 어려움을 겪고 있다는 이야길 들었어요. 오늘 이 자리가 한족과 조선족이 손을 맞잡고 다시 새롭게 희망을 만들어 나가는 자리가 되었으면 합니다. 우리 어른들이 여러분의 보호막이 되고자 남은 힘을 쏟겠습니다. 모택동 주석은 우리 조선족을 품어 주었고 연변자치주도 허용해 주었습니다. 우리도 이와 같이 함께 공존하고 화합하는 길을 가겠습니다."

동북아 평화를 꿈꾸며

서해, 남해, 동해는 동북아 화평으로 물결쳐야 한다. 한국은 동북아 화평의 발신지요 발원지가 되어야 한다. 해가 떠오르는 땅끝으로 이동하고 또 이동해 우리 조상들은 한반도 안팎에 삶의 터전을 일구었다. 태양을 그리워하고 닮고 싶은 순백의 마음을 간직한 백의민족이 되었다. 지구상 모든 생명체를 살아 움직이게 하는 에너지의 근원 태양을 바라보며 이상을 꿈꿨다. 한반도는 동서남북으로 인류애와 평화가 흘러 퍼져나가는 제단이다.

민족의 사상가 함석헌은 강대국들에 갈갈이 찢기고 짓밟힌 우리 민족사를 '수난의 여왕'이라 했다. 이제 수난을 딛고 일어선 한국은 아시아와 세계를 향해 자유와 민주, 평화와 인권, 인류애와 공동번영의 빛을 비추어야 한다. 이것이 대한민국이 마땅히 역사에 기록해야 할 내용이기 때문이다.

2014년 9월 서울중국인교회 창립 11주년 기념 예배 때 나는 중국인 교인들과 함께할 구상을 꺼냈다. 동북아 평화를 위한 '겨자씨운동'이다.

사랑하는 중국인 교우 여러분! 우리는 아시아인입니다. 좁게 말하면 동아시아에서 함께 살아가고 있습니다. 동아시아의 진정한 평화는 한반도가 통일되었을 때 가능합니다. 지금 동아시아는 한·중·일이 역사·영토 문제로 갈등하고 있습니다. 한·중·일은 문文·사史·철哲을 공유하고 있는 동일 문화권역입니다. 그런데 동북아 삼국은 공동평화·번영지대를 구상하고 세우기 위해 머리를 맞대기보다는 대립하고 충돌하고 있습니다.

우리 교회는 이 사회에 화평의 씨앗을 뿌리기 위해 계속해서 힘써 왔습니다. 이제는 동아시아에 평화의 씨앗을 뿌리는 일을 시작해야 합니다. 저는 중국인이 한국인의 진정한 친구, 동로인이 되었으면 합니다. 또한 한국인이 중국인의 진정한 친구, 동로인이 되었으면 합니다. 나아가 한국과 중국이 진정한 친구가 되면 참으로 좋겠습니다.

우정이 무엇입니까? 친구의 꿈을 함께하고 축복하고 격려하며 돕는 것입니다. 한국인의 꿈이 무엇입니까? 한반도 통일입니다. 여러분에게 제안드리는 바, 이 통일을 위해 우리가 작은 기여를 시작했으면 합니다. 우리 중국인 교인들이 매달 천 원씩 '한반도 통일 겨자씨 헌금'을 했으면 합니다. 예수님께서는 하늘나라에 대해 비유로 말씀하시며, "천국은 마치 사람이 자기 밭에 갖다 심은 겨자씨 한 알 같으니 이는 모든 씨보다 작은 것이로되 자란 후에는 풀보다 커서 나무가 되매 공중의 새들이 와서 그 가지에 깃들이느니라"(마태복음 13:31-32)고 하셨습니다.

하나의 불씨가 요원을 태운다는 말이 있습니다. 우리의 헌금운동이 한반도 통일과 동북아 평화의 불씨가 되리라 믿고 소망합니다.

중국인 교인들이 모두 "아멘" 했다. 그 아멘이 앞으로도 서울중국인교회의 새벽종이 되어 울려퍼질 것이다.

끝으로 프란체스코 성인의 기도가 이 땅 모든 교회의 발걸음이 되기를 기도한다.

주여, 나를 평화의 도구로 써주소서.
미움이 있는 곳에 사랑을
상처가 있는 곳에 용서를
분열이 있는 곳에 일치를
의혹이 있는 곳에 믿음을 심게 하소서.
오류가 있는 곳에 진리를
절망이 있는 곳에 희망을
어둠이 있는 곳에 광명을
슬픔이 있는 곳에 기쁨을 심게 하소서.
위로받기보다는 위로하고
이해받기보다는 이해하고
사랑받기보다는 사랑하고
주님을 온전히 믿음으로 영생을 얻기 때문이니,
주여, 나를 평화의 도구로 써주소서.

포토 앨범

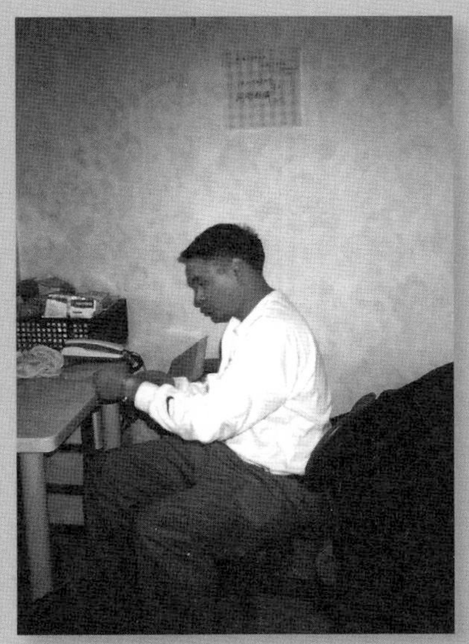

이화여자대학교에서 열린 '북한인권 · 난민문제 국제회의'에 참석한 각국의 인권운동가들.
여기서 중국 민주인사 쉬버를 만나게 되었다. 1999.12.

고려대학교 근처 안암동에서 지내던 쉬버.

《红色法西斯》

《二十一世纪—中国为什么拒绝共产主义》

目 录

쉬버가 집필한 〈붉은 전제주의〉 목차 일부.

쉬버(왼쪽)와 정평성. 양주군 유양리에서 함께 지낼 때 집 근처 산에 올라.

유양리 저수지에서 버마 민주화운동가 내툰나잉(왼쪽)과 르윈.
내툰나잉은 아웅산 수지 여사가 한국을 방문했을 때 그를 수행할 정도로 장차 버마의 중요한 정치 지도가가 될 청년이었는데 안타깝게 2015년 심장마비로 사망했다.

In fact, the Korean government has never granted political asylum to a foreigner in the past, although it joined the U.N. convention on refugees six years ago."

Times Weekender

The Korea Times is on the Internet at http://www.koreatimes.co.kr
Subscriber Service: (02)724-2359, 734-0075
Fax: (02)732-4125, 739-5090

THE KOREA TIMES FRIDAY, DECEMBER 17, 1999

One 'Revolutionary' Book Changes Man's Life

Korea Times
Xu Bo, a Chinese fugitive, elaborates on his ordeals at a Korean patron's home in a city near Seoul, Wednesday.

By Son Key-young
Staff Reporter

Xu Bo, 38, was an ordinary man who once ran a car repair shop in the southern Chinese province of Guizhou. Right after his graduation from a local college, he also showed off his ability as a businessman by transforming a money-losing restaurant into a lucrative one.

However, his secret pastime has completely changed the way he lives, turning him into a fugitive wandering here since last January in search of shelter to avoid political persecution by Beijing.

An avid bookworm, Xu found something seriously wrong with the official history book of the Chinese Communist Party and his further independent research made him become disenchanted with the current Chinese ruling class, currently in power in the name of socialism or communism.

In 1997, he began authoring "Red Fascism," a revolutionary book which harshly criticized China's Communist regime for manipulating historical facts to glorify what he called a fascist regime. In addition, he is of the view that Maoism and Marxism have brought great calamities to humanity and hampered the advance of human civilization.

However, his efforts to publish the 535-page book in China were discovered by Chinese law enforcement authorities. After receiving a tip that his arrest was imminent, he left his hometown pretending to be a tourist planning to visit Korea.

During his stay here, he knocked on the doors of the U.S. Embassy and subsequently the Canadian Embassy seeking asylum, only to be rejected. Finally, he lodged his asylum application with the Korean government but received no reply despite the lapse of several months.

His fate sent him to an inn in a back street of Seoul and then to a supporter's basement apartment in a small city near Seoul. According to those close to him, he spent several months here eating only noodles.

At present, Xu is staying here waiting for a safe haven to accept him. He feels Korea is no place to live in because of its indifferent attitude toward fugitives like him.

Choe Hwang-kyu, a Korean man who currently looks after him, said he met Xu at a seminar on North Korean refugees early this month and decided to help him out of his humanitarian compassion.

According to Choe, Xu is a "great theoretician" who wrote a "monumental work of human history." However, Xu's academic achievement still requires further scrutiny by experts.

The Korea Times interviewed Xu at his shelter in a city near Seoul.

"I was motivated to write the book because I became deeply suspicious of the official history of the Chinese Communist Party," he said.

According to the official history, Communist Party-affiliated troops killed 527,000 Japanese soldiers during the Chinese struggle against Japanese occupation forces in the early part of this century. However, Xu said the number was exaggerated to a ridiculous degree after he discovered that Kuomintang forces played a major role in the struggle, while Communist forces only engaged in minor battles against the Japanese.

Xu says his book also deals with the Communist government's land reform, Mao Zedong's ideologies and many other historical incidents with the aim of providing the Chinese people with the truth.

Asked about his future plans, Xu said in a humble manner, "I want to leave Korea because I don't want to cause trouble for the Korean government." However, his supporters have said that he was deeply disappointed with the Korean government's attitude toward asylum seekers or refugees like him.

In fact, the Korean government has never granted political asylum to a foreigner in the past, although it joined the U.N. convention on refugees six years ago. A government official has even said that if Korea granted political asylum to a foreigner, there would be a large-scale influx of refugees.

Xu flew into Seoul on Jan. 13 by joining a tour group consisting of Chinese herbal medicine practitioners.

Originally, Xu sought to fly to Austria, but it was impossible for a Chinese citizen to make an independent visit to a foreign country freely. Therefore, he joined the tour group to leave China as soon as possible.

Xu was born in Xu Shan County, Guizhou Province, on Dec. 2, 1961, and graduated from the Guizhou Institute of Finance in 1990. He majored in business administration.

(Continued on Page 8)

〈코리아 타임즈〉에 실린 쉬버에 대한 기사. 1999.12.17.

어느 중국 반체제 젊은이의 절망

'중국 민주당'서 활동한 '쉬뷔', 정치적 난민 요구에 한국 정부 거절

중국 반체제 운동가 쉬뷔

한국은 외국인 난민에게는 지옥인가. 정부는 오는 5월부터 불법체류자를 강제 출국시키는 등 불법체류 외국인에 대해 종전보다 강력한 조치를 취할 방침이어서 실낱 같은 희망을 안고 한국으로 숨어들어온 외국인 망명객들이 더욱 어려운 상황에 처할 전망이다.

한국은 1993년 3월 유엔난민협약(유엔난민지위에 관한 51년 협약 및 67년 의정서)에 가입한 이래 지금까지 7년 동안 단 한 건의 외국인 정치 망명자를 받아들이지 않았다. 이에 따라 외국인 인권에 관심을 가진 소수의 민간단체나 개인들이 인도적 차원에서 외국인 난민들을 돌보아주고 있는 형편이다.

우리 나라의 출입국관리법은 입국자가 60일 이내에 정치적 난민 신청을 하도록 규정돼 있다. 이 때문에 본국에서의 체포 및 구금을 피해 황급하게 국내로 들어온 난민들은 이것을 제대로 알고 이행하기가 어려운 형편이 된다. 그러다 후일 망명을 신청하려 하면 이미 망명신청 기간이 지나 있으며 이 때부터는 불법체류자로 변한다. 게다가 이들이 끼니를 해결하기 위해 일자리를 갖게 되면 이들은 불법취업자의 신세로 전락하고 만다.

정치망명자 단 한 명도 안 받아들여

중국의 반체제 젊은이 쉬뷔([illegible] · 38)는 경기도 양주군의 한 가정집 지하방에서 '나홀로 NGO' 활동을 하고 있는 인권운동가 최황규씨와 함께 지내고 있다. 쉬뷔는 언뜻 보기에 2평도 채 안 되는 작은 방에서 숙식을 해결하고 있다. 쉬뷔는 지난해 말 이화여대에서 열린 난민문제에 관한 학술회의에서 우연히 최씨를 만났다. 이 자리에서 쉬뷔는 처음 보는 최씨에게 "제발 좀 몸을 붙여 살도록 해달라"고 읍소했고, 최씨는 "살 곳이 어려우면 함께 지내자"고 대답하면서 이들

6면에 걸쳐 상세히 난민 문제를 다룬 〈뉴스메이커〉 기사. 2000.3.30.

09/30/2002

Honorable President Kim Dae Jung:

I am Wei Jing Sheng, the President of "Overseas Chinese Democracy Coalition." Among exiled dissidents from all over the world, yours and my name are well known. And we have lots common friends, such as the former U.S. Assistant Secretary of State for Democracy, Human Rights & Labor, Mr. Harold Hongju Koh, or Professor Burns of University of Iowa. For this reason, I am writing directly to you.

The day when your pro-democracy movement had achieved victory in Korea, we were all rejoicing at your achievement. I remember, after viewing the retrenched news flash at my jail cell, the excitement made me sleepless. Even today, people generally agree that your victory is a milestone in history of democratic process in Asia and the Third World in general; it is the victory for all democrats alike.

Although people have diverse opinion on your governance; and despite the fact representatives of your country's delegation at Commission on Human Rights in Geneva have had rather weak and disappointing conduct. In spite of everything, friends are still advocating for your democratic government, actively backing your new born democratic government's international image, and yours, as the most prominent democratic activist. We consider this is friends from the same trench could do for each other at least.

Hence, when I heard that the Ministry of Justice of Republic of Korea prohibited "Overseas Chinese Democracy Coalition" – Korea Division from activities, and threatening the responsible Mr. Xu Bo, to expel him to China, I first did not believe it. I spend a week to investigate, and after it was revealed from Korean and Japanese news papers, I still cannot believe it.

Yet, this is the truth, an astounding truth. A democratic government; a government of a democratic country that just emerged from arduous struggle, a government that is appealing the international community for assisting refugees from its other half land who are escaping from tyranny. This government could sell its friend, to expel a brother of same destiny, a victim for advocacy of democracy and human rights to the hands of a totalitarian tyrant.

I have just finished a letter, before the American Assistant Secretary John Kelly leaves for North Korea; I suggested to him some ideas regarding the Korean Peninsula and human rights. And now I am writing this letter, to face such unbelievable reality. My language may not be appropriate, I apologize in advance.

The Overseas Chinese Democratic Coalition

President

Washington D.C. office: 888 16th Street, N.W., Suite 400, Washington, D.C. 20006 . Phone: 202.974.8395 . Fax: 202. 974. 8396

법무부 난민 당국이 쉬버를 추방하겠다고 위협했을 때,
중국민주운동해외연석회의 웨이징셩 주석이 김대중 대통령 앞으로 보낸 항의서한.
2002.9.30.

경희대학교에서 열린 〈KBS 노래자랑〉에서 송해 선생과 함께. 2000.9.11.

효창운동장에서 열린 제2회 중국 동포와 함께하는 〈KBS 노래자랑〉에
3만여 명이 운집한 모습. 2001.10.3.

노래자랑을 마치고 8천여 동포가 함께한 한민족평화대행진. 2001.10.3.

동북아신문

2001년 6월 22일 호외 1호

조선족의 미래는 조선족의 힘으로

발행 | 동북아신문 발간 준비위원회　　주소 | 152-056 서울특별시 구로구 구로6동 98-15　전화 | 02-837-2540

31일까지 법무부, 경찰 합동단속

구로, 대림, 가리봉, 독산, 신도림, 안산, 수원, 대구, 마산, 창원 등 전국적

'95 단속이래 최대, 단속 이틀만에 각 출입국관리소·화성외국인보호소 넘쳐

서울조선족교회 서울출입국관리소 앞 농성, 서경석 목사 해결될 때까지 단식

단속 첫날 저녁 10시경 서울출입국관리소 전경. 5층이 보호소이고 불이 켜진 곳이 이번 단속을 현장에서 지휘한 조사과이다.
출입국관리소 1층 현관에 쌓인 조선족동포들의 소지품. 우산과 가방, 시장을 보고 왔는지 파와 오이, 요구르트, 휴지도 보인다(좌측하단)

6월 18일부터 법무부, 경찰, 국정원이 불법체류자 합동단속에 나섰다. 서울의 경우, 서울출입국관리소 조사과가 중심이 되어 서울지방경찰청 형사기동대 20여명, 각 경찰서 외사과 소속 형사들과 함께 무차별단속을 하고 있다.

제보자에 따르면 18일(월) 저녁 7시 30분 가리봉 시장 앞에서는 사복경찰과 정복경찰이 2인 1조가 되어 "주민등록증이 있느냐?" 물어본 후 없다고 하면 근처에 세워놓은 버스에 무조건 태워 30분만에 50여명을 단속해갔다고 한다.

단속은 구로, 가리봉 등 서울지역만은 아니다. 수원, 안산 등 비교적 조선족들이 많이 사는 동네와 시장 주변에 하루 30분에서 한 시간정도 집중적에선 집에까지 경찰이 들어와 검문을 하기도 했다고 한다. 이렇게 단속된 인원이 얼마나 되는지 파악하기 힘들지만 각 출입국관리소와 정원이 100명인 화성외국인보호소는 단속 이틀만에 만원이 되었다. 이러한 상황은 전국적인 것으로 보인다. 대구, 마산, 익산 등 단속 제보가 끊이지 않고 있다.

이에 대해 서울조선족교회(담임목사 서경석)는 19일 성명서를 내고 서울출입국관리소 앞에서 무기한 농성에 들어갔다. 특히 서경석 목사는 20일(수)부터 법무부가 조선족동포에 대한 무차별 체포, 추방을 멈출 때까지 단식을 하며 항의하기로 했다.

한편, 19일 오후 1시부터 5시까지 진행된 규탄집회는 서울조선족교회 교역자와 한국국적을 취득한 인데 마구잡이로 추방되면 죽음밖에 길이 없다' '자진출국하라면서 마구잡이추방 웬말인가' '1인당 천만원 송출비리 방치하고 빚지고 온 조선족만 죽음으로 내몰고 있다' 등 구호를 외치며 조선족동포들에 대한 무차별 추방을 중단하라고 하였다.

이날 농성자들은 이번 단속을 지휘한 서울출입국관리소 조사1과 박영순 과장의 "조선족동포들이 주로 거주하는 가리봉, 대림, 구로, 독산동, 안산 등 지역에서 마구잡이 단속을 하지 않겠다"는 대답을 듣고 일단 물러났다.

그러나 서울조선족교회는 사태를 지켜보면서 법무부가 공식적인 문서로 무차별단속을 하지 않겠다고 표명할 때까지 매일 정오 12시부터 오후2시까지

〈동북아신문〉 호외 1호. 2001.6.22.

동북아신문의 정신
조선족을 대변함
민족의 화합을 추구함
동북아의 평화를 주창함

발행인 서경석 | 편집주간 최황규
주 소 서울시 구로구 구로6동 96-15
전화 837-7540 | 팩스 857-7266

2001년 10월 8일
隔週刊

동북아신문

東北亞新聞 www.dongbukanews.com

조선족 자유왕래 실현돼야한다

더이상 동포들의 아픔을 외면해선 안돼
21세기 한민족 活路 고려 해결책 찾아야

1천만원 입국비용, 불법체류, 강제추방, 가정파괴, 조선족 공동체 해체위기, 끝없는 밀입국, 여권위조, 무국적자, 임금체불, 인권피해 등….

동포들이 겪는 지옥같은 고통은 자유왕래만이 해결책임을 뜻있는 인사들은 밝히고 있다.

이제는 한국사회도 동북아라는 큰 시각에서 21세기 한민족의 활로를 고려할 때 자유왕래를 진지하게 논의할 때가 되었다.

〈관련기사 3, 4, 5, 6, 12, 13면〉

테러희생자의 명복을 빕니다

동북아신문은 최근 발생한 미국의 테러사태와 관련, 희생자들과 슬픔에 잠긴 유가족들에게 깊은 슬픔과 애도를 표합니다.

인류와 세계의 평화에 반하는 테러를 우리는 반대합니다.

동북아신문은 평화를 사랑하는 모든 세계인들과 함께 다시 한번 희생자들과 유가족에게 위로를 드립니다.

지난 7월 9일 조선족 동포 무차별추방에 항의, 한국기독교100주년기념관에서 집단단식에 들어간 1500여명의 동포들. "조선족 동포는 불법체류 외국인 노동자가 아니라 껴안아야할 우리 동포"라는 김대중 대통령의 언급을 상기시키면서 동포들의 고통을 더 이상 외면하지 말 것을 호소하고 있다.

조선족 동포를 위한 추석대잔치

본사 주최, 3일 효창운동장서 열려

국내체류 15만 조선족 동포를 위한 추석 대잔치가 민족의 축제로 자리잡아 가고 있다. 동포를 위한 추석 대잔치는 KBS, 문화관광부, 지하철공사, 시민사회단체, 종교계가 후원하고 지원하면서 명실상부한 한민족의 축제가 되어가고 있다. 특히 2001년 제3회 한가위 대잔치는 중국의 연변TV가 현장 취재를 하고, 기타 동북삼성의 조선족 신문 등이 앞다투어 취재함으로서 한국 사회와 조선족동포가 함께 참여하는 뜻있는 '한민족 축제'로 발전하고 있다.

국내 최초 외환은행과 본사 특약

조선족 동포에게 신용카드 발급 (오른쪽에 견본)

주요기사 안내

국내 체류 조선족 대상 최초의 정론지 〈동북아신문〉 창간호. 2001.10.8.

서울중국인교회 창립 1주년 기념 감사헌신예배 때 설교하는 생전의 방지일 목사.
그는 중국이 공산화되기 전 산동성에서 오랜 세월 선교사로 활동해,
서울중국인교회에 대한 애정이 컸다. 2004.9.5.

倡议书

为了爱的事业所倡导——

亲爱的在韩华人同胞们，值此新春佳节之际，借此机会向您们及您们的家人拜个年，祝大家在新的一年里，身体安康，事事顺意，财源广进，早日与家人团聚！

亲爱的同胞们，我们同是华夏子孙，我们的同胞兄弟，姐妹们在异国他乡您的身边遭受迫害，凌辱，欺压，虐待，软禁及暴力的时候，你会做出怎样的举动呢？

我想，我们是有同感的。想骂对方听不懂，想打又犯法，想帮助又说不出来。我们只能忍气吞声。可是事情到了忍无可忍的时候怎么办呢？

我来到韩国已经跨了6个年限了。到了韩国后，在朋友的介绍下来到了"首尔中国人教会"（加里峰洞，加里峰市场里），这几年来，我看到了中国结婚移民女性，一件件触目惊心，惊心动魄，举不胜举的案例，真是让人气愤至极！6年来，我又全然了解这个教会成长的历程，两位牧师（崔晃奎主任牧师，男；宋明穗牧师，女）他们同是韩国人，让人感动的是，他们不仅为中国人传福音，还为这些受苦受难的兄弟姐妹解决了各种疑难问题。他们为了这些人放弃了高薪、高职、殊荣，同时也放弃了人生最美好的东西，他们无怨无悔的在奉献。为帮助重病的中国人住院治病，病人痊愈后，无声无息的走掉了，可是一笔巨额治疗费照成了牧师在韩终身信誉不良。他们每月只有50万韩币的收入，他们为什么这么做呢？是为了更多的中国人接受到神的福音，早日从那没有人权的束缚中解放出来。一次又一次的挽救了绝望中的女性，可是被救者们又悄然离去，杳无音信。他们费尽心思，为了这些人他们彻夜难眠，一遍又一遍的写请愿书递交韩国法务部；一次又一次的接到了恶意诽谤和威胁恐吓的电话。有的女方丈夫来到教会，向牧师大打出手。他没有妥协，仍然坚定不移的往前走；一次又一次的陪同教友接受调查时，当场就被指责问"你究竟是韩国人还是中国人，为什么要帮中国人说话"？他毅然地回答"无论我是哪国人，我都会站在公平、公义、公正的角度说话，我要保护他们直到寻找到公平、公义、公正为止　"。还有朝鲜族同胞们，您们知道您和您的家人们出入韩国怎么那么自如？您哪里知道那是崔晃奎牧师等人与韩国政府、法务部斗争了四年的结果。您们今天的幸福是他用青春热血换来的。

现在，教会不仅为了结婚移民女性排忧解难，更重要的是为了中·韩友谊，为了和谐社会，为了人们寻找到智慧的人生，生命的延续，一直做不懈的努力。

在这个教会里，每个信徒的右手都带有绿色的手镯，它是和平，和谐，友谊的象征。为了四川赈灾，大家都踊跃参加募捐活动；为了朴庆祚海警被非法捕捞者打死，每年的圣诞节都要募捐，供给他的两个儿子上学，直到大学毕业为止；为了朝鲜族和汉族之间日益恶化的矛盾，每年春节都要邀请朝鲜族老人来教会和大家一起过年，这是为什么呢？这是为了化干戈为玉帛，这是为了和平，和谐共处。虽然教会不算太大，但所做的一切和一切的出发点在韩众多的教会中是无与伦比的。

随着这个教会日益壮大，牧师及教友们每天都祷告，求神给预备一个宽敞明亮的礼拜堂。感谢神！垂听了众人的祈求，而且应允了大家的祷告。最近在大林洞11号出口找到了新的住址，一切都很如意。那么，现在是万事俱备只欠东风了。

上个礼拜日，我来到了教会，教友们都很积极发言表示为迁移新址募捐。其中一位60多岁的长者，他没有固定收入，但自愿捐助100万韩币；真是难以致信。还有一个女孩主动捐助200万韩币；非法滞留者也踊跃捐助；韩国女教友主动捐助200万韩币；更受感动的是有位初次来这个教会的新教友（男，中国抚顺人）了解教会简历后，他感慨的说"这不是韩国教会，非但不光是中国结婚移民女性的教会，这也是全体来韩中国人的教会，我也是堂堂正正的中国人，也要捐助100万韩币"听到的人都为之振奋！无不为之震撼！

这次搬迁虽然有一点难度，可现在韩有65万之多的中国人，6000万韩币也不过是九牛一毛。有几家包括三星集团副董事长主动慷慨相助；一家著名钢铁公司董事长也伸出援助之手，可都被婉言谢绝了。原因是我们要让全韩国人知道我们中国人在韩的凝聚力有多么强。要靠自己，建立属于我们中国人自己的教会。

为此，我思绪万千！两位牧师（神的仆人）为了我们外国籍人和本国政府对抗，他们付出的太多太多了！如果世界上的人都向他们一样，世界会变得何等美好啊！那么被帮助过的人们和即将接受帮助的人们，还有全体来韩中国人，大家能不为止而震撼吗？圣经上讲"朋友为患难而生"在这种情况下，哪个中华儿女能袖手旁观呢？

感谢大家在百忙中看完这封倡议书，愿爱无条件的洒满人间！愿神的恩典大大的临到众人！

首尔中国人教会一个信徒
2010年2月7日

교회 이전을 중국인 스스로의 헌금으로 하자고 호소하는 중국인 교인들의 창의서.
2010.2.7.

중국 동포타운신문

G20 SEOUL SUMMIT
G20정상회의 11월 서울 개최
성공적인 행사가 되길 기원합니다

제186호 2010년 11월 1일~15일 (격주간)
2003년 8월 23일 창간 · 등록번호 구로다-00802 · 발행처 (주)동포타운신문사
대표전화 02)837-4470 팩스 02)837-4407 이메일 dongpotown@naver.com

8 | 사회 제186호 2010년 11월 5일 발행

"내가 왜 위장결혼자?" 중국여성 헌법소원으로 누명벗어

결혼이민여성들, 헌법소원 선고에 큰 의미 부여 … 기념대회 개최

헌법재판소 9명 만장일치 "수사기관이 헌법정신의 평등권과 행복추구권 도외시했다" 선고

지난 10월 24일 영등포구 대림동 서울중국인교회(최황규 목사)에서는 결혼이민여성들에게 매우 기쁜 행사가 열렸다. 2년전인 2007년 10월 6일 한국남성과 결혼으로 한국에 들어온 중국여성이 남편에 의해 하룻밤만에 쫓겨나 오갈데도 없는 상태에서 남편의 신고로 위장결혼자로 몰려 불법체류·강제추방 위기에 몰리게 되었다. 이 여성을 극적으로 구해주게 된 것은 서울중국인교회에 오게 되면서였다.

최 목사에 의하면, 마사지업소를 운영하는 사장이 종업원이 없자 아는 한국인에게 중국여성과 위장결혼을 해주면 매달 100만원씩 생활비를 주겠다고 제안하였고 이에 동의한 한국인이 중국여성 왕모씨와 만나 결혼을 한 것이다. 그러나 중국여성은 진짜 결혼으로 왔고 전후내막을 전혀 몰랐다. 마사지업소 사장은 이 여성이 한국에 오면 마사지업소에서 종업원으로 일을 시키려고 한 것이다.

한국에 오자마자 마사지업소에 일하도록 강요를 받은 왕씨는 당황할 수밖에 없었고, 사기결혼에 말려든 것을 알게 된 것이다. 하루밤도 더 이상 함께 있을 수 없는 상황에서 왕씨는 가출을 할 수밖에 없었다. 가출 10여일만에 도움을 구하고자 2007년 10월 17일 서울중국인교회를 찾아가게 된다. 그래서 외국인등록증을 낼 수 있었지만, 이미 위장결혼자로 몰린 왕씨는 경찰조사에서 자신이 위장결혼이 아니라고 항변했지만 한국인 남편과 중간 알선자는 위장결혼을 시인하였다. 억울한 이 여성의 목소리는 누구도 들어주지 않았다. 담당 검사는 2008년 9월 여러 사정을 살펴봤을 때 공모한 사실이 명확하다며 기소유예 처분을 내린 것이다.

서울중국인교회 결혼이민중국여성들이 피켓을 들고 헌법소원 승소 축하대회를 펼치고 있다.

이에 서울중국인교회는 2008년 11월 17일 왕씨가 변호사를 통해 헌법소원(기소유예처분취소 청구)을 하도록 도왔다. 그리고 이 여성이 헌법소원을 하고 출입국관리소에 체류연장을 신청했으나 6개월 정도 연장을 해 준 이후에는 '감히 헌법소원을 했느냐?'며 출입국관리소는 연장을 해주지 않아 이 여성은 현재 1년넘게 불법체류상태에 있었다고 최황규 목사는 말한다. 이 사건을 두고 수사기관과 팽팽한 줄다리기가 있었던 것이다.

소송이 2년 가까이 진행된 결과, 헌법재판소는 왕씨의 손을 들어주었다. 지난 9월 31일 헌법재판소는 "헌법정신의 평등권과 행복추구권을 수사당국이 도외시했다" 는 내용의 선고가 내린 것이다. 헌법재판소 9명의 헌법재판관들은 최근 전원일치로 이 여성이 위장결혼이 아니라는 결정을 선고하였다. 헌법재판소는 10월 5일 법무부장관과 검찰총장 앞으로 선고문을 통보했다고 한다.

10월 중순경 헌법재판소로부터 선고문을 받은 서울중국인교회는 이를 기념하여 24일 기념대회까지 치루게 된 것이다.

서울중국인교회는 성명서를 통해 "(이번 헌법소원 승소는) 대한민국의 양심의 승리" 이며 "이 판결로 헌법재판소는 한 인간의 생명에 대한 중요성과 가치를 드높였다" 고 밝혔다.

/편집국

※헌법소원(憲法訴願)이란?

헌법정신에 위배된 법률에 의하여 기본권의 침해를 받은 사람이 직접 헌법재판소에 구제를 청구하는 일.
정식으로는 헌법소원심판청구라고 한다. 공권력의 행사 또는 불행사로 인하여 헌법상 보장된 기본권을 침해받은 자가 제기하는 권리구제형 헌법소원과 법원에 위헌법률심판제청신청을 하였으나 기각된 경우에 제청신청을 한 당사자가 헌법재판소에 제기하는 규범통제형 헌법소원으로 나뉜다. 헌법재판소법 제5절 헌법소원심판에 청구사유, 청구기간, 청구서의 기재사항, 사전심사, 각하 또는 결정 등에 관하여 상세히 규정하고 있다. 주요내용은 다음과 같다.
헌법소원은 다른 법률에 구제절차가 있는 경우에는 그 절차를 모두 거친 후 변호사를 선임하여 하도록 되어 있다.
헌법재판소의 결정은 누구도 바꿀 수 없는 규범이 되기에 이번 결혼이민여성 헌법소원 승소는 결혼이민여성 역사상 획기적 사건이라고 할 수 있다.

결혼이민 여성들에게 희망을 찾아준 헌법소원 승소에 관한 〈중국동포타운신문〉 기사.
2010.11.1.

大紀元時報

史上首例 韩宪法法院判中国新娘胜诉

위장결혼이라는 누명이 헌법소원을 통해 무죄로 입증된 일이
중국 현지 언론을 통해 대륙에도 알려졌다. 2010.10.28.

한국일보

2014년 07월 28일
06면 (기획)

결혼 이주 中여성 상처 보듬고 한중 마음의 벽도 깨요

국내 거주하는 중국인들을 돕고 있는 서울중국인교회 최황규 목사는 "한국과 중국의 국민들이 서로를 이해하고 공존하는 길을 찾길 바란다"고 말했다.

신상순 선임기자 ssshin@hk.co.kr

통합을 실천하는 사람들

<7> 최황규 서울중국인교회 담임목사

#1. 6년 전 한국인 남편을 따라 제주도에 신접살림을 차린 20대 중반의 중국인 여성 A씨는 결혼한 지 1개월 만에 집을 뛰쳐나왔다. 평소 자상한 줄 알았던 남편이 갑자기 돌변해 밥 먹는 도중 갑자기 시어머니를 때리는가 하면 A씨에게도 무턱대고 폭력을 휘둘렀다. 이유인즉, 귀신이 시켰다는 것이다. 폭력을 피해 집을 나오자 남편은 가출 신고를 내면서 위장결혼이라고 주장했다. 자신에게는 문제가 없는데 A씨가 한국에 거주하기 위해 속여서 결혼했고, 목적을 달성하자 도망쳤다는 것이다. A씨는 억울했지만 한국에서 쫓겨날 위기에 놓였다.

#2. 2008년 대전에 살던 중국인 여성 B(당시 34세)씨도 추방당할 위기에 처했다. 1년 반가량 남편과 행복한 결혼생활을 해 왔는데 남편이 갑작스럽게 불교에 귀의, 출가하겠다고 선언한 것. 남편은 스님이 되기 위해 가족이 있어서는 안 된다며 이혼을 요구했고, B씨는 별 생각 없이 이혼을 받아들였다. 하지만 B씨는 뒤늦게 합의 이혼을 하면 국내에 체류할 수 없다는 사실을 알았다.

위기에 처한 A씨와 B씨가 도움을 얻으러 찾아간 곳이 서울 구로구 가리봉동의 서울중국인교회(2010년 4월 영등포구 대림동으로 이전) 최황규(51) 담임목사였다. 최 목사는 이들의 안타까운 사연을 상세히 적은 상담일지를 법무부에 제출했고 이것이 사실확인서로 인정돼 가까스로 체류연장이 받아들여졌다.

11년째 중국인의 벗으로 살다

서울중국인교회의 최 목사는 11년째 중국인들과 동고동락해오고 있다. 지금까지 이곳을 거쳐 간 중국인만 5,000여명에 달한다. 최 목사는 "중국인 가운데서도 특히 한족의 어려움을 함께하고 그들의 인권을 보호하는 게 우리가 하는 일"이라고 설명했다.

최 목사는 상담뿐만 아니라 결혼이민 피해 여성들이 국내에 잘 정착할 수 있도록 국적법을 개정하는 데도 앞장섰다. 2004년 개정된 국적법은 폭력 등 한국인 남편의 잘못으로 결혼생활이 어려울 경우 혼인기간이 2년 미만이더라도 국적신청을 할 수 있다는 내용을 담고 있다. 그 전에는 혼인기간이 2년이 넘지 않으면 이유를 불문하고 피해 여성들이 불법체류자로 전락할 수밖에 없었다. 그는 피해 여성들의 사례를 수집했고, 시민단체 정치권과 연대해 개정안을 통과시켰다.

이들을 돕는 과정에서 우여곡절도 많았다. 갖은 협박에 신변의 위협을 느낄 때도 있었다. "6년 전 몸에 문신이 그려진 40대 후반의 건장한 남성이 찾아와 욕을 하며 저를 두들겨 패려고 한 적이 있었어요. 남편의 폭력으로 저희 교회로 피신한 아내를 찾으러 온 거죠. '네가 뭔데 남의 마누라를 숨겨 주냐'는 식이었어요. 당시 20명가량 되는 신도들이 몸으로 막아주지 않았으면 큰 일 났을 겁니다."

30대 남성이 다짜고짜 교회에 들어와 '중국인 들은 교회 불태워 버리겠다'는 협박을 하기도 했다. 당시 서울에서 열린 베이징올림픽 성화봉송 현장에서 중국인 유학생들이 반중국 시위를 벌이던 한국인을 폭행한 일이 있어 중국인에 대한 감정이 좋지 않았다.

한국인 남편의 폭력에 시달려 갈 곳 없는 이주민에 정신적 안식처

혼인 기간이 2년 미만이더라도 국적 신청 가능하도록 법개정 앞장

"한중 국민들 서로 미워하지 말고 함께 공존하는 길 걸었으면…"

한국인과 중국인의 진정한 화합이 목표

그가 중국인들을 돕는 건 한국인과 중국인이 진심으로 화합하길 바라기 때문이다. 한중 교류는 날이 갈수록 잦아지고 있지만 서로를 미워하는 탓에 크고 작은 갈등이 있어 온 것을 안타깝게 생각했다.

"베이징올림픽 때 중국인들이 한국선수들을 향해 야유를 보내고, 반대로 한국인들은 중국인을 무시하는 등 서로에 대한 마음의 벽이 있다는 것을 알았어요. 한반도와 중국은 역사를 봐도 필연적으로 상호작용 할 수밖에 없는데, 이왕이면 서로를 이해하고 공존하는 길을 걸어갔음 하는 거죠."

한국인 남편으로부터 상처받은 중국인 여성들을 위로하는 것은 물론, 중국인에게 피해를 당한 한국인들을 위해서도 도움의 손길을 뻗는다. 서울중국인교회 신도들은 2008년 십시일반 모은 160여만원을 해양경찰청에 전달했다. 중국어선을 검문하다가 중국 선원이 휘두른 둔기에 맞아 바다에 빠져 숨진 고 박경조 경위를 위해서다.

최 목사는 궁극적으로는 이곳을 '신라원'과 같은 장소로 만드는 게 목표라고 했다. 신라원은 통일신라시대 신라 사람이 중국 당나라에 세운 사찰로, 당나라에 거주했던 신라인들의 정신적 안식처 역할을 했다. "한반도와 중국 대륙이 붙어 있는 한 이곳이 영원한 중국인들의 쉼터가 됐으면 좋겠어요."

최 목사는 1999년 이화여대에서 열린 한 심포지엄에서 중국 반체제 인사인 쉬브어를 만나 국내에서 고립된 그를 돕는 일을 계기로 외국인 난민 돕기 운동에 본격 뛰어들었다. 이후 구로구에 위치한 서울조선족교회의 요청으로 2000년부터 약 3년간 이곳에서 부목사를 지냈고, 중국인 중에서도 언어 등의 문제로 힘들었던 한족들을 돕기 위해 2003년 서울중국인교회를 세웠다.

채지선기자 letmeknow@hk.co.kr

(35.7×18.2)cm

'통합 실천'이라는 주제로 보도된 〈한국일보〉 인터뷰 기사. 2014.7.28.

서울중국인교회 창립 11주년 기념예배 후 성도들과. 2014.9.7.

황하의 물결

The Wave of the Yellow River

지은이 최황규
펴낸곳 주식회사 홍성사
펴낸이 정애주
국효숙 김경석 김의연 김준표 박혜란 송승호 오민택
오형탁 이현주 임영주 주예경 차길환 최선경 허은

2015. 12. 9. 초판 발행 2020. 4. 15. 3쇄 발행

등록번호 제1-499호 1977. 8. 1.
주소 (04084) 서울시 마포구 양화진4길 3 전화 02) 333-5161 팩스 02) 333-5165
홈페이지 hongsungsa.com 이메일 hsbooks@hongsungsa.com 페이스북 facebook.com/hongsungsa
양화진책방 02) 333-5163

ISBN 978-89-365-1133-3 (03230)